Haitou Global
INVEST IN LIFE

全球数字银行研究报告
2022

海投全球　著

中国财经出版传媒集团
中国财政经济出版社

图书在版编目（CIP）数据

全球数字银行研究报告．2022／海投全球著．--北京：中国财政经济出版社，2022.2

ISBN 978-7-5223-0990-3

Ⅰ.①全…　Ⅱ.①海…　Ⅲ.①数字技术-应用-银行业务-研究报告-世界-2022　Ⅳ.①F831-39

中国版本图书馆CIP数据核字（2021）第249229号

责任编辑：郁东敏　　责任校对：张　凡

封面设计：中通世奥　　责任印制：刘春年

中国财政经济出版社 出版

URL：http：//www.cfeph.cn

E-mail：cfeph@cfeph.cn

社址：北京市海淀区阜成路甲28号　邮政编码：100142

营销中心电话：010-88191522

天猫网店：中国财政经济出版社旗舰店

网址：https：//zgczjjcbs.tmall.com

北京时捷印刷有限公司印刷　各地新华书店经销

成品尺寸：185mm×260mm　16开　17.75印张　253 000字

2022年2月第1版　2022年2月北京第1次印刷

定价：76.00元

ISBN 978-7-5223-0990-3

（图书出现印装问题，本社负责调换，电话：010-88190548）

本社质量投诉电话：010-88190744

前言

P R E F A C E

数字银行，指银行及其所有活动、计划和职能的全面数字化，以数字网络作为银行的核心，借助前沿技术为客户提供在线金融服务，服务趋向定制化和互动化，银行结构趋向扁平化。这种新模式影响广泛且受到各国监管机构的欢迎，在为银行业注入必备的创新和良性竞争的同时，还将帮助世界各地被传统银行排斥在外的客户获得并享受金融服务，每年创造约 3 800 亿美元的价值。Monzo、N26 和 Chime 等数字银行的成功案例都证明了这一领域的增长潜力，但该市场仍处于发展初期，具备较大的投资潜力，那些能够跟上革新脚步的公司将会大批涌入蓝海。

数字银行的出现先后经受了三波科技浪潮的洗礼，伴随着互联网、移动电子设备、信息科技与移动通信的兴起，经历了从银行自动化到银行电子化再到银行数字化的转变。得益于 5G 高速移动互联网的广泛应用，随着云计算和智能终端技术的迅速发展，在 2020 年新冠疫情的加速推动下，全球经济数字化大势已成，客户期望能够在任何地方以更快、更实惠、更安全、更灵活和更友好的方式获得服务，数字银行的发展迎来暴发期，2020 年达到 256 家，两年间增长超过 4 倍，更多的数字银行正在筹备中。

数字银行最早起源于英国，欧洲见证了第一批数字银行的涌现，随后以星星之火可以燎原之势，从澳大利亚到亚洲再到美国并迅速燃遍全球。可见，数字银行在发达和发展中国家均有广阔的市场前景，但底层逻辑却并不相同。与欧洲、美国、澳大利亚的数字银行努力将现有传统银行客户转换为纯数字客户的重心不同，在传统银行系统不发达的亚洲、中东、拉美和非洲，数字银行则专注于吸引那些未接触过主流金融服务的消费者首次尝试银行服务。疫情的出现在加速数字银行部署的同时，也倒逼传统银行进入加速建立数字能力的危机模式，投入更多精力改善数字客户体验，完善内部流程、基础设施、产品和人员配置，为未来竞争力奠定基础，以捍卫自身的市场霸主地位。数字银行想要成为拥有漫长历史的传统银行的真正“挑战者”还有很长的路要走，但作为金融体系中旨在提高金融普惠性的重要组成部分，其地位将愈来愈重，具有广阔的发展前景。根据 Grand View Research 的调查，2020 年全球数字银行市场规模为 347.7 亿美元，预计将以 47.7% 的复合增长率增长，到 2028 年将达到 7 226 亿美元。

海投全球于 2014 年在纽约成立，是基于投资即服务（Investment as a Service，IaaS）理念的全球资产配置平台，提供资产管理、投资顾问、投资银行等产品和服务。海投全球专注全球金融科技领域投资，于 2020 年成立了新兴科技基金，基于风投孵化（Venture Studio）、风险投资（Venture Capital）、风险借贷（Venture Lending）和影响力投资（Impact Investing）的投资理念，投资利用科技变革金融行业的创新公司。

海投全球系统研究全球金融科技领域，曾于 2020 年出版《新兴市场消费信贷研究》，深入研究亚非拉等新兴市场包括先买后付和小额信贷在内的投资机会。海投全球又于 2021 年将全球数字银行的研究成果提炼整理成册，形成本研究报告，与大家共同学习。本研究报告在疫情期间成书，历经一年时间。

《全球数字银行研究报告 2022》共分为八个章节，第一章对全球数字银行的发展现状进行概括，后续章节则分别梳理了欧洲、北美、拉美、中东、亚洲、澳洲和非洲等主要地区经济发展情况、金融科技环境和数字银行的发展规律，详细介绍了英国、美国、巴西、墨西哥、阿联酋、印度、澳大利亚和尼日利亚 8 个国家的数字银行建设情况，重点关注宏观经济变动、消费场景应用、金融科技监管、金融包容性、市场竞争格局、特色案例研究等维度对当地数字银行未来发展的影响，勾勒出世界数字银行发展蓝图。

本书由海投全球的投资团队撰写，包括赵薇（第一章、第七章、第八章）、张一辞（第二章）、陈思羽（第三章）、徐思琪（第五章、第六章），以及圣母大学的两位实习生王曾和孙紫和（第四章），投资团队的赵薇担任主编，市场团队的于萌统筹、赵春梅编辑。

王金龙

海投全球 CEO

目录

C O N T E N T S

第 1 章

全球市场综述

C H A P T E R 1

1.1 宏观环境

1.1.1 经济环境

新冠肺炎疫情使得2020年成为全球经济发展历史性的一年，世界各国陷入了自1930年大萧条以来最严重的经济衰退。严格的经济封锁在有效控制疫情传播的同时，也导致中小企业和供应链的瘫痪、数百万人的失业、旅游业和商贸受到严重打击。国际货币基金组织（IMF）发布的数据显示，2020年全球经济萎缩了2.8%，全球国内生产总值（GDP）总量由2019年的87.39万亿美元降至2020年的84.97万亿美元，直接缩减了2.42万亿美元，相当于英国或印度全年的GDP。美国、日本、印度、德国等经济体量排名靠前的国家无一例外被疫情“绊倒”，复苏之路举步维艰；中国则成为全球唯一实现经济正增长的主要经济体，同比增长2.3%（见图1.1.1）。

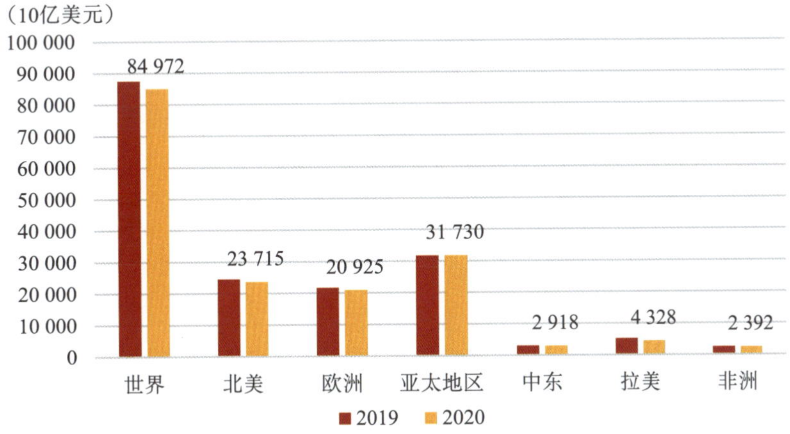

数据来源：IMF

图1.1.1　2020年世界各地区GDP总量情况

根据 2021 年 10 月 IMF 发布的《世界经济展望》，鉴于发达国家的疫情仍未得到有效遏制、部分行业仍未实现完全复苏，低收入国家则受疫情持续扩散和疫苗分配的影响经济发展前景更为低迷，2021 年全球经济预计将实际增长 5.9%，较此前预测的 6% 下调 0.1 个百分点。

2020 年，全球人均 GDP 为 11 107.77 美元，较 2019 年下降了 3.7%，其中发达经济体的平均水平为 47 161.29 美元，新兴市场和发展中经济体的平均水平为 5 216.94 美元。分国家来看，北美、西欧、日本、澳大利亚等国家人均 GDP 水平超过 25 000 美元；中国、俄罗斯、沙特阿拉伯的人均 GDP 超过 10 000 美元；拉美、东南亚、北非、中亚等国家的人均 GDP 超过了2 500 美元；非洲大部分国家以及南亚则较为贫穷，部分国家人均 GDP 甚至不足 500 美元（见图 1.1.2）。

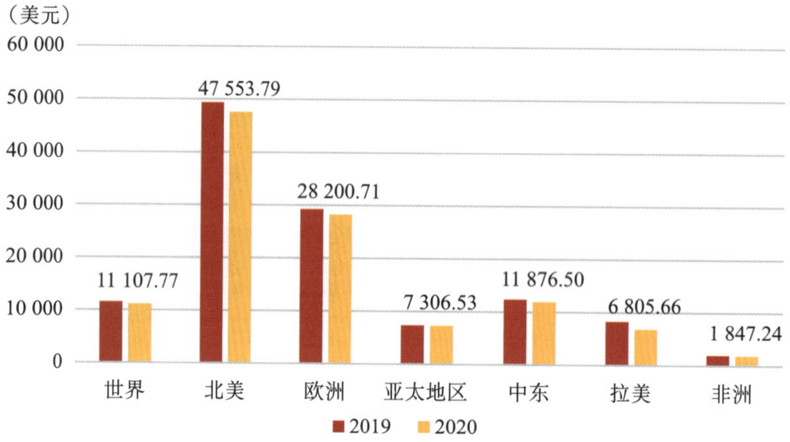

数据来源：IMF

图 1.1.2　2020 年世界各国人均 GDP 情况

1.1.2　人口环境

截至 2020 年，全球人口总量约为 76.50 亿，约以每年 1% 的增速保持增长，其中近 90% 的人口增长都将发生在亚洲和非洲（见图 1.1.3）。分区域来看，亚洲是人口总量最多的地区，包含世界上人口最多的两个国家：

中国和印度。其次为非洲，且各个区域都显示出了惊人的人口增长水平，部分国家的增长率甚至达到了 3%。欧洲作为世界上第二小的大陆，人口总量仅次于亚洲和非洲，使得其人口密度达到 127.85 人/平方公里，但人口增长率仅为 0.2%，在所有大陆中最低，面临严重的人口老龄化问题。而大洋洲是人口数量最少也是最小的大陆。

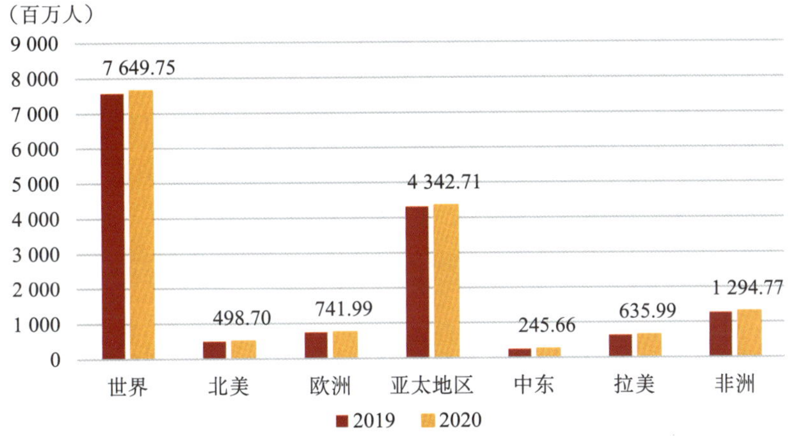

数据来源：IMF

图 1.1.3　2020 年世界各地区人口分布情况

分国家来看，中国仍然是世界上人口最多的国家，约为 14.2 亿；印度紧随其后，人口总量接近 14 亿；美国排名第三位，人口总量却和前两名差距较大，为 3.3 亿；印尼、巴西、巴基斯坦、尼日利亚的人口总量均超过 2 亿，孟加拉、俄罗斯、墨西哥、日本、菲律宾和埃及的人口也超过 1 亿人。

截至 2020 年，全球城市化水平为 56.15%，较十年前的 51.65% 实现了大幅提升。城市化程度最高的地区包括北美（82.6%）、拉美（81.1%）、欧洲（77.5%）和大洋洲（68%）；亚洲和非洲的城市化水平较低，分别为 50.9% 和 43.8%。根据联合国经济和社会事务部（UN DESA）人口司发布的《2018 年世界城市化展望修订版》，未来世界城市人口规模的增长将高度集中在少数几个国家，预计 2018—2050 年，印度、中国和尼日利亚将占世界城市人口增长的 35%。到 2030 年，全球预计将有 43 个人口超过 1 000 万的特大城市，其中大部分位于发展中地区。然而一些增长最快的城市其人口少于 100 万：28 个城市在 2020—2025 年的年均增长率将超过 5%，其中 22 个位于非洲；86 个城市将以 4%—5% 的速度增长，其中 58 个位于非洲、24 个位于亚洲和中东。

1.1.3 海投全球新兴市场布局

作为全球资产配置平台，海投全球（Haitou Global）通过市场研究、实地考察和渠道搭建，布局全球新兴市场，着重关注人口基数近 1 亿、人均 GDP 超过 1 200 美元、GDP 年均增长率超过 4% 的发展中国家（拉丁美洲除外），目前重点监测的国家共 20 个（见图 1.1.4）。

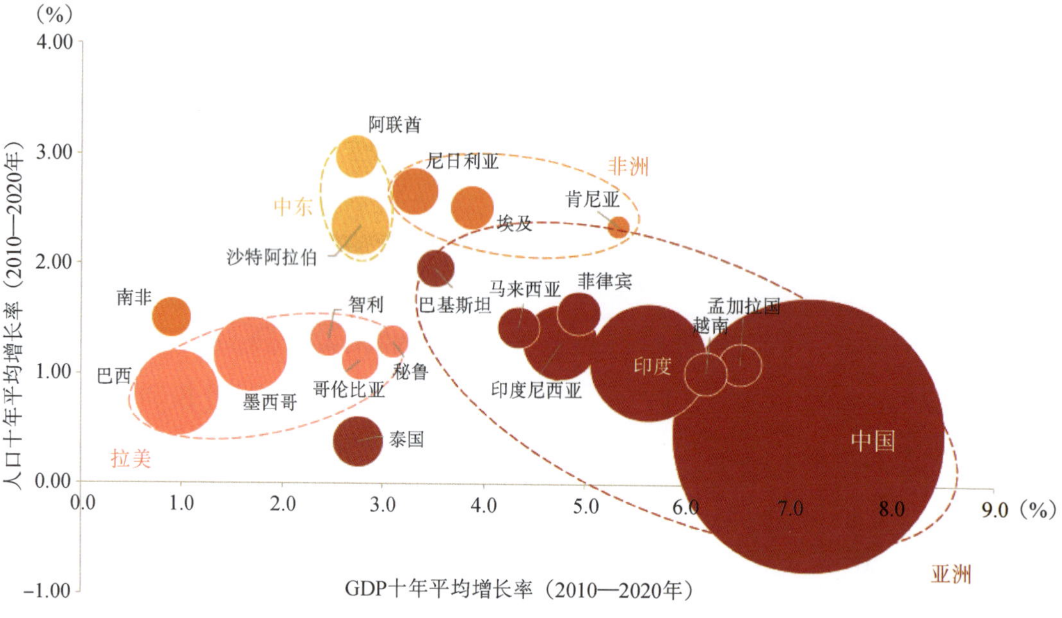

注：气泡大小代表 2020 年 GDP 总量相对大小。

数据来源：IMF

图 1.1.4　海投全球监测的新兴国家人口和 GDP 增速情况

1.2 金融科技环境

1.2.1 数字包容性

DataReportal 数据显示，自 2020 年 COVID－19 在全球广泛传播以来，数字采用和使用水平迅速增长，进入 2021 年数字增长率仍在稳步攀升。

（1）互联网用户报告滞后

截至 2021 年 7 月，互联网用户在过去 12 个月增加超过 2.5 亿，同比增长接近 6%，全球互联网采用率达到 60.9%，但受新冠肺炎疫情影响导致许多发展中国家未公布互联网用户数量，该数据出现了明显低估（见图 1.2.1）。与 2021 年 4 月相比，7 月人们每天使用互联网的平均时间下降近 1 分钟，电脑上网时间减少了大约 30 秒，移动设备减少了 30 秒。尽管如此，人们仍每天花费近 7 个小时使用互联网，是看电视所花时间的 2 倍多。

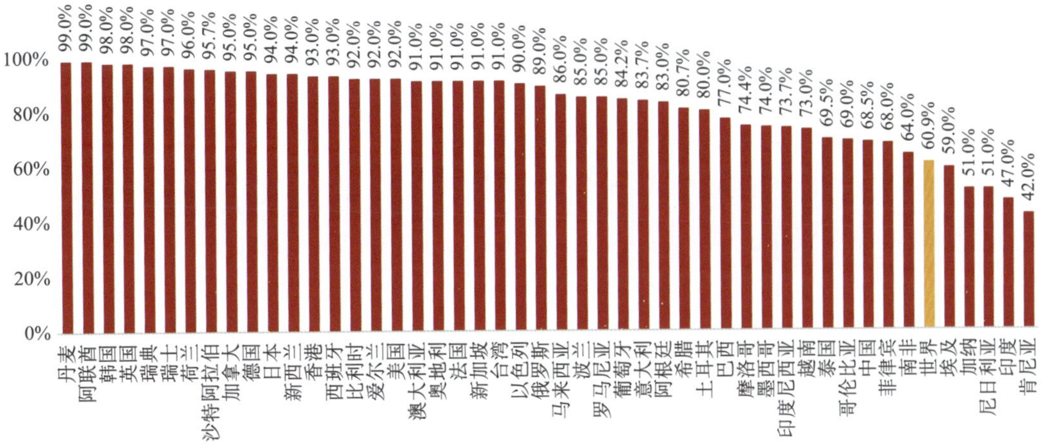

数据来源：DataReportal

图 1.2.1　截至 2021 年 7 月各国互联网采用情况

尽管整体上网时间有所下降，但人们使用社交媒体的时间越来越长，目前全球超过95%的处于工作年龄层的互联网用户每月都使用社交网络和消息服务，社交媒体主导了全球在线活动。在16—64岁的互联网用户中，每6个人中就有超过5人每月访问搜索引擎和门户网站，但这一数字比社交网络低10个百分点以上。此外，60%的互联网用户表示他们在过去一个月访问过某种在线购物平台，超过50%的互联网用户表示他们每周都会在线购物或浏览产品。

（2） 移动互联网速度加快

截至2021年7月，全球移动用户已达到52.7亿，占世界总人口的比例接近67%。在过去12个月内，全球移动用户数量增长了2.3%，增加了1.17亿，即每月新增用户近1 000万。移动互联网速度在过去12个月实现大幅提升，增幅达到60%，由2020年7月的35 Mbps提高至55 Mbps。其中，有13个国家（地区）的移动互联网平均速度超过100 Mbps，阿联酋的平均速度已经接近200 Mbps；目前仅有两个国家的移动互联网平均速度低于10 Mbps，为阿富汗和委内瑞拉。

（3） 社交媒体持续增长

尽管在过去几个月大部分国家的疫情限制措施有所放松，但社交媒体用户的增长速度几乎没有放缓的迹象。截至2021年7月，全球社交媒体用户约45亿，相当于世界总人口的57%。在过去12个月内，全球社交媒体用户数量增加超过5亿，年增长率超过13%，这意味着目前超过1/9的社交媒体用户为首次使用社交平台用户（见图1.2.2）。最受欢迎的社交平台包括Facebook、Youtube、WhatsApp、Instagram和Messenger。

数据来源：DataReportal

图 1.2.2　全球社交媒体用户数量变化情况

1.2.2　金融包容性

根据世界银行最新数据，2014—2017 年，全球有 5.15 亿成年人在金融机构或通过移动货币提供商开设了账户，占比由 2011 年的 51%、2014 年的 62% 逐步上升至 69%；没有银行账户（unbanked）的成年人大约有 17 亿。具体来看，在高收入经济体中，银行账户开设已经成为一种普遍现象，94% 的成年人拥有账户，因此几乎全部的无银行账户成年人居住在发展中国家或新兴经济体，且各个国家间差异较大。其中，接近一半的人生活在孟加拉国、中国、印度、印度尼西亚、墨西哥、尼日利亚和巴基斯坦；但从无银行账户人口占比来看，摩洛哥、越南、埃及、菲律宾和墨西哥居前五名。

没有银行账户的人在各个纬度和经度都表现出惊人的相似特征：他们收入低且受教育程度低，通常缺乏开设银行账户的身份证明和文件要求，往往居住在远离银行分支机构的农村地区。在许多国家，他们属于少数族裔或宗教少数群体；在所有这些人中，绝大多数是女性。

绝大多数账户所有者在银行、小额信贷机构或其他类型的受监管金融机构开设账户，撒哈拉以南非洲则是唯一拥有移动钱包账户的成年人比例超过10%的地区。2014年，东非是该地区的移动钱包中心，目前已经扩展到其他撒哈拉以南非洲国家，如：在科特迪瓦和塞内加尔，拥有移动货币账户的成年人比例现已超过30%，加蓬则为40%。此外，移动钱包也在撒哈拉以南非洲以外的经济体中扎根，孟加拉国、伊朗、蒙古、巴拉圭等国家拥有移动钱包账户的成年人比例已超过20%。

1.2.3 融资环境

金融科技市场在风投领域热度逐渐升温，全球风投金额已从2015年的171亿美元增长至2020年的451亿美元，随着一系列创纪录的融资和成功的退出案例，金融科技行业已经成为炙手可热的投资标的（见图1.2.3）。不考虑蚂蚁金服在2018年的大规模融资，2020年是金融科技行业风投金额破纪录、创纪录的一年。

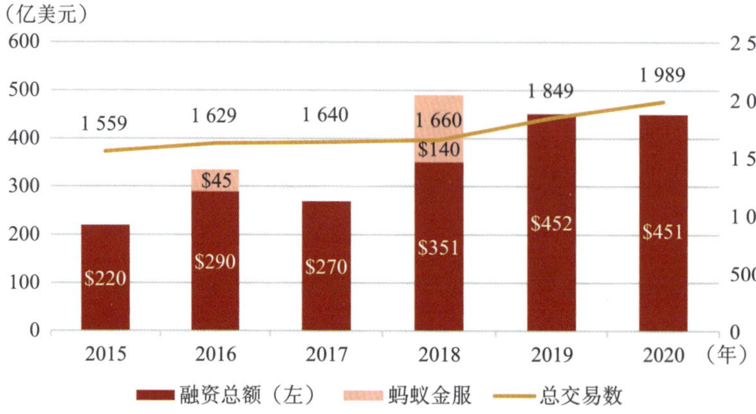

数据来源：CB Insights

图1.2.3 全球风投支持的金融科技公司融资额与交易数量

进入2021年，该增长势头仍然强劲，截至7月22日金融科技公司所融的资金总额已经超出2020年总额的24%，交易总数同比也呈增长趋势。大额融资成为主力，2021年第二季度，全球金融科技公司共筹集了88笔大型融资（融资金额超过1亿美元），明显高于第一季度的60笔，筹资数额占资金总量的70%，促使平均交易规模从第一季度的近3 700万美元增长到4 700万美元，增幅达到28%。根据CB Insights预测，2025年全球金融科技市值预计约为3 000亿美元，年均复合增长24.8%。

从融资阶段看，早期Fintech企业的投资数量在近三年呈下滑趋势，中晚期阶段融资额显著增长，2021年同比增长8%，创5年来新高。整体而言，投资风格向后偏移（见图1.2.4），可见，金融科技行业发展趋于成熟。

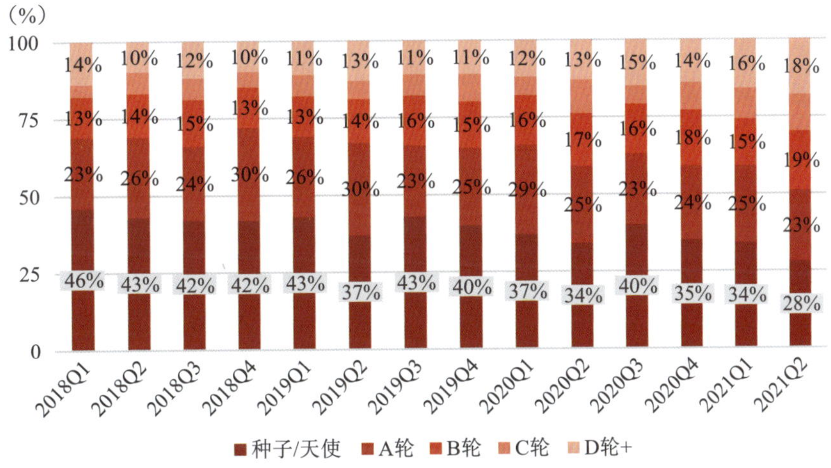

数据来源：CB Insights

图1.2.4 全球风投支持的金融科技公司各融资阶段占比

从地域分布看，所有大洲的资金总量均实现不同程度的增长，但风险资本明显对新兴市场青睐有加。2021年第二季度，拉美金融科技初创公司的融资额较上一季度大幅增长153%，非洲融资总额环比增长52%，这两个地区在各大洲增幅中排名前二（见图1.2.5）。

从细分领域来看，2021年第二季度，金融科技的八个分支领域均得到了充裕的资金支持，分别为支付、数字银行、数字信贷、财富管理、保险、金融基础设施、中小企业服务和房地产。其中，数字银行业风头最盛，Monzo、N26和Chime等数字银行的成功案例都证明了这一领域的增长潜力，但该市场仍需开发，那些能够跟上革新脚步的公司将会大批涌入蓝海。第二季度已经完成交易的公司包括Plaid（4.25亿美元）、TrueLayer（7 000万美元）和Belvo（4 300万美元）。此外，Visa还宣布将收购Tink，后者也是

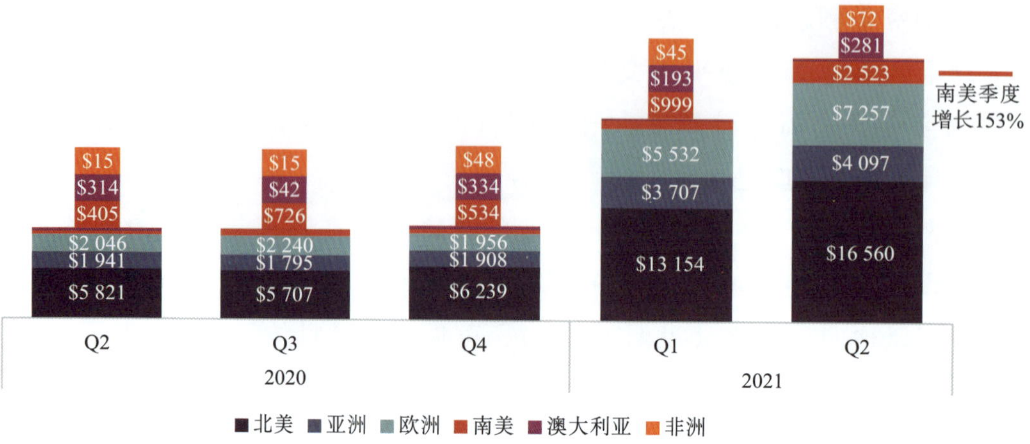

数据来源：CB Insights

图 1.2.5　全球金融科技初创公司融资地区分布情况

一个开放的银行平台，最新估值为 22 亿美元。

1.2.4　监管环境

数字银行火爆的原因一方面是金融危机后，越来越多的个人及中小企业对传统银行失去信心；另一方面，为了打破传统银行的垄断，各国的监管机构都十分欢迎这些新进入者，降低市场的准入门槛，为银行业注入急需的竞争和创新。在新加坡、澳大利亚、德国、南非和墨西哥等多元化市场中，主导市场的银行不足 5 家。行业缺乏竞争和寡头垄断结构使现有企业创新缓慢，这意味着客户错失了以更低的价格获得满足其需求的更多选择以及更好的服务质量。数字银行拥有的新技术、更低的运营成本和每位客户的资本支出使其能够为服务不足的客户提供比传统银行更实惠、用户友好的服务。通过这种方式，数字银行不仅可以有效地促进金融普惠性，还刺激了银行业的现代化转型，将其推向现代数字架构，从而提高银行服务的整体质量。

为了吸引新进入者，一些监管机构创建了定制化的数字银行牌照，如：中国、韩国、新加坡、巴基斯坦和菲律宾，这些牌照展现出许多相似点，包括须遵守银行业的基本审慎监管要求、限制实体分支机构、专注金融普惠性、放宽所有权控制要求等。在申请许可过程中需要考虑的10个成功因素可以分为三大类：（1）可以实施计划的经验丰富的团队；（2）稳定且最终实现盈利和产品差异化的愿景和路线图；（3）遵循许可程序并与监管机构积极接触。

澳大利亚、英国和瑞士则采用了一个分阶段的许可程序，新进入者在成为完全许可的银行之前可在有限的活动范围内开展业务。巴西、德国和南非的监管机构并未设立数字银行这一特殊许可类别/程序，仅依靠基于风险的监督管理，在其现有许可制度下对数字银行进行许可。可见，比定制许可证更重要的是监管机构适应创新的能力，应用以活动为导向的风险评估方法；对新解决方案持开放态度，例如云计算（包括基于云的核心银行系统）；开放沟通渠道，如：创新办公室或监管沙箱。

1.3 数字银行市场

1.3.1 发展历程

（1）第一波浪潮——银行自动化

数字时代的第一波浪潮更多地是在现有银行运作的基础上提供附加与延伸服务。20世纪50年代大多数美国家庭是单收入家庭，女性多是全职家庭妇女，白天有时间去银行处理日常事务。随着越来越多的女性进入职场，美国家庭变成双收入家庭，人们白天使用银行服务的次数逐渐下降。直至20世纪70年代中期，花旗银行开始试验自助服务机（ATM），前任MIT主席John Reed引领了此次零售银行的技术革新，帮助人们通过机器完成存取款操作。ATM的广泛使用使得银行管理层意识到上班族倾向于夜间使用银行服务，银行工作时间延长到晚上。从 1985 到 2014 年，美国银行的柜员数量从484 000增长到 524 000 人。

同时，早在 20 世纪 80 年代花旗银行就开始了在线银行试水，然而直到 90 年代互联网的兴起才真正开始广泛应用。简便的页面浏览工具让消费者能进行在线转账、查看结算单和电子账单支付。随着商业银行提供网上银行服务，NetBank 这样的网上银行在网络时代应运而生。

（2） 第二波浪潮——银行电子化

像 NetBank 这样在第二波革新浪潮中兴起的银行开始向线上转移，基本实现了电子化。通常这类银行利用前端系统与消费者实现了更好的连接，但仍以传统银行作为后台依托，沿用传统银行的中后台基础建设、风险模型乃至人力结构。其他的网上银行还包括 Simple Bank （美国）、Fidor Bank （德国）、LHV Pank （爱沙尼亚） 与星展银行 （新加坡），均利用与传统银行相比建造费用低 60%—80%，维护费用低 30%—50% 的 IT 基础设施，其人力成本相较而言也下降了 10%—15%。网上银行在传统主流银行与未来全数字银行之间搭建了一个重要的桥梁。

（3） 第三波浪潮——银行数字化

信息科技与移动通信的发展给银行业带来了第三波浪潮革新，智能手机和互联网在全球范围内的渗透率不断提高为此打下了坚实的基础，数字银行的出现给全球 17 亿无法获得传统金融服务的消费者提供了便利，也给超过 2.13 亿中小企业带来了更丰富的金融服务体验。[①] 数字银行利用加密技术、分布式记账、生物识别、人工智能与大数据的科技力量，以客户为中心，为不同的客户群体，如小型企业、高净值人群、年轻人群、旅行者、低收入群体等提供更为实惠、可靠、便捷、定制的全方位银行解决方案。移动方式不再是附加选择，而是以此为依托，从根本上改变用户体验、基础建设与信用分析。

① 数据来源：Statista。

数字银行带来了很多令人欣喜的投资机会，也是传统银行无法满足客户需求后必然的结果，在节省了大量的房产开支与传统 IT 维护费用的同时，仅使用了相对更少的人力资源，体现在其面向最终用户的低成本模式。在这种模式下，数字银行以低费率或免费提供取款、存款和账户维护等基础金融服务，以吸引广泛的用户群体，随后可通过多种方式增加客户粘性和变现，包括数字支付、数字化和多渠道销售、财富管理、智能投顾、智能大数据等。此外，数字银行还通过应用程序编程接口（API）将银行业务无缝嵌入企业日常的工作流中，使得从银行业务到发票再到自动记账的所有操作都集中在一个平台中，大大节省了企业的时间和人工成本，使得全球范围内越来越多的企业采用数字银行作为批量支付的首选支付方式。消费者对数字银行服务日益增长的兴趣正在加剧全球竞争，鼓励数字银行持续推出不同功能、强化立足点的同时，也在撼动整个银行业，现有银行正在加大数字产品的研发力度，以捍卫其市场主体的地位。

1.3.2 发展现状

数字银行最早起源于英国，欧洲见证了第一批数字银行的爆发，Atom Bank、Tandem、Monzo、Starling Bank、Revolut 和 N26 自 2014 年以来总共吸引了 42 亿美元的资金和超过 3 000 万名客户，随后如星星之火可以燎原之势，从澳大利亚到亚洲再到美国并迅速燃遍全球。根据埃森哲（Accenture）旗下埃克斯顿咨询（Exton Consulting）发布的报告，2018 年全球出现了 60 家数字银行，到 2020 年达到 256 家，增长超过 4 倍，还有更多的数字银行正在筹备中（见图 1.3.1）。根据 Grand View Research 调查，2020 年全球数字银行市场规模为 347.7 亿美元，预计将以 47.7% 的复合增长率增长，到 2028 年将达到 7 226 亿美元。

从地域分布来看，欧洲作为数字银行的发源地主导了整个市场，拥有数字银行 111 家，占全球的比重超过 40%，其中仅英国就出现了 37 家，整体呈现众星拱月之势（见图 1.3.2）。紧随 Nubank 这一独角兽横空出世后，

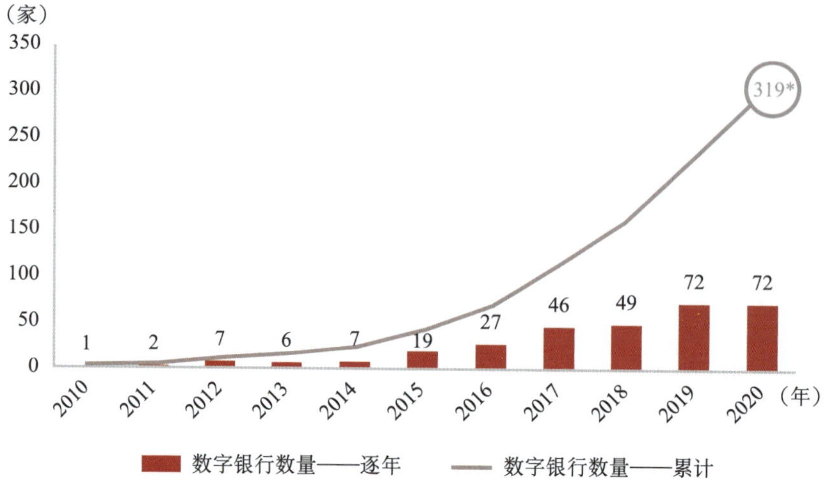

注：数据包含已经不再运作的数字银行。其中，2020 年包括 7 月前已经设立以及计划在 2020 年底前成立的数字银行数量。

数据来源：埃克斯顿咨询

图 1.3.1　2010 年以来全球数字银行成立情况

拉丁美洲陆续涌现了约 50 家数字银行。中国则见证了其独特的发展路径，蚂蚁金服和微众银行等金融生态系统成功从其主导的支付领域扩展到消费信贷和其他金融产品，呈现爆发式增长。各国之间的巨大差异一方面显示出不同国家的创业水平不同，另一方面也是传统银行遗留的市场机会各异导致的结果。

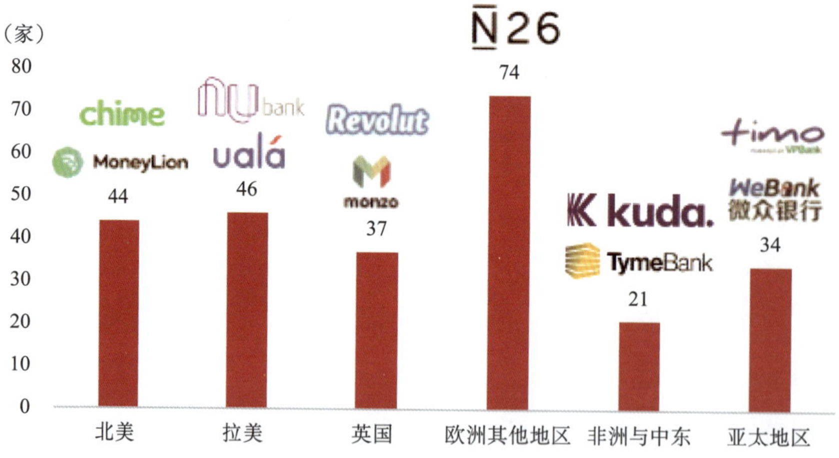

数据来源：埃克斯顿咨询

图 1.3.2　2020 年全球各地区数字银行分布

秉承“规模第一”的原则，越来越多的数字银行将服务拓展至本国以外的地区，由于欧盟的护照机制（Passporting Mechanisms），欧盟的数字银行在这方面尤为活跃。目前，43 家数字银行正在经营跨地域业务，约占总体的 17%，其中 Revolut 和 Transferwise 为最典型的全球化范例，已在 36 个市场运营，并计划在不久的将来实现进一步扩张。尽管这些跨国经营的数字银行在进入一个新市场时具有先发优势，但本土的数字银行则展现出惊人的增长速度，如西班牙的 Bnext 和意大利的 Hype。

1.3.3 发展趋势

数字商业模式通常遵循类似的演进路径。在成立初期，大部分精力和投资都用于确保快速增长，在现金耗尽之前达到最低水平的规模和市场份额，实现收支平衡并最终获得盈利。数字银行也不例外，近年来随着大量资金的涌入，迅猛的客户增长和国际扩张成为主要战略目标（见图 1.3.3）。

2020 年新冠肺炎疫情导致的封锁为数字银行创造了一个能够远程管理接入和关键服务流程的良好环境，但持续的危机也凸显了新进入者的劣势，他们大部分没有自己的牌照，且应对管理不利场景的经验不足。疫情的出现也倒逼传统银行进入加速建立数字能力的危机模式，加倍致力于改善数字客户体验以及为未来竞争力奠定内部流程、基础设施、产品和人员方面的基础。金融科技可能为金融服务的未来开辟了一条新途径，但传统银行已经找到了一种快速适应它们的方法。此外，数字银行的危机应对与传统银行并无不同，宣布削减成本和裁员计划，推迟产品或扩张计划，甚至向上调整其产品/服务定价。

目前数字银行仍处于发展初期，在首次获得动力的 5 年后，关于如何开发可持续盈利的商业模式仍未得到解答。虽然公司估值持续飙升，仅在欧洲就有超过 5 000 万名客户开设了数字银行账户，但只有极少数达到收支平衡。支付交易手续费、高级账户订阅费以及第三方服务代理佣金（开放银行）是目前客户关系变现的主要形式，但在大多数情况下不足以产生利润

变革的驱动力		策略性调整
日益激烈的竞争	随着250多家数字银行的设立，几乎没有空白空间留存 传统银行已经采取行动，加大数字能力建设以捍卫自己的领土 收购越来越昂贵，唾手可得的果实已被捕获	更谨慎的选择战场，专注于真正的差异化 退出竞争激烈的地域/国家
迎来成年	更多的数字银行达到4或5年大关，一个实现收支平衡时间的关卡 第一批达到规模的银行：拥有足够的客户开始实现盈利	投资者施加压力：减少现金消耗和转向盈利 定价策略回顾 更细化的客户目标，聚焦能够带来利润的客户
监管关注持续提高	数字银行领导者出现了合规相关问题 监管机构开始意识到数字银行对金融系统产生的作用 遵守多种监管环境，包含欧盟	强化监管/合规团队 设置更严格的流程控制和框架
跨国银行的复杂性	通用产品不足以解决国家痛点，但定制化产品管理起来较为昂贵 跨市场共享的高级管理能力 不同的竞争格局和客户对数字产品的接纳度	重新关注核心产品和地区 本地管理团队和组织治理的重要性在增加
新冠肺炎疫情的影响	封锁期间付款交易活动减少，交换费用下降 不良贷款和坏账风险增加 自由职业者以及小企业受到的打击尤为严重 无照经营的限制（客户无法获得政府救济资金）	加快寻找“新”收入来源 提升信用风险管理能力 重新思考牌照获取策略

图 1.3.3　2020 年数字银行发展的驱动力和趋势

或超过盈亏平衡点，数字银行仍需提供额外的产品来弥补差距以实现可观的盈利水平，未来的发展路径或可分为三种：（1）成为数字放贷方；（2）在金融服务范围外拓展，成为超级应用软件；（3）抓住大众富裕的机会，从数字银行转为数字经纪人。数字银行想要成为拥有漫长历史的传统银行的真正“挑战者”还有很长的路要走，但作为金融体系旨在提高金融普惠性的重要组成部分，其地位将愈来愈重。

第2章

欧洲数字银行报告

CHAPTER 2

2.1 欧洲经济与数字银行环境

综述

欧盟是世界第二大经济体，自2000年以来，欧盟GDP增速稳定在1%—3%，2019年的国内生产总值达到18.292兆美元，英国脱欧之后，德国、法国和意大利成为最大经济体。截止到2020年，欧盟公民人口为4.47亿，近几十年来，人口增长率逐渐放缓，年龄结构则呈现出严重的老龄化趋势。

近年来，欧洲监管机构相继出台数字银行监管政策，允许金融科技公司通过标准结构获取银行服务数据及客户数据。各国陆续推出支持金融科技创新的相关政策。一是降低行业准入门槛，牌照实行“单一牌照机制”（Licensing and Passporting）管辖。数字银行可凭借其获得的所在国的完全银行牌照（Full Banking License），在欧洲经济区（EEA）范围内为所有国家提供银行服务。二是支付领域新政策，欧洲议会和欧盟理事会于2015年推出支付指令（PSD2）。纳入了第三方支付服务提供商，并规定银行有义务在得到客户授权的前提下向第三方提供商披露任何相关数据。三是各国陆续推出支持金融科技创新的政策，英国、荷兰、瑞士、立陶宛等国，还先后推出监管沙盒（Sandbox）机制，以便监管者在测试环境中考察金融产品及商业模式的可行性，同时为产品提供临时豁免权。

欧洲数字银行不断扩张规模。目前，欧洲数字银行市场客户规模相对较大、估值较高、且受认可度较高的领先数字银行主要包括以下八家：N26、OaNorth、Monzo、Revolut、Monese、Tendem、Starling和Atom，其中总部位于英国的有七家。目前，各银行用户规模从6.5万到350万不等，主要覆盖区域以欧盟区为主。

2.1.1 宏观环境

欧洲联盟（European Union），简称欧盟（EU），是欧洲多国共同建立的政治及经济联盟，现拥有27个成员国，正式官方语言有24种。政治上所有成员国均为议会民主国家（2008年《经济学人》民主状态调查）；经济上为世界上第二大经济体，德国、法国为欧盟两大核心成员国。欧盟总面积4 233 262平方千米，如果视为国家的话，则是世界上第七大国家。到2020年为止共有人口大约4.47亿。欧盟2019年的国内生产总值达到18.292兆美元。截止到2020年，欧盟公民人口为4.47亿，按国家计算，位居世界第三位（在中国和印度之后）。

自2000年以来，欧盟GDP增速稳定在1%—3%，除去2008年全球金融危机和2020年全球新冠肺炎疫情大范围影响了经济发展速度外，欧盟国家总体经济发展稳定。英国“脱欧”之后，德国、法国和意大利成为最大经济体（见图2.1.1）。

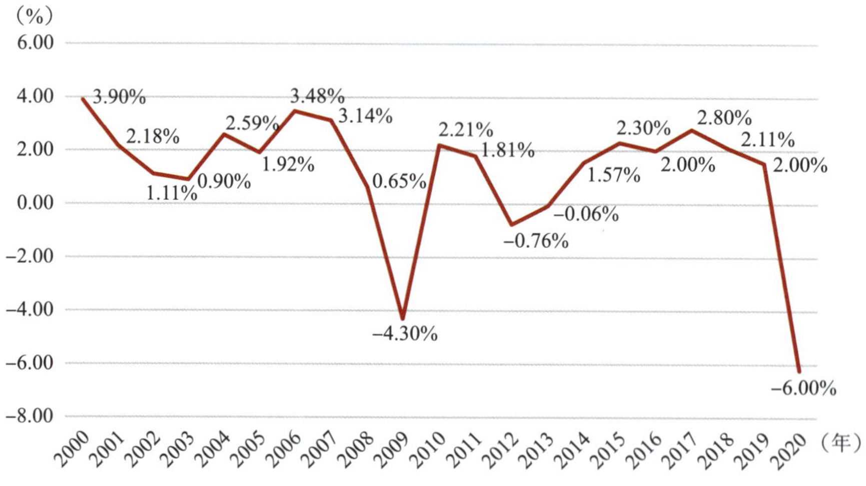

资料来源：World Bank

图2.1.1 欧盟（除英国）GDP增速

在长达60多年里，欧盟27个国家的人口常年保持稳定增长，从1960年的3.545亿增加到2021年1月1日的4.470亿，增加了9 250万人。近几十年来，人口增长率逐渐放缓：欧盟人口在2005—2021年平均每年增加约70万人，而在20世纪60年代，每年平均增加约300万人。由于生育率放缓，预计从2025年起直到2100年，欧洲总人口将加速减少。2020年中断了由移民引领的长期增长，从4.473亿小幅减少至4.471亿。这一次，由于COVID－19疫情的影响，负增长（死亡人数多于出生人数）超过了移民净迁入。2020年，欧盟的死亡人数比2019年多53.4万人，比2016—2019年的年平均水平多55万人（见图2.1.2）。

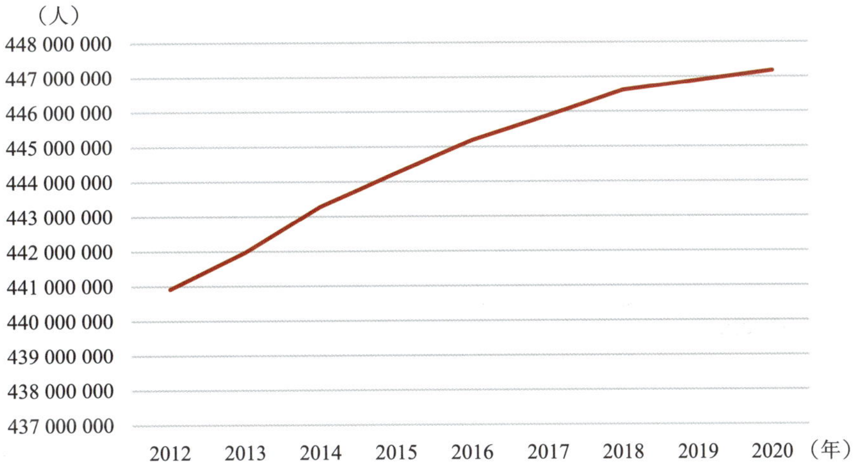

资料来源：Eurostat

图2.1.2　2012—2020年欧洲27国人口走势图

根据联合国的划分标准，当一国60岁及以上人口比例超过10%或者65岁及以上人口比例超过7%，则认为该国进入“老龄化社会”。欧洲老年人（65岁及以上）占到总人口的比重高达20%（见图2.1.3），可见其人口年龄结构呈现出的老龄化趋势十分严重；而工薪年龄人群（15—64岁）人口将在未来近100年内缩减，儿童出生率也将降低。

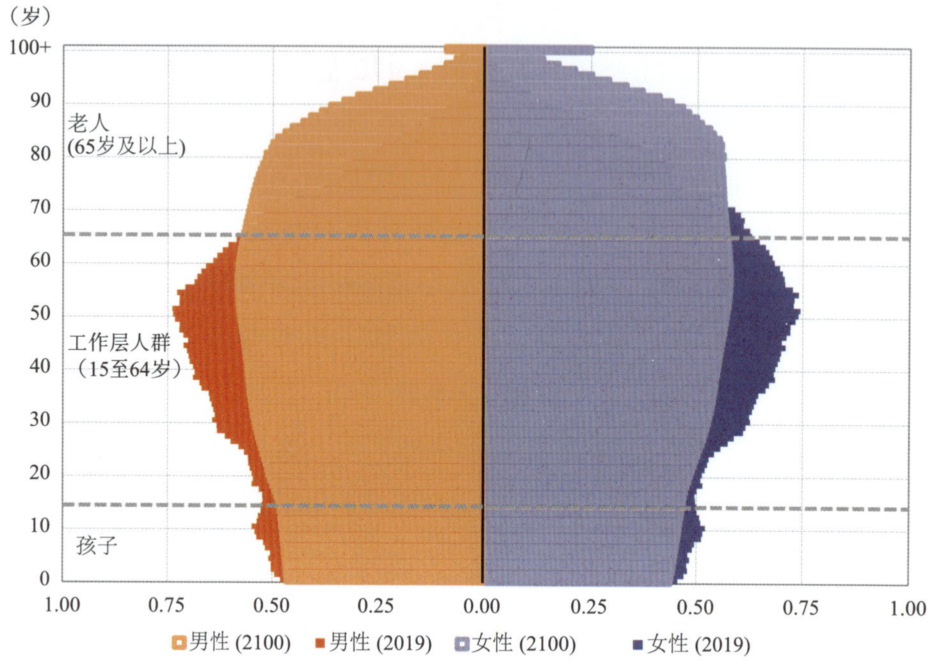

资料来源：Eurostat

图 2.1.3　欧洲人口性别和年龄结构（2019—2100 年）

2.1.2　金融科技环境

近年来，欧洲各国陆续推出支持金融科技创新的相关政策，目前欧盟已有 5 个运营监管沙箱和 21 个创新中心。英国、荷兰、瑞士、立陶宛等国，先后推出监管沙盒（Sandbox）机制，以便监管者在测试环境中考察金融产品及商业模式的可行性，同时为产品提供临时豁免权。例如，英国提出从事金融科技公司可享受特定简化的审批程序，且在一定范围内获得法律豁免权；立陶宛提出金融科技公司第一年不会受到任何监管处罚等。此外，欧洲各国针对金融科技企业还提供了融资、税收、技术创新咨询、监管咨询等服务（见表 2.1.1）。

欧盟国家的银行账户普及率增长处于不均衡的状态，从 2011—2017 年，欧洲和中亚地区拥有银行账户的成年人口占比从 45% 增长到 65%，与全球其他地区相比，这一地区的发达国家有着较高的银行账户拥有率。尤其是

表 2.1.1　　　　　　欧盟国家对金融科技公司的支持政策

国家（地区）	年份	政策
欧盟	2014	单一欧元支付区域（SEPA），主张欧元区企业使用单一账户进行跨境结算等业务
英国	2017	风险投资者对金融科技企业投资超 10 万英镑（约 13.8 万美元）以上，可以享受投资收益税收优惠
荷兰	2017	创立创新中心（Innovation Hub），为金融科技公司提供咨询服务
法国	2018	法国监管机构（AMF、ACPR）推出金融科技企业准入机制创新，简化申请流程及申请降低标准等；为本国金融科技公司提供资金对接服务
意大利	2018	意大利监管机构提供了减税、股权融资、贷款融资、专利保护等多项针对性优惠措施
立陶宛	2018	数字银行企业可在 3 个月内完成电子钱包或者支付牌照的审批，比其他国家快 2—3 倍，6 个月内发放挑战者银行执照，初始资本要求为 100 万欧元，是其他国家的 1/6

数据来源：国际金融杂志

在高收入欧元地区，90% 的成年人在 2011 年时便拥有了银行账户，这个比例增长到了 95%。然而金融普及率在中欧地区相对较低，一些国家，如罗马尼亚、克罗地亚等账户拥有率依旧较低。欧盟和中亚地区集中了高达 1.16 亿无银行账户的人口，经调查，主要原因是这些人口对金融机构的信任感较低，且银行账户开设成本过高，而非收入过低没有开设银行账户的必要性。在这些已有账户的人口中，主要的用途是国际和国内转账、薪资管理、支付农产品销售费用。在欧洲和中亚地区，数字银行账户的使用率根据地区不同产生较大差异，介于 25%—83%，其中东欧地区 40% 的成年人在使用数字银行账户。①

储蓄在欧盟高收入经济体中更为普遍，发达国家拥有 72% 的储蓄率，而发展中国家拥有 43% 的储蓄率，超过一半的成年人表示他们储蓄的目的是养老。信贷方面，有超过 64% 的高收入经济体人口在使用信贷功能，比如房贷、信用卡等，而在发展中经济体，大多数借款人依然在依靠家人和朋友。

① 资料来源：World Bank。

2.1.3 数字银行市场

欧盟对数字银行监管日趋宽松。

一是经营牌照可选择，行业准入门槛降低。欧洲数字银行需要根据经营业务申请对应的监管牌照，均属欧盟“单一牌照机制”（Licensing and Passporting）管辖。数字银行可凭借其获得的所在国的完全银行牌照（Full Banking License），在欧洲经济区（EEA）范围内为所有国家提供银行服务，有利于数字银行快速在欧盟区拓展业务、吸引客户。对数字银行的申报、审批及监管流程与传统商业银行的要求一致。数字银行公司也可选择注册仅受所在国监管的认证牌照，虽然本土监管执照无法开展其他国家的业务，但办理门槛更低，可以帮助初创公司占领市场先机。

二是支付领域新政策：欧洲议会和欧盟理事会于2007年提出支付服务指令（PSD），并于2015年推出修订版本（PSD2），纳入第三方支付服务提供商，规定银行有义务在得到客户授权的前提下向第三方提供商披露任何相关数据。PSD2自2016年1月起正式生效，要求欧盟各国（包括28个欧盟成员国以及3个欧洲自由贸易联盟成员国）必须在2018年1月前将PSD2转化为相关法律。截至2019年第一季度末，欧盟经济区已有59%的银行达到PSD2的要求规范。此外，欧盟另一独立法案《一般数据保护条例》（GDPR）要求欧盟各银行或与欧盟个人有业务往来的第三国银行机构，收集整理每位客户的相关数据，以配合PSD2政策的实行。PSD2的要求使得数字银行具备了获取客户活期账户的可能，有助于其通过数据的接入为消费者提供新服务、新体验。

在积极的政策引导下，欧洲数字银行不断扩张规模。目前，欧洲市场上活跃着60余家数字银行。其中，客户规模相对较大、估值较高、且受认可度较高的领先数字银行主要包括以下八家：N26、OaNorth、Monzo、Revolut、Monese、Tendem、Starling 和 Atom。该八家银行于2013—2015年相继成立，其中除N26创立于德国外，其余7家均创立于英国。目前，各银行用户规模从 6.5 万到 350 万户不等，主要覆盖区域以欧盟区为主。其中，OakNorth，Tandem 只在英国境内开展业务，而 N26、Monzo、Revolut 等则已在开拓美国市场。目前，八家领先银行均已取得完全银行牌照（FBL），并获得欧盟认证，部分还获得了 FCA2 及 PRA3 认证（见表 2.1.2）。

表 2.1.2　　欧洲活跃数字银行业务情况

公司	国家	成立年份	客户规模（万户）	覆盖区域	持牌情况	估值（亿美元）	业务亮点
N26	德国	2013	350	欧洲、美国	FBL，FCA，PRA	35	业务全面，全球转账免费
OakNorth	英国	2014	未披露	英国、美国	FBL，FCA，PRA	28	中小微企业贷款，家庭房地产贷款
Monzo	英国	2013	250	英国、美国	FBL	25	支出计划管理，全球定额提现（多货币），保险业务
Revolut	英国	2015	300	欧洲、美国	FBL	17	16 种存款货币，数字货币
Monese	英国	2015	100	欧洲	FBL，FCA	10	快速开卡，收支管理
Tandem	英国	2015	50	英国	FBL，FCA，PRA	<10	信用卡消费返现，多账户关联
Starling	英国	2014	30	欧洲	FBL，FCA，PRA	<10	贷款业务，国际转账支付
Atom	英国	2014	6.5	英国	FBL，FCA，PRA	<10	高利率长期存储，贷款服务创新

资料来源：国际金融杂志

欧洲传统银行的成本收入比维持在 64%，而数字银行的成本收入比可降至 48.5%，因而可以提供利率更高的存款产品和费率更低的账户服务。此外，多数数字银行会和其他金融科技公司合作，快速添加新服务，降低成本，达到收支平衡。更低的运营成本也使得数字银行可以在营销方面能有更多投入，积累客户量。

2.2 英国数字银行研究

综述

英国由英格兰、苏格兰、威尔士和北爱尔兰构成，是世界第五大经济体。金融危机以来，英国 GDP 增长率在2010 年反弹至1.7%，在随后的10 年基本保持1.3%的平均增长率。英国经济主要由内需驱动，存在明显贸易逆差，2020 年的总体贸易逆差为120 亿英镑（约165 亿美元）。金融服务业是英国贸易顺差最大的行业，2019 年出口额达到790 亿英镑（约合1 060 亿美元）。

与欧洲整体的人口发展趋势一致，从2018 年年中到2019 年年中，英国人口增长率为0.5%，2019 年年中人口达到6 690 万。自20 世纪90 年代以来，移民一直是英国人口增长的主要驱动力。英国生育率和死亡率都在下降。随着出生人数和死亡人数的减少，整体年龄结构逐渐变老。

2020 年1 月底，英国正式脱离欧盟，自2021 年起，欧盟法规将不再适用于英国。过去40 年，英国首都伦敦成为欧盟突出的贷款、贸易和投资中心。从2021 年起，总部设在英国的金融机构将失去自动进入欧盟单一市场的通道，目前，英国与欧盟的金融服务贸易适用于“对等”原则，即需要认可对方的监管环境等条件与己方“对等”才给予准入资格。为保证金融稳定运行，目前部分欧盟国家给予英国金融服务业临时性准入资格。脱离欧盟后，伦敦金融业未来的规模和影响力还是未知数。

基于良好的金融行业基础，以及高达82%的互联网渗透率和93%的手机渗透率、活跃的电子商务活动，英国成为仅次于美国的金融科技中心，具有充满活力和国际吸引力的金融科技生态系统。2021 年，超过1/4（1 400万人）的英国成年人在纯数字银行开设了账户，比2019 年1 月（9%）增长了3 倍。4/5（80%）的人在英国使用某种形式的网上银行。超过 1/10 的英国人（12%）已完全转向纯数字银行。近 2/3 的英国人使用非接触式银行卡，而美国这一比例为 3%。

英国数字账户的忠实用户是青年人群，数字银行用户使用的最常见平台是 Monzo（38%）、Revolut（23%）和 Starling（22%）。多个数字银行的兴起也带动了英国金融科技风险投资融资额水涨船高。2021 年上半年，英国创纪录地完成了 57 亿美元的风险投资融资，比 2020 年全年获得的总投资（43 亿美元）高出 1/3，比 2019 年全年的 46 亿美元高出 26%，占到了欧洲所有大型交易的一半。

总体来看，英国数字银行产业的兴起有其金融行业欧洲霸主地位的历史原因，互联网和手机的高渗透率、活跃的电子商务活动也促进了数字账户的兴起。目前英国数字银行已经涌现出了行业巨头，如 Revolut、Monzo 等，业务范围均布局在欧洲。但“脱欧”后，欧盟与英国对于备忘录细节并未最终敲定，可能对英国数字银行的进一步扩张发展有一定影响，抬高了新创业企业的进入门槛。

2.2.1 宏观环境

（1）经济环境

在经济大萧条前的 10 年里，从 1999 年到 2008 年，英国的国内生产总值平均每年增长 2.8%。由于房地产市场的过度投资和消费者对信贷的强烈依赖，经济受到金融危机和信贷紧缩的严重打击。私人固定投资大幅下降，2009 年国内生产总值下降 5.2%。之后，GDP 在 2010 年反弹至 1.7%，而在随后的 10 年中，经济增长基本保持了 1.3% 的平均增长率。

英国经济主要由内需驱动，主要是私人投资和私人消费。尽管英国的金融和 IT 服务出口较为强劲，但英国消费需求带来的进口使经济保持了大致稳定的赤字。英国经济活动集中在伦敦，主因是经济增长主要来自服务业，英国 GDP 的 3/4 以上来自服务业，占了经济产出的最大份额，而居其次的则是制造业和建筑业。伦敦市是世界三大金融中心之一，与其他国家相比，英国公司通常更容易获得外部资金，这促进了信贷供应和投资机会，也是英国金融科技快速发展的原因之一。[①] 2015—2020 年英国人口、GDP 等指标变化见表 2.2.1。

表 2.2.1　　2015—2020 年英国人口、GDP 等指标变化趋势

类别	2015 年	2016 年	2017 年	2018 年	2019 年
人口（万）	6 510	6 560	6 600	6 640	6 690
人均 GDP（元）	45 001	41 199	40 432	43 092	42 294
GDP（亿元）	29 300	27 050	26 700	28 630	28 280
GDP 增速（%）	2.4	1.9	1.9	1.3	1.4
投资额增速（%）	3.7	3.6	1.6	-0.2	0.6
出口增速（%）	3.8	2.7	6.1	1.2	4.8
进口增速（%）	5.4	4.4	3.5	2.0	4.6
零售销售额增速（%）	3.9	4.8	1.9	2.7	3.3
失业率（%）	5.4	4.9	4.4	4.1	3.8

数据来源：IMF

在英国“脱欧”期间，英镑持续保持高度波动，自前英国首相宣布英国将触发《里斯本条约》第 50 条以来，该货币一直承压。由于英国政府走向“硬脱欧”，英国无法享受免关税进入欧洲市场的政策，并且“脱欧”也限制了劳动力流动，这引起了投资者的担忧。之后英镑出现了短暂的反弹（见图 2.2.1）。

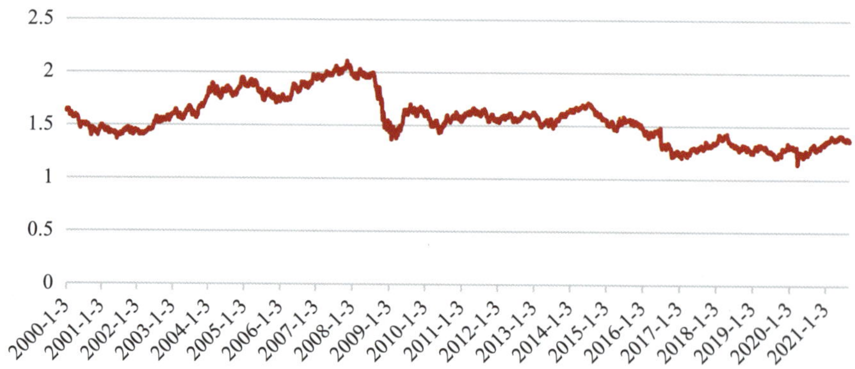

资料来源：Macrotrends

图 2.2.1　2000—2021 年英镑兑美元汇率走势图

① 资料来源：FocusEconomics。

英国是全球第8位外商直接投资（FDI）流入国，仅次于美国、中国内地、荷兰、中国香港、新加坡、德国和澳大利亚。但近年由于“脱欧”进程引起了一些投资者对于欧洲贸易成本增加和英镑波动的担忧，根据联合国贸易发展协会发布的《2020年世界投资报告》，流入英国的外国直接投资（FDI）连续第二年大幅下降，2019年达到590亿美元，而2018年为650亿美元，2017年为1 010亿美元。英国的主要投资伙伴（就外国直接投资存量而言）是美国、英国离岸岛屿（海峡群岛和马恩岛）、荷兰、卢森堡、比利时、日本和德国（英国国家统计局，2019年）。大多数FDI流向金融服务部门、专业、科学和技术服务、IT、贸易和维修以及运输。

英国整体存在较大贸易逆差，2020年的总体贸易逆差为120亿英镑（165亿美元）。1 190亿英镑（1 637亿美元）的货物贸易逆差被2020年1 070亿英镑（1 472亿美元）的服务贸易顺差部分抵消。2020年，英国对欧盟的贸易逆差为510亿英镑（约702亿美元），对非欧盟国家的贸易顺差为430亿英镑（582亿美元）。2020年，英国的商品和服务出口总额为5 740亿英镑（约7 896亿美元），进口总额为5 860亿英镑（约8 061亿美元）。2020年，欧盟占英国商品和服务出口的42%，占进口的50%。英国包括投资收入和转移以及贸易在内的经常账户赤字在2020年为740亿英镑（1 018亿美元），而2019年为690亿英镑（949亿美元）。2020年经常账户赤字占GDP的比例为3.5%，而2019年为3.1%。2021年第一季度经常账户赤字为128亿英镑（176亿美元，占GDP的2.4%），而赤字为263亿英镑（362亿美元）。具体资料见表2.2.2。

表2.2.2　　英国近三年贸易进出口总额

时间		贸易总额（十亿英镑）			经常账户余额	
		出口	进口	结余	十亿英镑	GDP（%）
2019		689.274	716.744	-27.470	-68.6	-3.1
2020	Q1	573.502	585.545	-12.043	-73.9	-3.5
	Q2	135.7	123.8	11.9	-14.3	-3.0
	Q3	137.1	142.2	-5.1	-14.3	-2.6
	Q4	145.3	160.2	-14.9	-26.3	-4.8
2021	Q1	137.5	139.2	-1.8	-12.8	-2.4
	Q2	146.4	150.9	-4.4		

资料来源：英国国家统计局。

（2）人口环境

从2018年年中到2019年年中，英国人口增长率为0.5%，低于2004年以来的任何一年。2019年年中，英国人口达到6 690万。自20世纪90年代以来，移民一直是英国人口增长的主要驱动力。2016年至2019年，长期国际移民、移民和净移民基本保持稳定（见图2.2.2）。

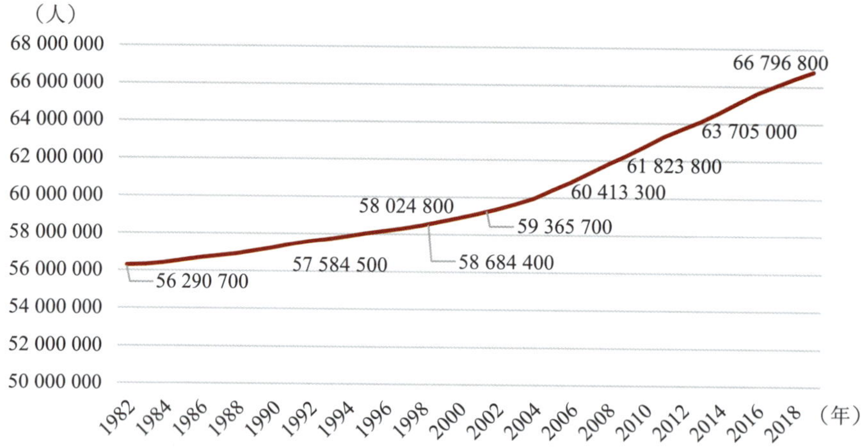

资料来源：Office of National Statistics

图 2.2.2　1982—2019 年英国人口变化趋势

英国的年龄结构主要取决于生育率和死亡率的发展趋势，随着出生人数和死亡人数的减少，整体年龄结构逐渐变老。预计50年后，英国65岁及以上的人口将增加750万人。到2041年，20世纪60年代的婴儿潮一代将进入70多岁和80多岁。到2069年，与2019年的数字相比，预计英国65岁及以上的人口将增加750万。这将使英国65岁及以上年龄组的人口达到1 980万人，占预计人口的26.2%。同时，英国年轻人口群体的占比则在下降，1999年估计有20.4%的人口在16岁以下，2019年下降到19.0%，预计到2039年将下降到16.9%。1999年，63.8%的人口年龄在16—64岁，2019年下降至62.5%，预计2039年下降至59.2%。

（3） ESG 环境

2020 年 1 月底，英国正式脱离欧盟，长达 4 年的“脱欧”旅程告一段落。自 2021 年起，欧盟法规和优惠政策将不再适用于英国。过去 40 年，英国首都伦敦成为欧盟的贷款、贸易和投资中心，金融服务业是英国贸易顺差最大的行业，2019 年出口额达到 790 亿英镑（约合 1 060 亿美元）[①]。随着英国脱离欧盟，伦敦金融业的发展前景成为未知数。

从 2021 年起，总部设在英国的金融机构将失去自动进入欧盟单一市场的通道，即落户英国的金融机构，由于英国原有的欧盟成员国身份，而被允许在其他欧盟国家开展经营。目前，英国与欧盟的金融服务贸易适用于“对等”原则，即需要认可对方的监管环境等条件与己方“对等”才给予准入资格。但“对等”原则适用范围有限，并未涵盖存款和借贷等基本银行服务；不同的金融服务行业“对等”机制存在差异，截至目前，欧盟只批准了英国两项金融服务的临时性“对等”准入；并且“对等”准入并不稳定。理论上，欧盟提前 30 天通知英国就可撤回“对等”裁决。

为保证金融稳定运行，目前部分欧盟国家给予英国金融服务业临时性准入资格。在英国与欧盟达成协议的随附声明中，双方承诺将就金融服务事宜进一步谈判，英国和欧盟 3 月 26 日对一份有关金融服务的谅解备忘录达成一致，该备忘录仅仅聚焦于监管合作框架，即安排金融监管机构定期进行无约束力的非正式会谈。该框架协议代表着一个积极的信号，可能将为许多英国服务供应商提供法律保障，使它们在向欧盟销售产品时不会面临贸易壁垒，并将支持英国专业人员的流动，使他们能继续在欧盟各地开展业务。

---

① 资料来源：华尔街日报。

2.2.2 金融科技环境

（1）金融环境

2008 年金融危机之后，英国政府决定废除将金融监管与中央银行分离的做法，将英格兰银行改造成集货币政策、宏观审慎、微观审慎于一身的“超级央行”，并构建起审慎监管局作为央行内设部门与行为监管局分别负责微观审慎与行为监管的监管模式。2013 年 4 月，英国政府废除了金融服务管理局（FSA），其大部分职能转移到金融行为监管局（FCA）和审慎监管局（PRA）。审慎监管局（PRA）作为英格兰银行的附属机构，负责微观审慎；行为监管局（FCA），作为对财政部和议会负责的独立机构，负责行为监管。同时，在英格兰银行理事会下设负责宏观审慎的金融政策委员会（FPC）。以《2016 年英格兰银行与金融服务法案》为标志，简化英格兰银行内部治理结构，将审慎监管局完全整合进入英格兰银行内部，不再作为附属机构，其董事会升格为审慎监管委员会（PRC），与金融政策委员会（FPC）、货币政策委员会（MPC）并列成为英格兰银行三大专业委员会，以实现货币政策、宏观审慎、微观审慎更好的协调配合（见图 2.2.3）。①

英国是促进金融服务业创新的全球冠军，尤其是伦敦，在培养下一代金融科技领导企业方面处于领先地位。截至 2019 年，Statista 报告称，与全球平均水平 64% 相比，英国的金融科技采用率更高（71%）。传统上，英国银行业由少数大型金融机构主导，监管格局的重大变化为越来越多的挑战者和金融科技公司打开了市场，这些挑战者和金融科技公司帮助实现了银行业的数字时代。截至 2020 年，国际贸易部报告表示，英国已经成立了 89 000家金融公司。② 目前，英国金融科技行业对经济的价值约为 70 亿英镑（96 亿美元），金融科技公司在英国雇用了约 60 万名员工。

---

① 资料来源：财新网。

② 资料来源：Fintech Magazine。

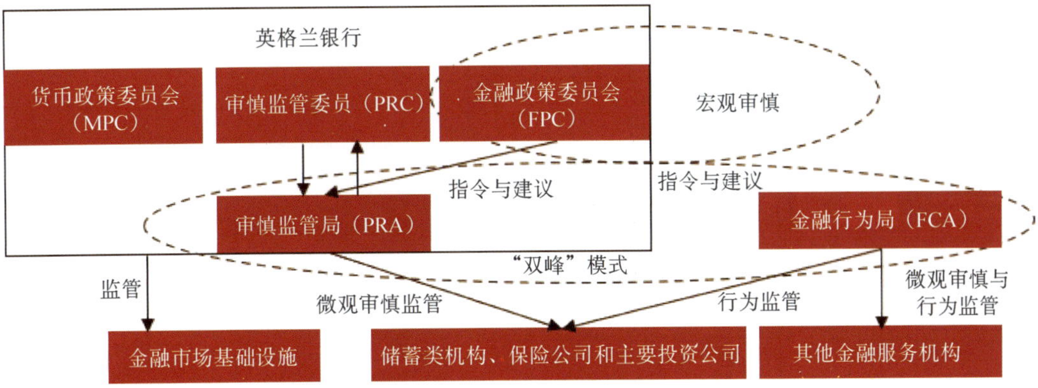

资料来源：Bank of England

图 2.2.3　英国金融行业监管架构图

自 2016 年以来，法律要求 9 家最大的个人活期账户提供商向没有银行账户或不符合标准个人活期账户资格的客户提供基本银行账户。没有银行账户的人口数量从 2005—2006 年的 285 万人稳步下降到 2018—2019 年略低于 100 万人的历史低点（见图 2.2.4）。无法使用相关账户的家庭中的成年人数量也降至近 50 万人的历史低点。此外，9 家银行均须每年向英国财政部报告其基本银行账户数据，截至 2019 年 6 月，英国有近 750 万个基本银行账户。2018 年 7 月至 2019 年 6 月，近 65 万个基本银行账户新开立，约 30 万个基本银行账户客户升级为标准个人活期账户。

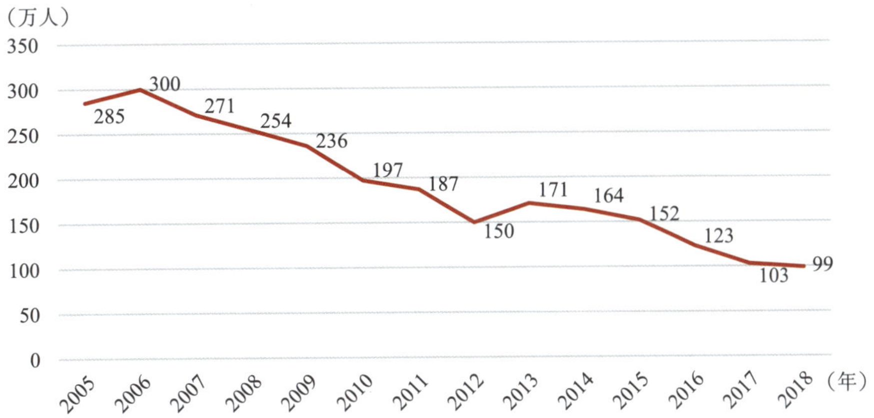

数据来源：Financial Inclusion Report – Department for Work & Pensions

图 2.2.4　2005—2018 年英国没有银行账户的人口变化趋势

储蓄率在 2017 年第一季度达到 4.0%，是 2000 年以来的最低点，储蓄率在 2020 年第一季度恢复到 8.4%。然后在第二季度由于疫情的原因达到了史无前例的 25% 以上。有 43% 的人每个月存 304 英镑（约 418.67 美元）左右，收入更高的人可能会储蓄更高的金额（见图 2.2.5）。

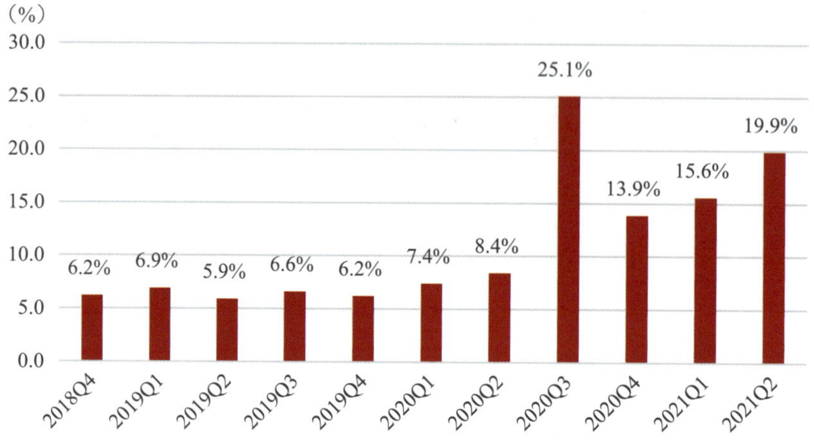

图 2.2.5　2018—2021 年英国家庭储蓄率

（2）移动互联网环境

英国宽带普及率经过快速发展和稳步发展阶段，从 2007 年的 52% 快速上升至 2009 年的 68%，随后保持稳步上升到 2015 年突破 80%。自 2015 年以来，英国宽带普及率一直保持在 80% 以上，逐年小幅波动。2019 年英国宽带普及率为 82%，已经达到较高水平的相对稳定状态（见图 2.2.6）。

英国手机在各个年龄阶层的使用群体中普及率均较高，其主要使用群体在 18—24 岁和 25—34 岁两大年龄群体之间，普及率高达 93% 和 94%。而 45—54 岁的中年群体中，手机普及率也从 60% 提高到 90%；55—75 岁的老年群体中，手机普及率提高到 80%。手机是英国人主要使用的电子设备之一，有 95% 的人表示他们在被调查的那天使用过手机，而 67% 和 64% 的人表示他们使用过笔记本电脑和台式电脑。而在使用功能方面，无论是男性、女性，还是 16—54 岁的群体，都会使用手机来使用在线银行功能，55 岁及以上的群体则习惯用电脑来查询在线银行信息（见图 2.2.7）。

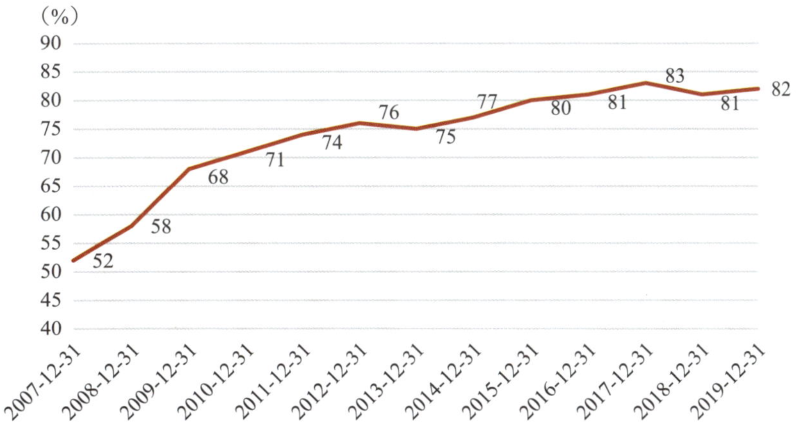

数据来源：Ofcom

图 2.2.6　2007—2019 年英国宽带普及率

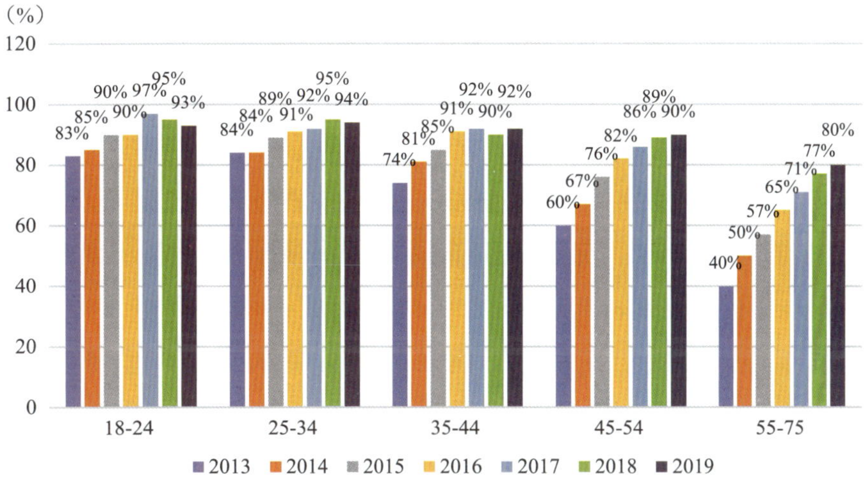

数据来源：德勤

图 2.2.7　2013—2019 年英国手机普及率（按年龄群体）

（3）消费环境

过去十年，英国消费支出呈稳定上升趋势，2020 年由于疫情关系，消费支出有所下降，约为 1.23 万亿英镑。而英国消费总量占 GDP 的比例从 2000 年的 83.31% 起呈现出逐渐上升的趋势，到 2019 年达到峰值 86.50%，之后逐渐下降到 2019 年的 83.12%，2020 年因为疫情有所上升（见图

2.2.8）。这里的家庭消费支出包含各种消费品和服务的总体支出，例如住房、快速消费品、政府执照和许可证的申请等。

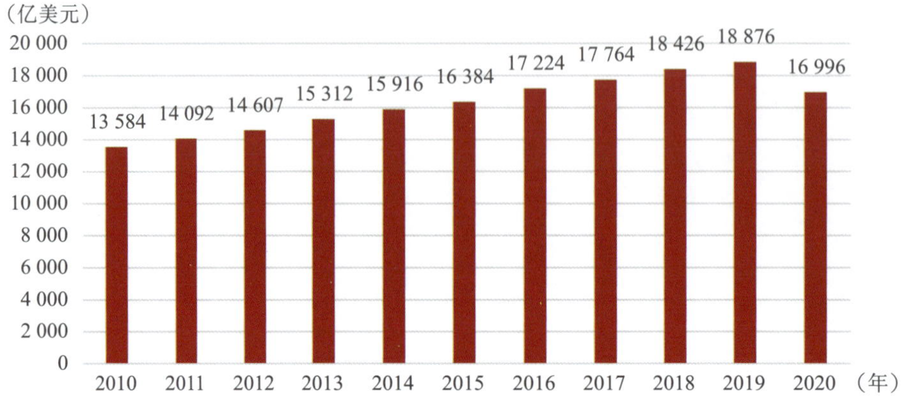

数据来源：世界银行

图 2.2.8　2010—2020 年英国家庭消费支出

英国拥有欧洲最先进的电子商务市场，根据英国国家统计局的最新数据，2019 年英国电子商务收入达 6 930 亿英镑（约 9 563 亿美元），较上年大幅增长（见图 2.2.9）。英国零售业销售额占所有行业电子商务销售额的 8% 左右。仅在零售领域，2019 年在线销售额就占所有零售总额的 19.4%，预计未来几年可能会由于疫情的影响而达到更高水平。2020 年，互联网零售额增长了 46.1%，是过去十年中最快的增长速度，高达 87% 的英国家庭在过去 12 个月内进行了网上购物，也创下了过去 11 年中最高的网上购物渗透率纪录。

虽然信用卡或借记卡等传统支付方式仍占有较高份额，但购物者也接受 PayPal 等在线支付系统，甚至谷歌、苹果和亚马逊等数字钱包。多达 1/3 的英国消费者更喜欢在线购物并推迟实际付款，这种先买后付（BNPL）选项在购买休闲装和美容产品时更受欢迎。在 2021 年 100 万消费者的交易样本中，8.5% 的人在 2019 年 8 月至 2020 年 7 月期间使用了 BNPL 服务。

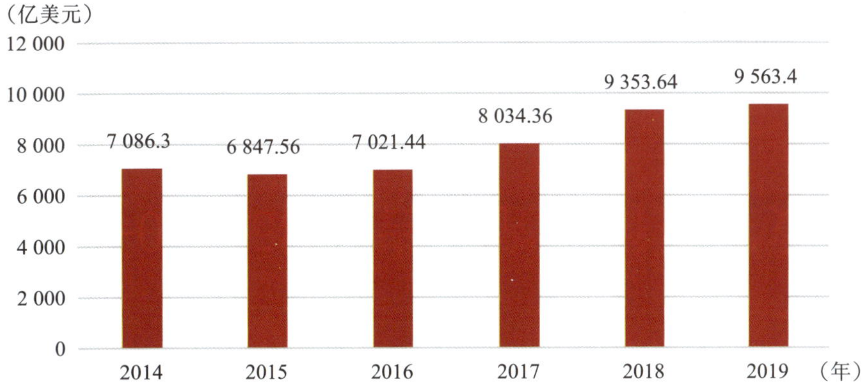

数据来源：英国国家统计局

图 2.2.9　2014—2019 年英国电商销售额

（4） 投资环境

英国作为欧洲金融科技的重要根据地，正在引领融资的潮流。2021 年上半年，英国创纪录地完成了 57 亿美元的风险投资融资，比 2020 年全年获得的总投资（43 亿美元）高出 1/3，比 2019 年全年的 46 亿美元高出 26%，占到了欧洲所有大型交易的一半（见图 2.2.10）。英国成为仅次于美国的金融科技中心，证明英国具有充满活力和国际吸引力的金融科技生态系统。

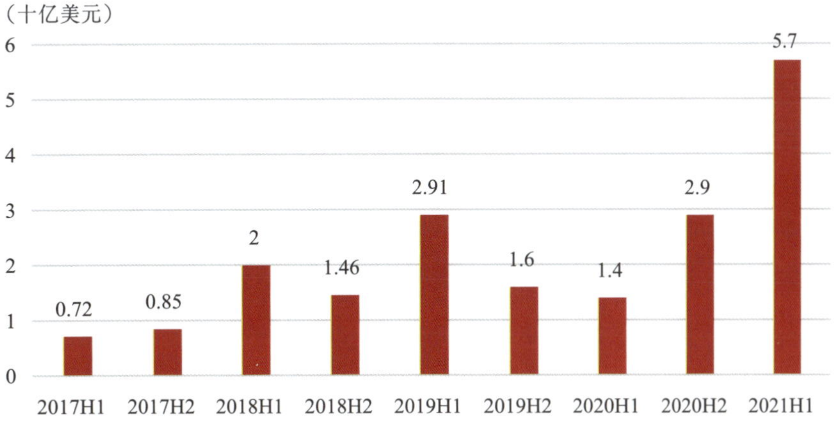

数据来源：Innovate Finance

图 2.2.10　2017—2021 年英国金融科技风险投资总额

英国金融科技公司正在积极地上市和退出，在伦敦证券交易所，国际汇款公司 Wise（前身为 TransferWise）选择以 110 亿美元的估值直接上市；数字养老金平台 PensionBee 选择以 5 亿美元的估值首次公开上市；总部位于英国的支付集团 Paysafe 在与 SPAC 合并后在纽约证券交易所上市。并购活动也继续升温，摩根大通宣布收购数字财富管理平台 Nutmeg，开始向英国零售消费者提供银行服务。其他交易包括英国最大的互惠人寿、养老金和投资公司 Royal London，收购金融科技公司 Wealth Wizards 和 Better；美国数字抵押贷款机构，收购 Trussle 以进一步扩大其在英国的影响力。

2.2.3 数字银行市场

（1）发展背景

过去三年，英国数字银行市场高速发展。2021 年，超过 1/4（1 400 万人）的英国成年人在纯数字银行开设了账户，比起 2019 年 1 月（9%），拥有数字银行的英国人增长了 3 倍。4/5（80%）在英国使用某种形式的网上银行。12% 的英国人目前已完全转向纯数字银行，2/3 的银行客户表示他们计划在未来完全转向数字银行。到 2021 年底，38% 的英国人将使用或打算使用一家纯数字银行——相当于近 2 000 万英国人。近 2/3 的英国人使用非接触式银行卡，而美国这一比例为 3%。截至 2019 年，近一半（47%）使用数字银行的用户在数字钱包中的存款少于 1 000 英镑（约 1 375 美元）。①

Yolt 技术服务公司（YTS）的首席业务员 Leon Muis 认为，英国的开放银行增长“非常令人印象深刻”。如果比较英国与意大利的数字银行发展现状，可以看到英国数字银行的采用率（Adoption Rate）是意大利的 12 倍。虽然意大利于 2019 年 6 月推出了开放式银行业务，每月处理 310 万次 API

① 资料来源：Finder。

调用，而英国处理每月 6.15 亿次，API 调用高得惊人。

疫情也进一步推动了数字银行的发展，英国人对于现金的使用率有所下降。Apple Pay/Google Pay 对于那些消费者来说不可或缺。在使用现金的 96% 中，有 1/3（33%）的人全部或大部分时间使用现金。然而，在使用 Apple Pay/Google Pay 的 37% 的受访者中，有一半（51%）在所有或大部分时间使用数字账户。

展望未来，英国数字银行主要有以下发展趋势：

一是数字银行对于 SME 的吸引力越来越大，随着 COVID－19 对整个英国经济造成破坏，挑战者银行获得了意想不到的需求提升，尤其是中小企业的服务需求。英格兰银行报告称，英国 83% 的中小企业使用手机银行，而几乎所有中小企业都使用网上银行开展业务。英国共有 582 万家中小企业，占英国企业的 99%，无论是老牌企业还是新企业，这使得英国数字银行发展迅速。

二是传统银行的数字化，NatWest 推出了 Mettle，面向小微企业独立运行，他们的用户在 2020 年增长了 2 倍；荷兰银行 ING 也支持了开放式银行平台 Yolt 和 Yolt Technology Services。但并不是每个数字化银行的项目都进展顺利，汇丰银行在 2020 年 4 月悄悄关停了它的开放银行项目 Pulse。更多的银行选择了更加渐进的内部升级手段，例如 Lloyds Bank 表示他们投资了 30 亿英镑（约 41 亿美元）帮助银行数字升级。

三是 AI 在数字银行 AML 等环节的应用，“聚类”这样的机器学习技术，可以对用户数据进行分类、标记相关风险指标，并在风险阶段进行评分。这种技术可以快速识别高风险实体之间的联系，并将它们与特定的非法交易联系起来。机器学习也可以减少误报，考虑从整体的属性进行评分。

（2）政策及牌照

英国的政策制定者和监管机构制定了一个进步的、思想开放的和以国际为重点的监管计划。这使得英国金融科技公司能够在美国和全球其他国家目前无法实现的领域进行创新。

2015 年，英国是第一个将自己的监管金融科技沙箱投入运营的国家，以便监管者在测试环境中考察金融产品及商业模式的可行性，实现产品和服务的创新，同时为产品提供临时豁免权。据金融行为监管局称，英国金融科技投资的成功导致包括新加坡和澳大利亚在内的许多国家在2016年底宣布了他们的金融科技监管沙箱计划。

2016年3月，英国财政部开放银行工作组（OBWG）对外发布《开放银行标准框架》，内容包括数据标准、应用程序编程接口（API）标准与安全标准等。

2016年8月，英国竞争和市场管理局（CMA）提出了开放银行服务数据等系列改革措施，要求大不列颠和北爱尔兰市场份额最大的九家银行（CMA9，包括Lloyds、巴克莱、汇丰、桑坦德和RBS等），建立并采用统一的开放银行服务数据和客户资格指标、银行服务质量指标与个人/企业账户交易数据。

2018年1月，英国实施了第二支付服务指令（PSD2）。从那时起，开放银行实施实体（OBIE）宣布了两个采用里程碑——1月用户数达到100万，以及9月的200万用户。OBIE的生态系统系统主管David Beardmore表示，它每月增长160 000到200 000名用户。到2020年1月底，英国的开放银行用户将达到300万。在英国封锁期间，4月和5月之间的采用率（A-doption Rate）有所放缓，但之后几个月数字支付的占比明显提高。安永的一份报告显示，94%的金融科技公司正在考虑开放银行业务以增强现有服务，81%正在使用它来支持新服务。在居住在英国的6 665万人中，到1月底，约有4.5%的人可能会使用开放银行服务。这比9月的3%有所上升，标志着OBIE发布的百万用户里程碑公告之间的差距已显著缩小——从9个月缩小到5个月。开放API的使用使第三方能够访问传统上由现有银行持有的数据，这意味着金融科技公司可以利用这些见解来生产新产品和服务。

（3）主要玩家及竞争环境

2010—2020年，英国有20家数字银行创业公司成立，英国数字账户的忠实用户是青年人群，大约1/6（17%）的人拥有纯数字银行账户，这些用户的年龄差异很大：18—34岁的人中有30%的人拥有数字银行账户，55岁及以上的人中只有7%拥有数字银行账户。数字银行用户使用的最常见平台是Monzo（38%）、Revolut（23%）和Starling（22%）（见图2.2.11）[①]。Starling Bank的CEO宣布该公司在2020年11月成为第一家盈利的挑战者银行，同时，在9月，Revolut的CEO表示到2020年预计实现盈利，客户达到50万家。

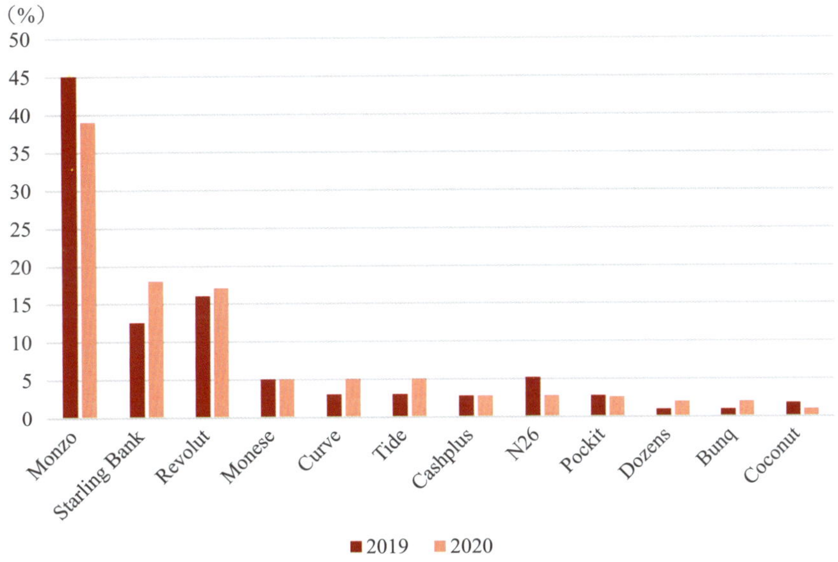

数据来源：AltFi

图 2.2.11　2019—2020 年英国数字银行玩家市场份额

目前市场上的主要玩家是Monzo、Starting Bank、Revolut等。这前三大数字银行都在2020年报告了客户增长。Monzo达到480万，Revolut达到1 300万（全球），Starling达到168万。市场份额方面，从2020年初到11月1日，Monzo、Starling Bank和Revolut依次占据了最大的市场份额。然而，数字银行第一大玩家Monzo今年失去了部分市场份额，从2019年的44.1%降至38.8%。与此同时，Starling Bank和Revolut的市场份额有所增加，Starling从13.2%增加到17.8%，Revolut从15.1%增加到16.1%。

① 资料来源：Fintech Magazine。

Bunq、Dozens 和 Tide 等较小的品牌市场份额略有增加（见图 2. 2. 12）。①

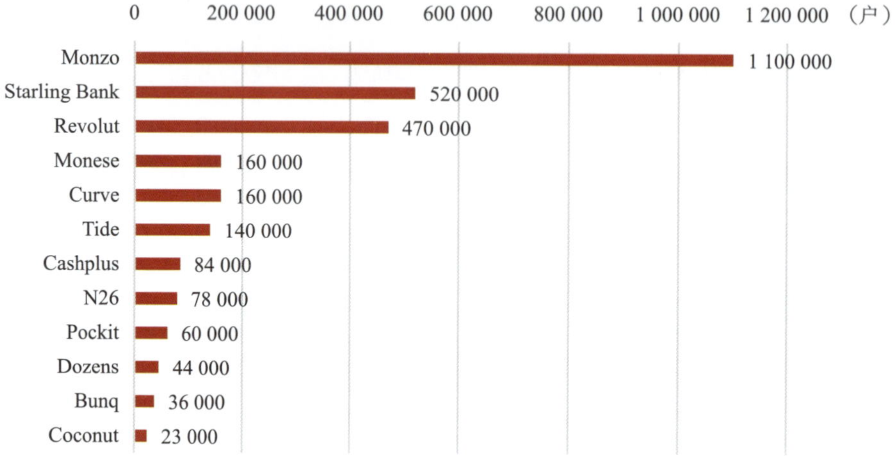

数据来源：AltFi

图 2. 2. 12　2020 年英国数字银行大型玩家平均月活用户

2.2.4　案例分析

（1） Revolut

Revolut 成立于 2015 年，总部位于英国伦敦，是一家挑战者银行，该银行提供三种账户：免费标准账户、6. 99 英镑（约 9. 62 美元）/月的高级账户或 12. 99 英镑（约 17. 87 美元）/月的金属账户（Metal Account）。开设这些账户中的任何一个，用户都有权获得一个免费的英国和欧元 IBAN 账户，能够以银行间汇率用 150 多种货币进行消费。用户还可以兑换 30 种货币——标准账户用户每月最多兑换 5 000 英镑（约 6 878 美元），而付费用户则不受限制（没有隐藏费用）。高级和金属账户持有人可以立即将任何 30

① 资料来源：AltFi。

种货币直接兑换成5种加密货币，即比特币、莱特币、以太币、比特币现金和XRP。[①]

在企业级市场，Revolut推出了Revolut for Business，主要为小微企业和自雇人士提供现金流管理、工资发放、预算控制等功能和服务。面向企业客户，Revolut提供月费25英镑、100英镑、1 000英镑（约34美元、138美元、1 376美元）三档账户。对于雇主来说，Revolut的主要竞争优势在于节省换汇成本。除此之外，Revolut还搭建开放平台，允许第三方SaaS服务接入进来，为用户提供更加方便的账户管理服务。以团队协作工具Slack为例，接入小企业内部的群组后Revolut能为员工提供实时的消费提醒、预算控制等功能。

Revolut于2021年7月完成8亿美元的新一轮融资，由软银和Tiger Global领投，目前估值为330亿美元，是该公司去年估值55亿美元的6倍。本轮融资使Revolut成为欧洲第二大金融科技独角兽，仅次于先买后付巨头Klarna。

（2） N26

N26成立于德国，2016年7月获得欧洲央行授予的完全银行牌照，并上线了第一款APP。目前，N26业务范围已扩展至欧盟17个国家，并成功进军美国市场；目前N26的主要功能包括存取款、信用卡、转账、外币换汇、理财投资及保险等业务。其拥有350万用户，已完成四轮融资，是欧洲发展规模最大的数字银行业务提供商。

N26的主要盈利模式是向优质客户提供账户时收取的年费（N26 You，每月9.9欧元；N26 Metal，每月16.9欧元），用户小额借贷的利息收入（1 000欧元到50 000欧元之间，年利率1.99%至19%）以及其他附加值服务收取的费用（包括从MasterCard和TransferWise获得的交易分成等）。据第三方机构估计，2018年N26实现营业收入7 940万欧元。2013年5月，N26进行天使轮融资，并于2015年至2019年完成了A轮至D轮的融资，吸

① 资料来源：Beauhurst。

引了包括 Insight Venture Partners、保险巨头安联、腾讯、新加坡主权财富基金 GIC 等在内的投资者，总募资规模约 6.8 亿欧元（目前公司估值已达 35 亿欧元）。

N26 善于外部合作，形成竞争优势。N26 与 TransferWise 进行合作，实现了免费提供欧元与 19 种货币的兑换功能；与万事达卡（MasterCard）合作，实现了可在全球超过 2 100 万 ATM 上进行本地货币的免费提现或存储功能；与 MoneyBeam 合作，实现了转账汇款功能；与 Clark 合作，引入了保险功能；与 Auxmoney 合作，引入了信用贷款功能。2019 年 7 月，N26 进军美国市场。为解决美国市场各州的政策存在差异性，且获取银行牌照较为困难的问题，N26 通过和美国 Axos Bank 合作，来为用户提供便捷的银行服务（用户开具的账户是 Axos Bank 的储蓄账户）。通过以上外部合作，N26 快速集成了个人金融生活所需的重要服务板块，为 N26 留住了庞大的用户群体。

N26 正在进行新一轮的融资，预计是 IPO 之前的最后一轮，本轮估值预计在 80 亿—110 亿美元。上一轮是 2020 年 5 月的 D 轮融资，筹集了 8 亿美元，估值为 35 亿美元。N26 在 2020 年报告了净亏损 1.3 亿美元，在美国和欧洲拥有 700 万用户。

（3） Monzo

Monzo 是英国数字银行，为其客户提供无月费的活期账户、借记预付卡以及一系列银行和资金管理功能。Monzo 目前拥有超过 300 万用户，并受到 PRA 和 FCA 的完全授权和监管。Monzo 在卡迪夫和伦敦设有办事处，拥有 800 多名员工。

Monzo 账户持有人可以设置灵活的透支设定，并通过 Monzo 获得贷款。Monzo 还提供作为储蓄账户的“储蓄罐”，用户可以赚取高达固定储蓄的 1.4% AER，并有自动储蓄功能。Monzo 也提供“Salary Sorter”，帮助用户将他们的支出、账单和储蓄进行分类。用户还可以使用 Monzo 万事达卡在海外消费，无需在汇率上增加额外费用。海外取款前 200 英镑（约 275 美元）也可免费使用 30 天，此后将收取 3% 的费用。

Monzo 在 2020 年亏损较多，税后亏损约为 1.138 亿英镑（约 1.57 亿美元）。迄今为止，Monzo 共计融资 6.419 亿美元，它在 2021 年 2 月完成最新一轮 5 000 万英镑（约 6 878 万美元）融资，由现有股东和新风险投资公司 Octahedron Capital 领投，估值为 12.5 亿英镑（17.2 亿美元），比上一轮下跌了 40%。

（4） Atom

Atom 是一家英国数字银行，它通过自主研发的应用程序，向其客户提供储蓄账户、抵押贷款和商业贷款。不提供活期账户、没有发行银行卡以及没有任何实体分支机构，使 Atom 与许多挑战者银行竞争对手区分开来。

Atom 的固定储蓄账户，提供了比实体银行机构更有竞争力的利率，包括从 3 个月到 5 年不等的利息（1 年固定储蓄账户提供 1.5% 的年利率）。Atom 还提供抵押贷款，并由独立经纪人提供建议，以帮助客户获得最佳利率，用户可以通过应用程序实时监控抵押贷款还款情况。Atom 也提供商业贷款提供给有限公司、有限责任合伙企业和独立贸易商，最高贷款价值比为 75%（用于商业地产投资）。

2021 年，Atom Bank 宣布将筹集 4 000 万英镑（5 503 万美元）的新一轮融资，本轮股价比 2019 年股价低了一半，本轮融资由西班牙银行巨头 BBVA 和 Toscafund Asset Management 领投。Atom 表示，尽管出现估值下跌，他们预期 2021 年增长强劲，预计在未来 48 个月进行 IPO。

第 3 章

美国数字银行报告

CHAPTER 3

综述

美国位于北美洲，是世界上人口最多的发达国家，也是世界上民族和文化最多元的国家之一。截至 2020 年，美国拥有 3.31 亿人口，排名世界第三，多半为来自全球各地的移民。2020 年，美国 GDP 总量达 20.93 万亿美元，尽管受新冠肺炎疫情影响较上年萎缩 3.5%，为自 2008 年全球金融危机以来的首次负增长，美国依旧保持世界第一的经济体量和较高的经济发展水平。外资方面，美国一直是海外企业投资的首选目的地，2020 年外国直接投资累计规模达 4.63 万亿美元。美国具备较强的政治和社会稳定性，三权分立制度下的各联邦及州层面部门各司其职，在国际事务中享有重要话语权。同时，美元作为美国官方货币在国际支付和外汇市场上占据着主导地位。

自 20 世纪 80 年代以来，美国银行业金融业监管体系日趋严格，银行业体系不断整合，银行数量减少了约 3/4。美国征信体系起步早且较为完善，早在 20 世纪 60 年代美国就开始设立相关法律规范。完善的征信体系也为美国金融机构提供零售金融服务打下了良好的基础。美国享有世界前沿技术，移动互联网体系发展完备，信用卡和智能手机普及率极高，处于世界领先地位。美国是世界上最大的经济体，也是世界上最大的消费市场，开放的市场环境、高技能劳动力、自由的对外贸易关系促使美国为本国及全球消费者提供高质量、创新性、多样化的商品与服务。在新冠肺炎疫情的助推下，美国在线零售业增长强劲，2020 年美国电商市场收入达到 4 316 亿美元，将在未来几年持续增长。

美国数字银行业最早起源于互联网泡沫时期的网上直销银行。在金融危机之后，随着金融科技技术的日趋成熟，数字银行业飞速发展。美国货币监理署也出台了相关向金融科技公司发放特殊目的国民银行牌照 SPNB 的法案，但由于监管层面的政策冲突和业务范围定位不明确，导致 SPNB 牌照至今尚未能成功推行。目前，美国市场上的数字银行主要分为持有国家银行牌照的全栈数字银行和与中小型银行借牌合作的前端业务数字银行，主要面向美国中低收入人群提供借记卡服务。与此同时，传统美国金融机构也在积极寻求转型。随着美国消费者线上服务需求日益增加，全面的数字化发展将成为未来银行业的发展趋势，数字银行也将多元化和规范化其功能和产品，为消费者在线提供快捷、有效的金融解决方案。

3.1 宏观环境

美利坚合众国（United States of America），简称“美国”，是由其下辖的 50 个州、华盛顿哥伦比亚特区、五个自治领土及外岛共同组成的联邦共和国。美国位于北美洲，北部与加拿大接壤，南部毗邻墨西哥，东、西岸临海。2020 年，美国人口总数超 3.31 亿人，包括来自全球各地的大量移民，是世界上人口最多的发达国家，也是世界上民族和文化最多元的国家之一。美国作为世界超级大国，在政治、经济、军事、科技等多方面均处于世界的领导地位，在国际事务中占据重要话语权。

3.1.1 经济增长迅速

（1）GDP 总量世界第一

美国经济体系兼有资本主义和混合经济的特征，经济高度发达，生产规模庞大，生产技术领先，农工商业均衡发展，自 19 世纪就已超越英国成为世界第一大经济体，并一直保持着较高的经济发展水平。

根据美国经济分析局（BEA）公布的数据显示，美国 2020 年实际国内生产总值（GDP）约为 20.93 万亿美元，较 2019 年萎缩 3.5%，为 2008 年全球金融危机以来的首次出现负增长，并创下了自 1946 年第二次世界大战结束以来的最差表现（见图 3.1.1）。具体反映在个人消费支出、出口、私人库存投资、非住宅固定投资以及州和地方政府的支出减少上。

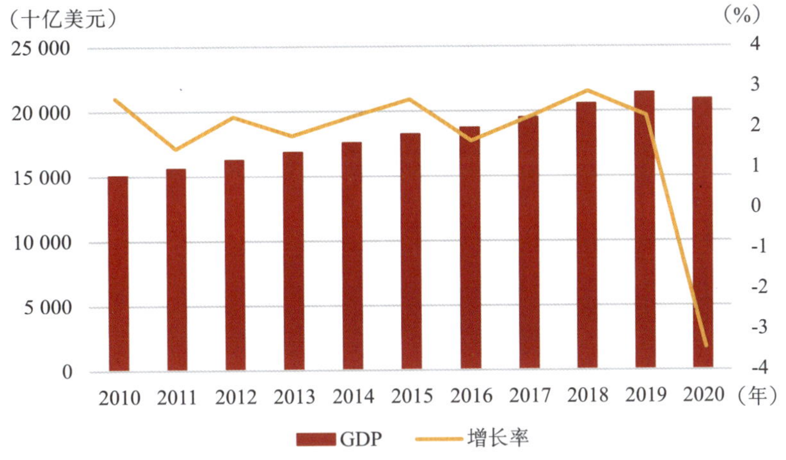

数据来源：IMF

图 3.1.1　2010—2020 年美国 GDP 变化情况

美国第三产业服务业高度发达，2020 年第三产业 GDP 高达 17.065 万亿美元，占全年 GDP 比重达 81.5%，是美国经济的主导力量。第一产业 GDP 占比仅有 0.84%，不足 1%，第二产业占比为 17.65%。第三产业兴旺也意味着美国国民生活水平较高，经济高度现代化，服务产业在创造了庞大的经济效益的同时，也提供了大量的就业岗位。四大优势服务产业包括金融服务业、高科技产业、影视娱乐业和航空航天军工业。

根据国际货币基金组织（IMF）的估算，2020 年全球经济总量约为 83.84 万亿美元，美国 GDP 在全球经济的占比约 1/4。

（2）美元不可替代的国际地位

鉴于美国强大的国际影响力，美元作为美国的官方货币在国际市场上享有重要地位。自 1944 年布雷顿森林体系确立后，美元成为国际中心货币，在国际支付清算及全球外汇储备中占据较大的份额。

根据国际货币基金组织（IMF）的官方外汇储备货币构成（COFER）调查，截至 2020 年底，全球各国央行持有的美元储备的比例下降至 59%，为25年来的最低水平。一方面是因为美国不断加大对外制裁，导致外汇储备中的美元份额下降；另一方面，随着各国央行在国际交易中使用的其他货币对美元形成竞争，美元在全球经济中的作用正在下降。同时，部分国家为了寻求实现储备货币构成的多元化，采取去美元化。

尽管美元国际支付清算及全球外汇储备的占比较高峰时明显下降，但依旧处于遥遥领先的位置，其他货币短期内要取代美元国际中心货币地位还很艰难。

受全球新冠肺炎疫情的冲击，在美国经济复苏疲软、财政货币政策大幅宽松等因素的综合作用下，2020年美元整体上处于走弱态势，美元指数全年跌幅达6.7%。在疫苗大规模接种背景下，美国经济依然领跑发达经济体，2021年第一季度美元指数再度走强，美元指数走强引发了新兴市场国家货币对美元汇率贬值、资本市场动荡与货币政策调整。未来，美元指数的走势一方面取决于通货膨胀预期与美国10年期国债收益率走势，同时也和全球经济政策走向息息相关（见图3.1.2）。

数据来源：Yahoo

图3.1.2　2010—2020年美元指数变动情况

（3）外资规模庞大

过去几十年来，美国一直是海外企业投资的首选目的地。2020年新冠肺炎疫情在美国蔓延，加剧了全球经济重心的东移，美国经济产出大幅度下降，海外企业对美国的投资下降了50%，中国取代美国成为全球新增外商直接投资的第一大目的地。尽管如此，美国的外国投资总存量依旧保持着庞大的规模。

根据美国经济分析局（BEA）发布的统计数据，2020年底，美国对外直接投资的累计投资水平达6.15万亿美元，较2019年增长2 449亿美元，主要体现在对英国、荷兰等欧洲国家的投资增加，其中制造业的对外直接投资增幅最大。2020年美国外国直接投资累计规模达4.63万亿美元，较2019年增长1 872亿美元。外国直接投资领域以制造业、金融和保险业以及批发贸易业为主（见图3.1.3）。

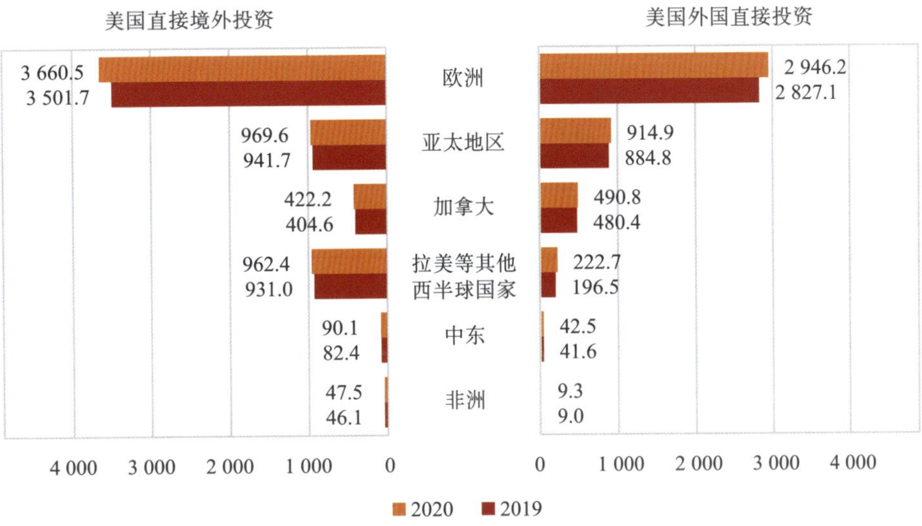

数据来源：美国经济分析局

图3.1.3　2019—2020年美国直接投资情况

贸易方面，据美国BEA统计，美国2020年的贸易逆差为6 452亿美元，较2019年扩大了82亿美元。其中，出口约为2.12万亿美元，较2019年下降15.9%；进口约为2.77万亿美元，较2019年下降9.5%。墨西哥、加拿大和欧盟是美国主要的进出口国家和地区。

3.1.2 人口

（1） 人口世界第三

美国人口普查十年开展一次，根据美国人口普查局发布的 2020 年第二十四届全国人口普查结果，截至 2020 年 4 月 1 日，美国共有 3.31 亿人口，比 2010 年增加 7.4%，相比于 2000—2010 年 9.7% 的人口增幅显著降低，也是 20 世纪 30 年代经济大萧条以来最低增幅。根据调查显示，受 2008 年金融危机的影响，美国出生率降低，大批移民返乡，同时前任美国总统特朗普政府执政期间对移民政策的大幅收紧，导致过去十年美国人口增幅放缓。

美国为世界第三大人口大国，是世界上少有的人口数量一直保持较快增长的发达国家，劳动力人口的不断上升促使美国在很长一段时期内保持较高的国民生产和消费水平（见图 3.1.4）。这有助于美国经济的持续发展，巩固其世界大国的地位。

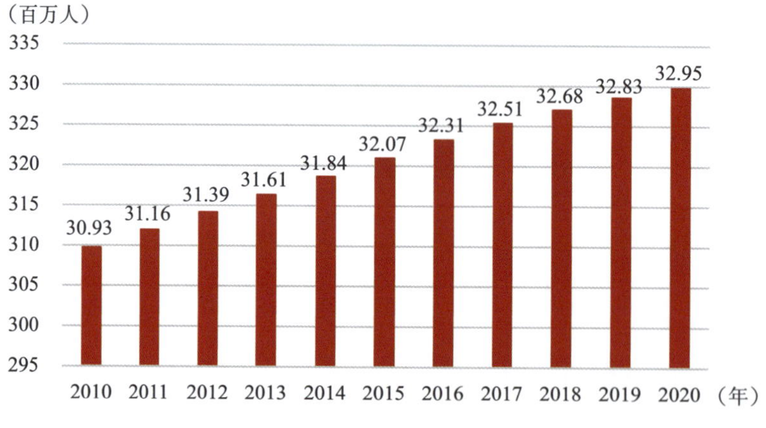

数据来源：World Bank

图 3.1.4　2010—2020 年美国人口变化情况

（2） 人口结构多元化

从年龄分布上来看，美国各年龄分段分布均匀，人口金字塔分布成矩形。其中，0—14 岁人口占比 18.4%，15—64 岁占比 65.0%，65 岁以上老龄人口占比 16.6%，年龄中位数为 38.5 岁（见图 3.1.5）。美国是世界上最早进入老龄化社会的国家之一，早在 20 世纪 40 年代就进入了老龄化社会，但在这之后老龄化速度相对较慢。

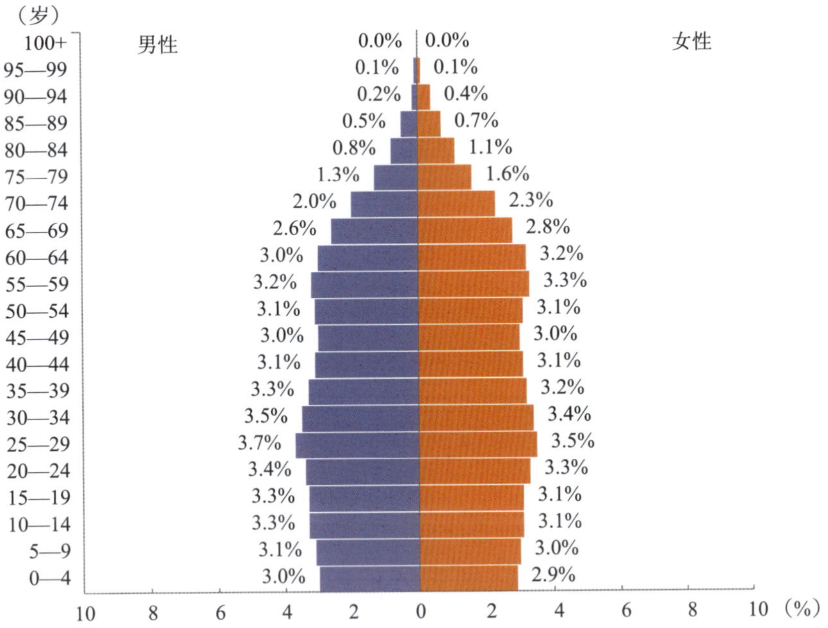

图 3.1.5　2020 年美国人口金字塔图

从地域分布来看，美国人口高度城镇化。根据世界银行数据，2020 年美国有 82.66% 的人口居住在城市及周边城郊地区，农村人口占比仅为 17.34%，而世界平均的城镇化水平为 56%。其中，加利福尼亚州与得克萨斯州是人口最多的两个州，纽约市为美国人口最多的城市，常住人口约 860 万。从长期人口变化趋势来看，美国人口重心逐渐向西南部偏移，东北和中西部有减少的趋势。

从种族分布来看，美国是个典型的民族多样化国家，其中非拉美裔白人占 60.1%，拉美裔占 18.5%，非洲裔占 13.4%，亚裔占 5.9%。[①] 随着美国人口基数的不断扩大，人口结构也在发生变化，作为人口增长主力的拉美移民及其后代的受教育程度普遍较低，使得美国整体的人口质量和素质呈下滑趋势，从长期来看，不利于美国全球竞争力和影响力的发展。

3.1.3 ESG

（1）政治稳定性

美国是一个联邦制共和国家，政治权力机构分立为总统、国会及联邦法院三个机构，依据美国宪法共同拥有联邦政府的权力，实行行政、立法、司法三权分立与制衡相结合的政治制度。其中，立法权属于由参、众两院组成的合众国国会，行政权属于美国总统，司法权属于最高法院及国会设立的下级法院。三权分立的制度有利于各部门各司其职，相互独立又相互制约，防止权力的集中和滥用，同时维护资产阶级的整体利益。与此同时，联邦政府与州政府共同拥有主权，各州下也有类似的权力分立制度。

同时，美国实行两党制的政党制度，两大政党分别是民主党和共和党，两党自美国内战后一直主导及控制美国的政治。2020 年美国大选，民主党候选人乔·拜登（Joe Biden）击败上任总统唐纳德·特朗普成为美国第 46 任总统，拜登曾在 2009 年至 2017 年奥巴马执政期间担任美国副总统。上任后，拜登积极提出并推动 1.9 万亿美元经济刺激救济方案，旨在加快摆脱疫情影响并推动美国经济复苏。

（2）社会因素

美国是世界上最大的移民国家，被称为“建立在移民基础之上的国家”。国际移民组织发布的《世界移民报告 2020》显示，2019 年美国海外

① 资料来源：中华人民共和国外交部。

移民数量达到 5 070 万人，占总人口的 15%。移民对来源地及目的地国家和社区做出了重要的社会、文化和经济贡献。在美国，海外移民不仅给社会增加了劳动力人口，对科技创新、经济发展做出了巨大贡献，也促使美国成为一个民族和种族多元化国家。

当今美国文化的多元化趋势是多层面和多角度的，受到多重文化的影响，各民族和种族的文化在美国社会中并存，并保持着其独特性，同时也表现在美国社会中各个阶层和各种群体文化的多样性发展方面。倡导从言论自由到社会平等，社会越来越多地去倾听少数群体的心声，维护弱势群体的权益，逐渐发展成为美国独特的社会文化。

3.2 金融科技环境

3.2.1 金融环境

（1）金融监管严格　银行数量锐减

美国银行业体系主要分为以下两个大类：商业银行（Commercial Bank）和储蓄机构（Saving Institution）。商业银行主要从事面向公司客户的商业活动以及向个人提供服务。储蓄机构的功能则以鼓励个人储蓄和抵押贷款购房为主。

美国联邦储蓄保险公司（FDIC）的数据显示，截至 2020 年末，美国的银行总数从 1984 年的 18 043 家降到了 5 001 家，减少约 3/4，为历史最低点。其中，商业银行有 4 374 家，储蓄机构有 627 家（见图 3.2.1）。

美国银行数量的持续下降主要由资产规模不到 1 亿美元的小银行陆续退出所致，这些小银行大部分在 1984—2011 年退出。FDIC 的数据显示，在此期间退出的银行中有超过 10 000 家因并购、整合或倒闭而退出，其中因倒闭而退出的银行占 17% 左右。银行业的整合有助于缓解围绕美国的银行数量过多的担忧。

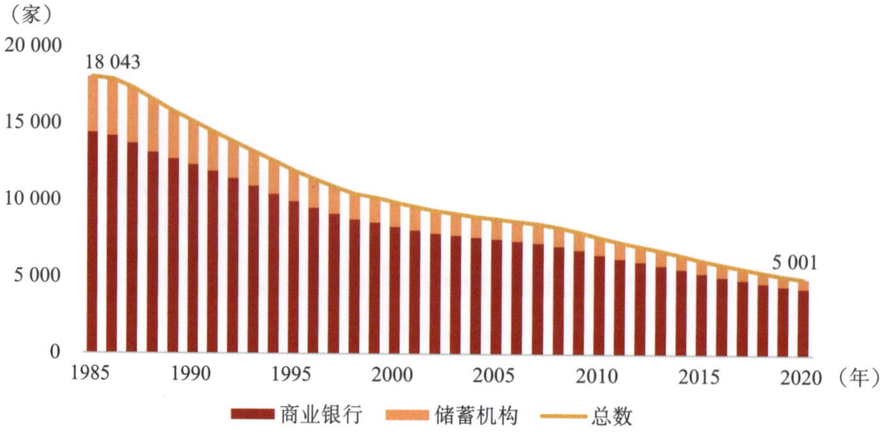

数据来源：FDIC

图 3.2.1　1984—2020 年美国银行总数

美国银行业主要有三大监管机构：联邦存款保险公司（FDIC）、联邦储备委员会（FRB）和货币监理署（OCC）。银行根据其申请牌照的类型，受三大监管机构中某一特定机构的监管；信用社受大多数银行条例的约束，且受国家信用社管理局（NCUA）的监督（见图 3.2.2）。

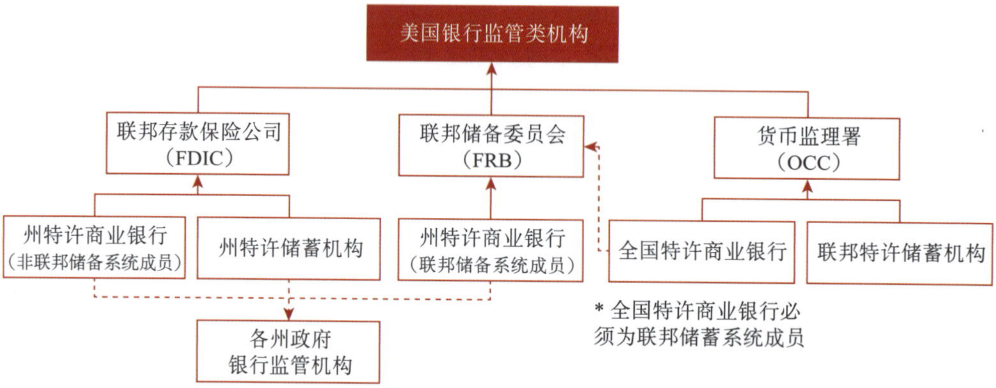

图 3.2.2　美国金融监管系统示意图

（2）金融惠普体系健全

美国征信体系起步早且较为完善，早在 20 世纪 60 年代美国就开始设立相关法律规范，完备的征信制度催生出了各类征信公司。经过长时间的发展与竞争后，形成了以三大征信机构（Experian、Equifax、TransUnion）为主的征信市场，几乎覆盖了全美消费者的所有信用活动记录。完善的征信体系也为美国金融机构零售金融服务的提供打下了良好的基础。

尽管银行机构的数量在下降，但美国整体的银行存款和资产规模却在增长。截至2020年末，美国各银行总资产规模（Total Assets）达到218 839亿美元，总储蓄金额（Total Deposits）达到178 236亿美元（见图3.2.3）。

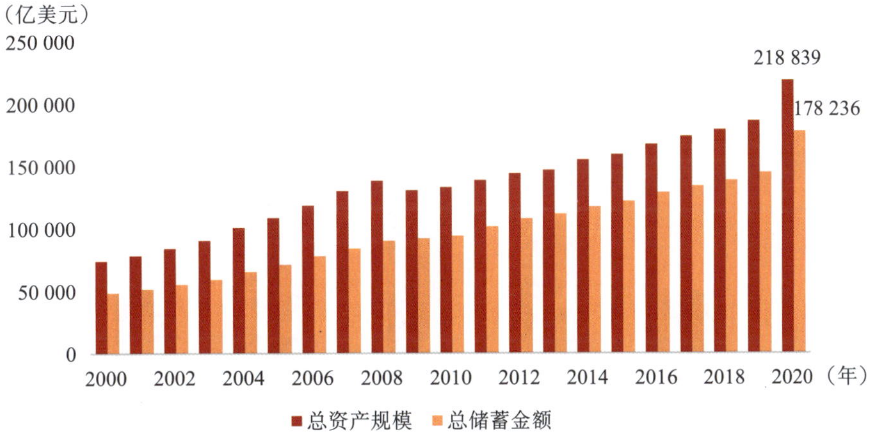

数据来源：FDIC

图3.2.3　2000—2020年美国银行资产规模和储蓄金额增长

美国信贷市场发达，金融机构基于征信系统能覆盖绝大部分有信贷需求的人群，信贷可得性和信用卡普及率高。相关报告显示，美国的人均信用卡持卡数已经达到了近4张，并且信用卡是在美国最主要的支付方式，其次是第三方支付。相较于被广泛使用的信用卡，美国借记卡的渗透率较低，截至2019年，美国信用卡数量与借记卡数量的比例为3:1。

虽然数字钱包的使用略有增长，预计到2023年，美国最流行的在线支付方式将依旧以银行卡支付为主，银行卡的流行得益于美国人乐于先买后付的消费行为。

3.2.2 移动互联网

美国智能手机的普及率非常高。截至 2021 年，美国有 2.988 亿互联网用户，互联网普及率为 90.0%。2020—2021 年，美国互联网用户数量增加了 1 100 万，同比增长了 3.7%。美国的手机支付率为 84%，在世界位居前列，而数字银行使用率预计将在 2022 年达到 65.3%（见图 3.2.4）。

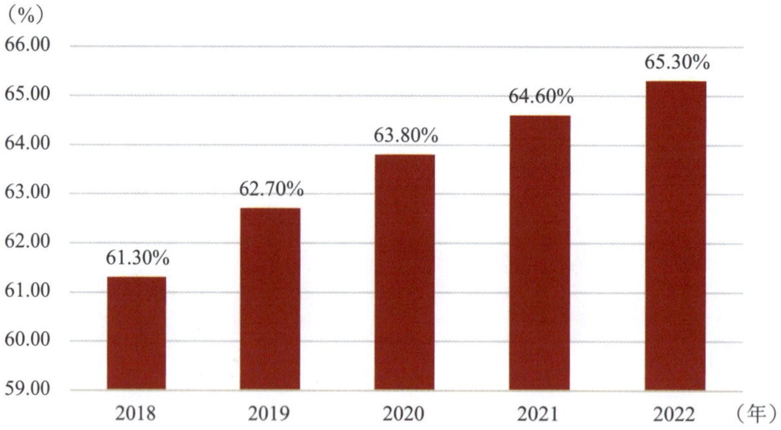

数据来源：Statista

图 3.2.4　2018—2022 年美国数字银行使用率

3.2.3 消费环境

（1）世界最大的消费市场

美国拥有 20 万亿美元 GDP 和 3.3 亿人口，是世界上最大的经济体和最大的消费市场。美国在消费品市场研究、产品创新、制造、品牌和营销方面均处于世界领先地位，具备高技能的劳动力和市场开放程度高，这为美国各种规模公司提供了强大的增长引擎。美国以创新的商品和服务、高标准的质量、客户服务和良好的商业实践而闻名，这使美国出口产品具有独特的竞争优势。美国通过自由贸易协定与20个国家建立了联系，为7.9亿多消费者提供了更好的渠道和商品服务。

美国家庭支出占全球家庭消费的1/4以上。2020年美国居民在耐用和非耐用商品和服务上花费约为12.5万亿美元，受疫情影响，相比于2019年减少了5万亿美元。预计个人消费支出可能要到2022年才能恢复到2019年的水平。

（2）电商市场增长强劲

美国电商市场规模庞大，需求旺盛。自2017年以来，美国电商市场每年都有10%以上的增长，预计到2023年，电商市场的复合年增长率（CAGR）将达到10.5%。虽然美国是全球销售额排名前三的电商市场，但实体零售仍然占据着高度主导地位。

在新冠肺炎疫情暴发前，在线购物仅占整个美国零售市场的9.7%。由于消费者在2020年上半年的大部分时间都在家购物，到2020年底这一比例跃升至14.5%。在新冠肺炎疫情的助推下，在线零售业务飞速发展，在线商家从传统零售商手中抢夺市场份额，而传统零售商也争先恐后地向线上拓展，以捍卫其地位。手机在线购物的增长虽然仍不是主要的在线销售渠道，但将在未来超过网上销售。2020年，美国电商市场收入达到4 316亿美元。据Statista估计，到2025年，电商市场规模将增至5 634亿美元（见图3.2.5）。

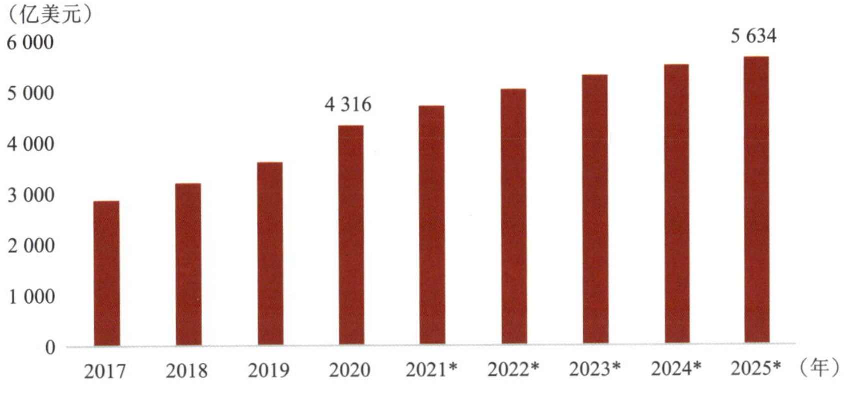

数据来源：Statista

图3.2.5　2017—2025年美国电商市场收入预测

3.3 数字银行市场

3.3.1 发展历史

美国数字银行的发展历史主要分为以下几个阶段：

1995—2001 年：在互联网泡沫时期，美国成立了很多网上直销银行，较大的三家分别是 Security First、NG Directi 和 Bank of Internet USA，均为大型金融集团出资设立，或者很快就被大金融集团收购的小型直销银行，从某种程度上来说，这一时期是大型金融集团融入互联网的尝试，也是最早的数字银行尝试。

2002—2008 年：从互联网泡沫破裂到金融危机爆发前，互联网项目难以被广泛认可、金融行业的格局也相对较为稳定，这一时期为数字银行项目的空白期。

2009—2013 年：在金融危机后，美国金融市场问题凸显，互联网技术也日趋成熟，市场处于金融科技技术暴发前夕，各方参与者都在这一时期探索新的技术和商业模式，融合互联网技术和金融产品。

2013 年至今：随着金融科技技术日趋成熟，各类应用场景逐渐落地，有效地压低了成本，过去无法解决的需求也变得可以触达，各种数字银行不断涌现。

3.3.2 政策及牌照

由于各大监管机构的意见没有达成一致，近年来美国一直没有为本土创立的数字银行颁发银行牌照。如今大部分美国的数字银行本质上都是运营着银行业务的科技企业，它们通过与持有银行牌照的传统银行合作来开展业务，这种模式被称为“Banking as a Service（BaaS）”。这种运营模式指：传统银行帮助数字银行管理其客户账户，而数字银行则负责为传统银行提供技术支持。目前，美国市面上大部分数字银行都在以“金融科技企业+合作银行”的模式运营。

在金融科技快速发展的大背景下，2016年12月，美国货币监理署（OCC）发布了《探讨向金融科技公司发放特殊目的国民银行牌照》（Exploring Special Purpose National Bank Charters For Fintech Companies）一文，明确了向金融科技公司发放特殊目的国民银行（Special Purpose National Bank，SPNB）牌照的权限、条件及监管要求（见图3.3.1）。

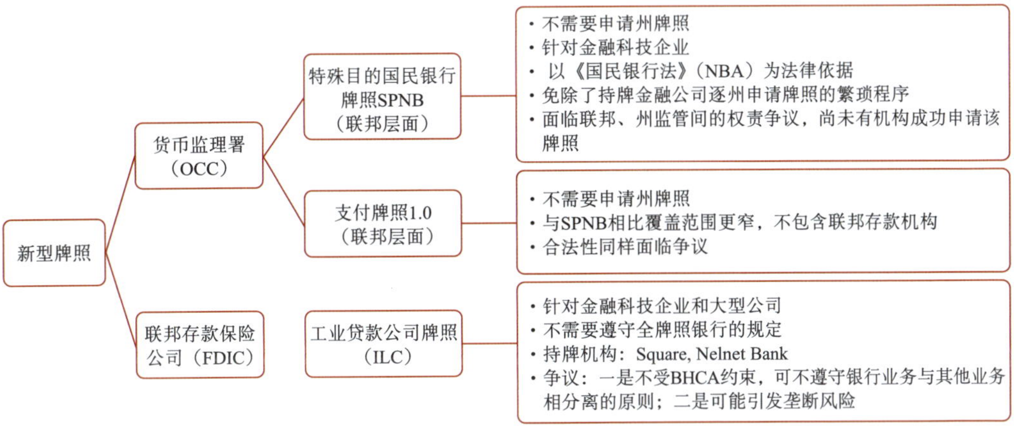

图3.3.1 美国金融科技领域新型牌照

（1）SPNB牌照的申请要求

从事信托活动或任何涉及接受存款、支付支票及贷款业务的金融科技公司和非全服务银行，如州立银行，均可申请SPNB牌照。前提是，此类业务属于国民银行的业务范畴，且将以美国《国民银行法》为法律依据。

由于没有对“特殊目的”设定具体的范围，除要求业务类型符合规定外，OCC将从商业模式和风险状况两大方面对申牌主体进行评估：一是申牌主体是否有清晰的路径和时间规划来实现盈利、是否有充足的资本和流动性支持；二是管理人员是否具备足够的管理经验。

（2） SPNB 牌照的优势

与传统的全服务银行牌照相比，SPNB 牌照的持牌主体主要为金融科技公司及仅开展部分业务的银行，其涉及的业务范围较为有限。但因此也节约了申请传统银行牌照所需的成本，减少了可能面临的监管压力。另一方面，与 MSB 和 MTL 牌照不同，SPNB 免除了申请主体需逐州申请牌照的繁琐程序，为申请主体提供了联邦层面的认可，且非存款机构也无需再接受 FDIC 的存款保险和监管。

（3） SPNB 的持牌情况及所面临的争议

SPNB 牌照申请启动后立即遭到了各州监管机构的强烈反对，原因在于 SPNB 为联邦层面牌照，帮助金融科技公司绕开了州层面的监管，极大地削弱了州监管机构的权力。

目前，SPNB 牌照未能被成功推行：一是由于联邦和州层面存在的监管权责冲突；二是因为 SPNB 牌照对持牌主体业务范围的定位并未完全满足金融科技企业的展业需求。

3.3.3 竞争环境

（1） 美国主要数字银行

目前，美国市场上五大数字银行分别是 Chime、Varo Money、Current Bank、Aspiration Bank、Dave Bank。具体可以分为两类：全栈数字银行和专注前端业务的数字银行，两者的区别主要在于是否具备银行牌照或借牌运营。在规模较大的五家数字银行中，唯一具备牌照的 Varo Money，持有的是国家银行牌照而非前文提及的 SPNB。未持牌的银行通常与中小型银行合作，借助其牌照开展业务（见表 3.3.1）。

表 3.3.1　　　　美国主要数字银行情况

初创公司	成立年份	员工规模	近期估值	用户规模	主要产品服务	产品两点
chime	2013	1 000 人左右	250 亿美元估值 7.5 亿美元融资 （2021 年）	1 300 万账户数	虚拟卡服务 （借记卡为主）	整体较为同质化，通过高 APY（存款年收益）、纯线上及场景化服务、无最低存款要求、线上营销等方式吸引客户
Dave	2015	200 人以内	40 亿美元估值 （2021 年）	1 000 万用户	账户管理服务	
Current	2015	200 人以内	22 亿美元估值 2.2 亿融资 （2021 年）	400 万账户数	虚拟卡服务 （借记卡为主）	
A	2013	200 人以内	23 亿美元估值 2.5 亿美元融资 （2020 年）	300 万账户数	虚拟卡及汽车金融服务	
Varo	2017	1 000 人以内	6.3 亿美元融资 （2021 年）	270 万账户数	虚拟卡服务 （借记卡为主）	

数据来源：海投全球整理

目前美国典型数字银行皆以提供借记卡服务为基础，通过无最低存款要求、高存款利息以及纯线上便捷用户体验吸引中低收入客户使用，并通过大量交易费用盈利，重构了传统借记卡服务依靠透支费和运维费盈利的模式。

（2） 竞争环境

美国数字银行在金融危机之后初具市场规模，在新冠肺炎疫情期间加速发展，数字银行迅速成为许多用户首要的银行账户。在 2020 年，美国超大型银行，如摩根大通和富国银行的用户中，将其作为首要银行账户的用户下滑了 7%，而 2020 年 7 月有 1 420 万名美国消费者将数字银行作为其首要银行账户，较 2020 年 1 月提升了 67%，占总市场份额的 8%。

数字银行开户数量疫情后突飞猛进，数字银行纯线上的服务在疫情期间受到了美国消费者广泛的关注和使用。疫情期间，传统的美国金融机构中，除了美国银行这样的超大型银行开户数量保持增长外，其余的地区性银行、信用联盟、社区银行的开户量均大幅度下滑。而数字银行的开户量迅速增长，翻了将近 1 倍，增速上远高于超大型银行。

美国数字银行服务的用户中，仅有 20% 拥有 1 000 美元以上平均存款，有 45% 的用户账户平均存款少于 100 美元，且仅有 25% 的用户拥有大学学历。可见，在服务下沉市场领域，数字银行更具优势。而传统零售银行也在加速全面数字化，建设新能力，包括生态场景布局能力、全渠道覆盖能力、超个性化的客户经营能力等。

据统计，到 2024 年，近 4/5 的美国银行账户持有人将每月使用数字银行（见图 3.3.2）。

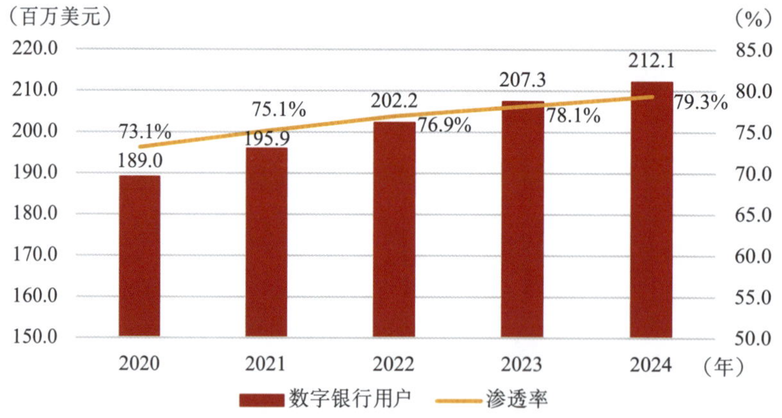

数据来源：Insider Intelligence

图 3.3.2　美国数字银行用户及其渗透率

3.4　案例分析

3.4.1　Chime

（1）公司简介

Chime 是一家位于美国旧金山的数字银行服务提供商，由 Chris Britt 和

Ryan King 创立于 2013 年。它是一家金融技术公司，没有独自的银行牌照，通过与 Bancorp Bank 和 Stride Bank 合作，运用移动应用程序为载体，为客户提供全线上的金融服务。公司为客户免费开立借记卡、消费账户及储蓄账户，同时提供账户透支、自动储蓄、便捷转账等服务。Chime 旨在帮助客户最大程度上减免各类银行手续费，用较低的成本获得优质的银行服务。同时它特色的自动储蓄功能，能帮助客户过上更健康的财务生活。

（2） 产品和服务

Chime 依托于移动网络为客户提供快速便捷的银行服务。客户仅需登录 Chime 网站并填写注册表格，无须进行信用审核，2 分钟以内便可完成注册手续。注册成功后，Chime 将为客户生成一个免费的消费账户和附属储蓄账户，并提供一张对应的 Visa 借记卡邮寄给客户。消费账户为客户的主账户，当客户将资金从其他银行转入 Chime 时，系统将直接转入消费账户。同时，用户可以通过消费账户查看 Visa 借记卡的实时消费清单，将账户与 Apple Pay、Google Pay 或 Samsung Pay 绑定进行手机支付，以及朋友间的转账汇款。Chime 的 Visa 借记卡主要用于商户刷卡消费及日常取款，客户可以在全国 38 000 多台 Chime 网络内的自助机上进行免费取款。Chime 的消费账户不会产生资金利息，客户若想获取利息可将资金转至附属的储蓄账户，获得年化 1.6% 的高水平利息。

（3） 融资历史

自成立以来，Chime 先后经历了 10 轮融资，共筹集资金 26 亿美元。2018 年 5 月，公司获得 7 000 万美元的 C 轮融资，主要用于 Chime 财务功能的自动化建设。2019 年 3 月，Chime 获得 2 亿美元的 D 轮融资，公司估值为 15 亿美元。Chime 在最新一轮的 G 轮融资中获得了 4.85 亿美元。此次融资使得 Chime 估值突破 145 亿美元，成为美国估值最高的金融科技独角兽公司。

3.4.2 SoFi

（1）公司简介

SoFi 成立于 2011 年，总部位于美国加州旧金山，最初由 4 名斯坦福毕业的 MBA 学生建立，是一家互联网个人理财机构，主要通过网站和 APP 提供包括学生贷款、信用卡、储蓄、智能投顾、再融资、抵押贷款、个人贷款及保险等金融业务。

（2）产品和服务

SoFi 最初使用的是由校友资助的贷款模式，该模式通过学校特定的学生贷款资金将学生和应届毕业生与校友和机构投资者联系起来。投资者获得了财务回报，借款人获得的利率低于联邦政府提供的利率。该公司试图通过关注低风险的学生和毕业生来最大限度地降低违约率。

随着 SoFi 的产品范围扩展到包括抵押、抵押再融资和个人贷款，该公司从校友资助模式转向了非传统的承销方式，侧重于向对财务独立的个人进行贷款。SoFi 使用承销模型来检查自由现金流、专业历史和教育程度，以及账单支付历史，以评估其借款人的还款能力。SoFi 还提供现金管理（支票）账户，以及包括经纪人和智能顾问服务的投资平台。

不满足于仅做金融机构的服务商，以 SoFi 为代表的美国金融科技公司在向持牌金融机构转型。Sofi 透露，其初步获批申请国家银行牌照，拟作价约 2 230 万美元收购位于加利福尼亚州萨克拉曼多的一家社区银行 Golden Pacific Bancorp，Inc. 及其全资子公司 Golden Pacific Bank，NA，2021 年 3 月已向美联储提交了控股该银行的申请。

（3）融资历史

自成立以来，SoFi 在 19 轮融资中总共筹集了 30 亿美元。2015 年，软银领投 10 亿美元。2017 年，SoFi 完成最后一轮 5 亿美元融资，估值为 44 亿美元。

2021 年 6 月 1 日，SoFi 通过与特殊目的收购公司（SPAC）合并在纳斯达克上市，每股发行价 12.05 美元，开盘即达到 21.97 美元，收购估值约 87 亿美元。上市后，SoFi 的市值超过 100 亿美元，成为全球金融科技又一家百亿美金独角兽之一。

3.4.3 MoneyLion

（1）公司简介

MoneyLion 成立于 2013 年，为消费者提供贷款、财务咨询和投资服务，目标市场为平均储蓄不足 2 000 美元的群体，约占美国消费者的 70%。该公司的目标是优化消费者的资金管理和储蓄，同时提高他们的信用。

（2）产品和服务

MoneyLion 旨在通过活期账户为客户提供一站式的储蓄、借贷、投资、信用评分管理服务。根据其是否向客户收费，其产品线可以划分为“引流产品”和“增值服务”。MoneyLion 的获客手段充分契合了其目标客户的基本需求，通过免费账户、免费投资管理服务、零息信用卡提现等引流产品吸引客户，迅速占领 70% 长尾市场，目前各类型会员突破 870 万人。

MoneyLion 的基本会员资格是免费的，投资时只需支付佣金和交易费用。收费会员提供的增值服务包括 Credit Build Loan 和高额零息信用卡提现，后者可以通过客户直接储蓄而获得免费服务，因此“信用分数提升”是付费转化的主要驱动力。

（3）融资历史

MoneyLion 历史融资总额达 2.3 亿美元。2021 年 9 月 23 日，MoneyLion

与空白支票公司 Fusion Acquisition Corp. 合并上市，合并后的公司估值为 29 亿美元。MoneyLion 同时计划推出新的加密产品，允许客户交易、存储和赚取数字资产奖励，并使用加密钱包进行点对点支付。

第 4 章

拉美数字银行报告

C H A P T E R 4

4.1 拉美经济与数字银行环境

综述

长期以来，拉丁美洲经济一直以出口为导向，农业和矿业是其最主要的两个经济部门。拉丁美洲的社会经济模式建立在殖民时代，19 世纪末，拉丁美洲的大部分地区和国家作为商品出口国开始融入世界经济体系。外国资本投资、铁路等基础设施的建设、海外移民带来的劳动力市场的增长、制度建设的加强与教育的扩大等助推了该地区的工业增长和经济的扩张和繁荣。然而自殖民时代以来，贫困和不平等就深深扎根于拉美社会。

截至 2021 年 10 月 12 日，拉丁美洲和加勒比地区的人口为 661 408 471 人，相当于世界总人口的 8.42%。按人口排序，拉丁美洲和加勒比地区在世界各地区中排名第四。该地区 82.5% 的人口是城市人口，平均年龄为 31 岁。2020 年，拉美和加勒比地区 0—14 岁人口占 23.88%，15—64 岁人口占 67.15%，65 岁以上人口占 8.97%。

拉丁美洲的金融包容性较低，15 岁以上的人口中，只有 50% 拥有金融账户。该地区大多数国家，现金依赖程度仍然很高，替代性支付选择稀缺，且监管和机构的支持薄弱。阻碍该地区金融包容性的因素包括金融服务成本高、金融教育落后、大量非正规经济的存在和缺乏公共政策激励措施等。

然而该地区互联网的快速普及和发展为传统金融服务行业的数字化转型提供了有利条件。2019 年，拉美和加勒比地区是线上市场规模第四大的区域，仅次于亚洲、欧洲和非洲。截至当年 6 月，该地区的互联网用户数量超过 4.5 亿，而 2010 年这一数字仅有 2 亿左右。拉丁美洲地区的电子商务市场也在快速增长。2019 年拉美地区电子商务零售额约为 500 亿美元，预计到 2025 年其规模将进一步上升到 1 600 亿美元左右。

近年来，拉丁美洲金融科技创业生态迎来了蓬勃发展。截至 2021 年 2 月，美洲金融科技初创公司的数量接近 1.1 万家，比三年前注册的公司数量增加了约 87%；拉丁美洲大约有 2 300 多家，大多集中在支付、汇款和贷款等领域。

金融科技的发展也推动了数字银行在该地区的快速发展。2012—2021 年，拉美地区数字银行的数量从 6 家增至 52 家（截至 2021 年 6 月 2 日），其融资水平在 2020 年达到了历史最高，同比增长 55%。19 笔交易共融资约 12 亿美元。总体来看，拉丁美洲较低的银行服务覆盖率为该地区数字银行的发展提供了肥沃的土壤。

4.1.1 宏观环境

拉丁亚美利加洲，简称拉丁美洲，指美国以南的美洲地区，东临大西洋，西靠太平洋，北部有墨西哥湾和加勒比海，面积约 2 000 万平方公里，占地球陆地面积约 13%。拉丁美洲由 20 个国家和 14 个属地组成，按地理位置可分为 4 个区域：北美洲、中美洲、加勒比和南美洲。主要经济体是巴西、阿根廷、哥伦比亚、墨西哥和智利。

拉丁美洲蕴藏着丰富的矿产和其他原材料，热带和温带气候也使其成为种植各种农产品的理想之地。长期以来，拉丁美洲一直是出口导向型经济，其最主要的两个经济部门分别是农业和矿业。该地区经济很大程度上依赖于大宗商品出口，因此全球大宗商品价格波动对该地区经济增长有重大影响。

2020 年新冠肺炎疫情在全球暴发，拉丁美洲是全球受疫情冲击最严重的地区之一，经济增长急剧萎缩。根据 IMF 的数据，2020 年拉美和加勒比地区 GDP 下降 7%。但 2021 年该地区的经济前景预期有所改善，IMF 预计全年经济将增长 6.3%（见图 4.1.1）。拉美和加勒比地区的人均 GDP 在 2014 年曾达到 10 433 美元，在随后几年间持续下滑，2020 年仅为 7 417 美元。

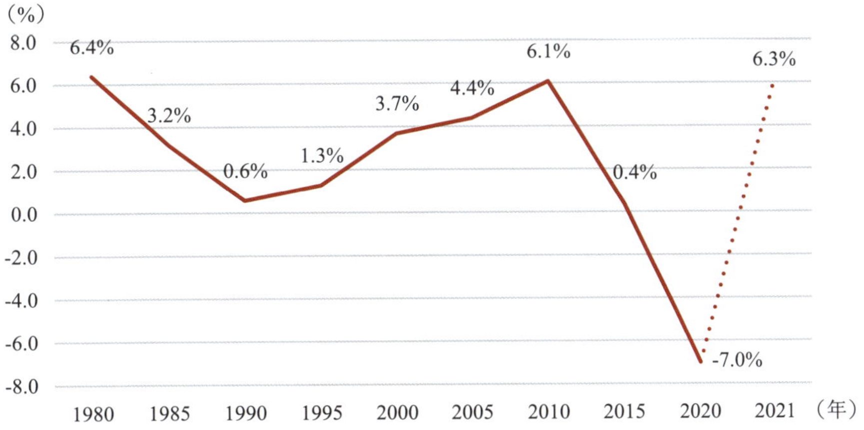

数据来源：IMF

图 4.1.1　拉美和加勒比地区 GDP 增长率

新冠肺炎疫情大流行加速了拉丁美洲地区的数字化转型进程，从而激发了该地区的经济活力，特别是金融服务领域中的支付系统。电子平台的崛起不仅创造了更多就业机会，商品和服务的网上交易还为促进该地区融入全球经济体系带来了更多机遇。

根据联合国的最新预测，截至 2021 年 10 月 12 日，拉丁美洲和加勒比地区的人口为 661 408 471 人，相当于世界总人口的 8.42%。按人口排序，拉丁美洲和加勒比地区在世界各地区中排名第四，人口密度为每平方公里 32 人。该地区 82.5% 的人口是城市人口，平均年龄为 31 岁。2020 年，拉美和加勒比地区 0—14 岁人口占 23.88%，15—64 岁人口占 67.15%，65 岁以上人口占 8.97%（见图 4.1.2）。

4.1.2　金融科技环境

（1）数字包容性

在拉丁美洲，15 岁以上的人口中，仅有 50% 拥有金融账户，这是表明该地区金融包容性较低的一个重要指标。在拉丁美洲地区的大多数国家，

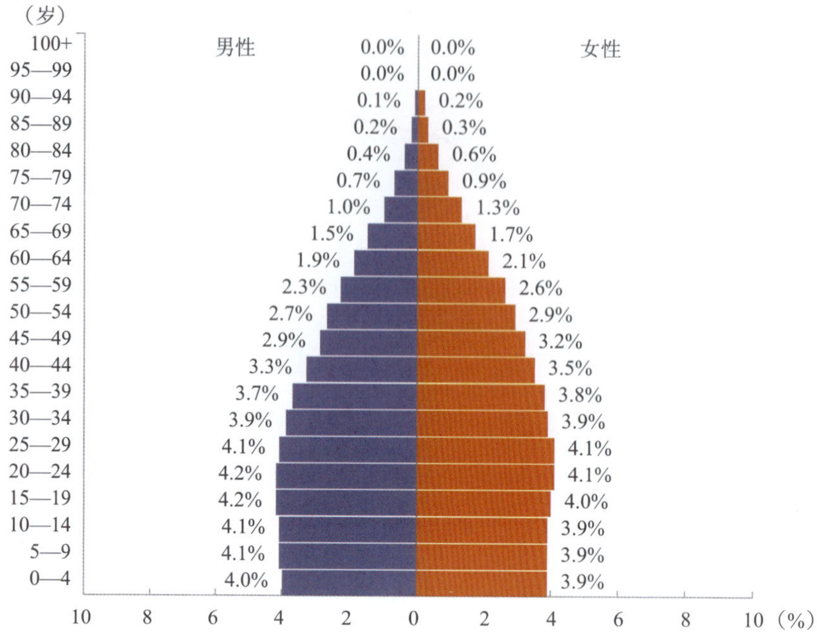

数据来源：PopulationPyramid. net

图 4.1.2　拉丁美洲人口金字塔

现金依赖程度仍然很高，替代性支付选择稀缺，且监管和机构的支持薄弱。[①]

导致拉美地区金融包容度低的一个主要原因是该地区金融服务成本很高。超过 20% 没有银行账户的人认为其没有银行账户的原因是没有足够的资金用来满足最低存款要求或维持账户的年度成本。没有数字身份也是上述人群获得金融服务时面临的一个主要障碍。数字身份认证体系的搭建对于提高金融包容性十分重要。该系统与生物统计学相关，允许个人在系统中存入数字移动身份证、残疾证书、疫苗接种证明和车辆保险等文件。阿根廷的数字 DNI 系统是拉丁美洲一个成功案例。

根据 2019 年拉丁美洲银行联合会的一项调查，阻碍拉丁美洲金融包容性的因素还包括落后的金融教育、非正规经济规模庞大、缺乏公共政策激励措施、贫困程度高、法律和监管限制、利率管制、破坏性竞争缺乏监管、对银行缺乏信任和定向信贷等。其中超过 65% 的受访者认为金融教育不佳

① 资料来源：BIS，The dawn of fintech in Latin America：landscape，prospects and challenges。

是主要障碍，64%的受访者认为非正规经济是主因（见表4.1.1）。

表4.1.1　　2019年拉丁美洲金融包容性的主要障碍

因素	受访者占比（%）
金融教育不佳	65.5
非正规经济	64
缺乏公共政策激励措施	49
贫穷程度高	46
法律和监管限制	42
银行服务成本高	35
主动与被动的利率管制	32
缺乏监管的破坏性竞争	32
对银行缺乏信心	28
定向信贷	20
大型科技企业提供的金融服务	19

数据来源：Statista

（2）消费环境

2019年，拉美和加勒比地区是线上市场规模第四大的区域，仅次于亚洲、欧洲和非洲。截至当年6月，该地区的互联网用户数量超过4.5亿，2010年这一数字只有2亿左右。拉丁美洲人口最多、面积最大的国家巴西，也是该地区互联网人口数量最多的国家。截至2020年1月，巴西的互联网用户超过1.5亿，大约是墨西哥的2倍。但在互联网普及率方面，巴西和墨西哥却没有进入该地区的前十名。

据预测，2020年拉丁美洲的人均互联网使用时间超过3小时/天，其中大部分的上网时间基于移动设备。该地区最流行的线上活动之一是社交媒体，大约有81%的互联网用户是社交网络用户。截至2020年1月，智利是该地区社交媒体活跃用户人口比例最高的国家。

与此同时，拉丁美洲地区的电子商务市场也在快速增长。2019年拉美地区电子商务零售额约为500亿美元，据预测，到2025年其规模将进一步上升至1 600亿美元左右（见图4.1.3）。根据Statista的数据，2020年巴西和墨西哥占拉美电商市场规模的60%左右。

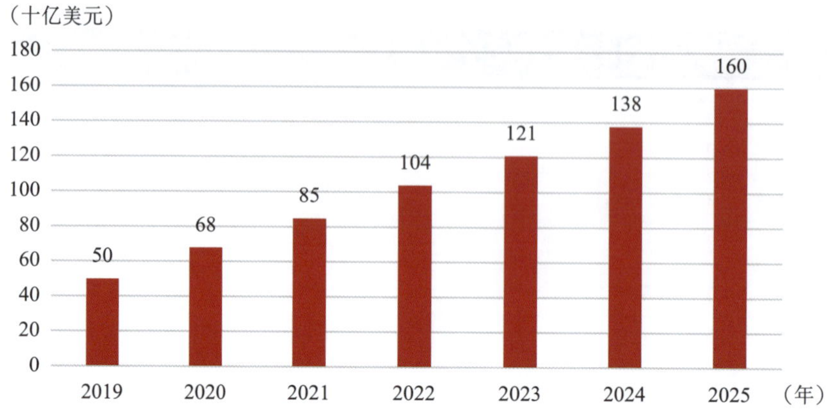

数据来源：Statista

图 4.1.3　2019—2025 年拉丁美洲电子商务零售额

新冠肺炎疫情的暴发在很大程度上改变了拉美地区消费者的购物和支付行为，网购成为主要的消费模式，带动了整个拉美地区电子商务收入的大幅增长，其中秘鲁以900%的增长率脱颖而出。

（3）创业环境

在过去的几年间，拉丁美洲创业生态系统发生了深刻的变化，初创企业对该地区的数字化、生产力和经济发展产生了切实的影响，吸引了更多多元化全球资本的流入，新冠肺炎疫情的暴发更是加速了这一趋势。尽管政治和经济的不确定性仍持续存在，但充满活力的初创企业在拉美遍地开花，也使拉美各地区的连接比以往任何时候都更加紧密。

从适龄劳动人口中新手创业者的比例来看，2020 年这一比例在巴西为10.2%，危地马拉为12.4%，乌拉圭为15.9%，哥伦比亚为18%，智利为19.8%，巴拿马为23%（见图4.1.4）。拉美和加勒比地区的女性创业率在世界上位居前列，其中厄瓜多尔排名第一，劳动年龄妇女创业人口比例超过1/3。

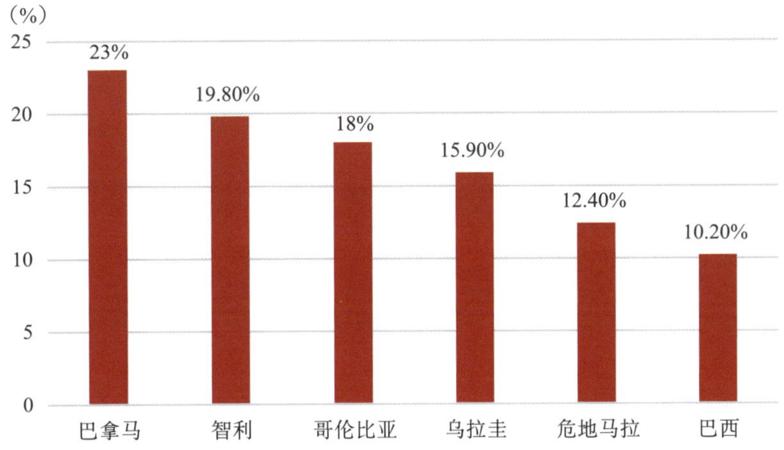

数据来源：Statista

图 4.1.4　2020 年拉丁美洲和加勒比地区新手创业者比率

近年来拉美涌现的独角兽公司也证明了该地区创业生态系统的蓬勃发展，其中最成功的案例是巴西的挑战者银行 Nubank。在 2020 年 8 月的融资中，Nubank 的估值达到了 300 亿美元（见图 4.1.5）。

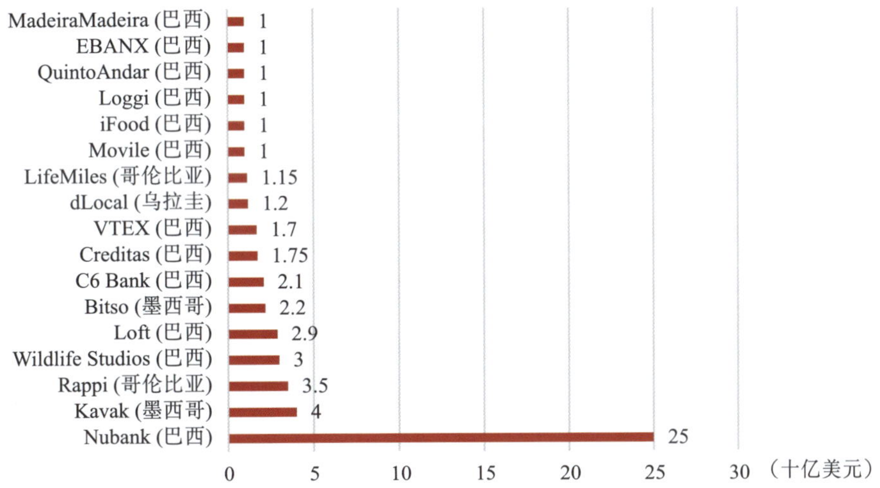

数据来源：Statista

图 4.1.5　截至 2021 年 5 月拉丁美洲顶级独角兽公司市值

自 2016 年以来，拉美风险投资逐年翻倍增长，2019 年达到 46 亿美元的历史最高水平。该地区风投资本快速扩张的主要贡献者是软银，该公司在2019年推出了一只50亿美元的基金，专门投资拉美市场。在过去十年间，该地区的风险资本投资增长了超过27倍（见图4.1.6）。

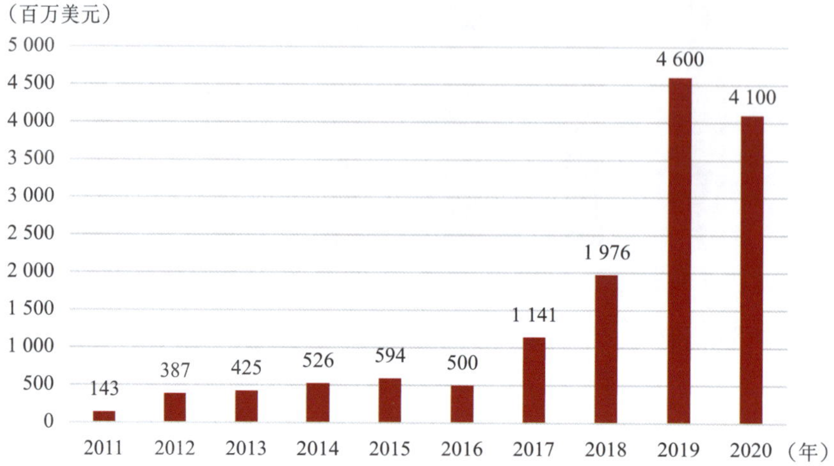

数据来源：Statista

图4.1.6　2011—2020年拉丁美洲风险资本投资额

截至2021年2月，美洲金融科技初创公司的数量接近1.1万家，较三年前注册的公司数量增加了约87%；拉丁美洲大约有2 300多家，主要集中在支付、汇款和贷款等领域。金融科技初创企业聚集数量最多的国家均是该区域经济发展强劲的国家，如巴西、墨西哥和阿根廷。巴西和墨西哥的大部分投资也都集中在金融科技领域，2020年的投资总额超过25亿美元（见图4.1.7）。

（4）监管环境

拉美地区各国金融科技监管的内容和方法不尽相同，但主要目的通常是在维护金融稳定、市场完整性、竞争和消费者保护之间取得平衡。针对金融科技建立法律法规体系的努力主要集中在移动和网络支付、电子货币、P2P借贷和众筹等方面。拉美地区央行在金融科技监管方面所能发挥作用的范围是有限的，主要是受其自身维护金融稳定的使命和监管框架所限，只

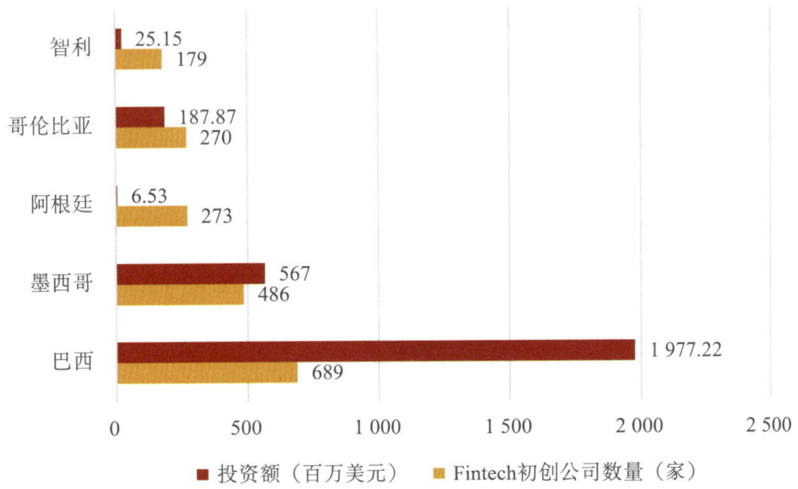

数据来源：Statista

图 4.1.7 2020 年拉丁美洲国家金融科技初创企业数量及投资额

有阿根廷、巴西和乌拉圭除外。

墨西哥是拉美唯一一个制定专门和全面金融科技法律的国家。金融科技法的监管框架主要针对两种类型的金融科技机构：电子支付机构和集体金融机构（众筹机构），通过授予许可证的形式对其进行监管。此外，墨西哥金融科技法还设立了监管沙箱，该沙箱对有牌照和无牌照的企业均适用，允许企业在金融监管当局的监督下，有限度地试验金融创新服务①。

其他司法管辖区则通常针对具体事件进行逐案管理，在现有监管条例的基础上进行调整，以达到对金融领域新出现的业务监管的目的。在没有特定金融科技监管框架的情况下，这些国家根据现有的监管法规对金融科技活动进行监管。

4.1.3 数字银行市场

在过去的几年间，拉丁美洲数字银行实现了快速发展，从 2012 年的 6

① BIS，The Dawn of Fintech in Latin America：Landscape，Prospects and Challenges。

家增至2021年6月的52家。[①] 不断变化的客户需求、不断提高的技术水平和快速演变的监管标准加速了这一地区金融服务的发展和创新。拉美数字银行业的崛起在一定程度上得益于监管的积极推动，但该地区金融科技监管和围绕开放银行的讨论仍处于早期阶段。

数字银行的崛起给拉丁美洲银行业带来了重大影响，推动了许多拉美国家拥有银行账户人口数量的增长，同时促使整个市场重新思考如何提供金融服务。新冠肺炎疫情的暴发进一步加速了数字银行服务的普及。例如，在哥伦比亚，移动钱包、代金券和虚拟卡等数字金融产品在各种消费场景的应用已经非常流行。随着客户对支付方式灵活度的要求不断提高，吸引更多40岁以上的客户变得更加容易。

根据CB Insights 2020年拉丁美洲挑战者银行报告，随着拉美地区数字银行业的不断发展，该地区挑战者银行的融资规模在2020年达到了历史最高水平，同比增长55%。19笔交易共融资约12亿美元。拉丁美洲较低的银行服务渗透率为该地区挑战者银行的发展提供了肥沃的土壤（见图4.1.8）。

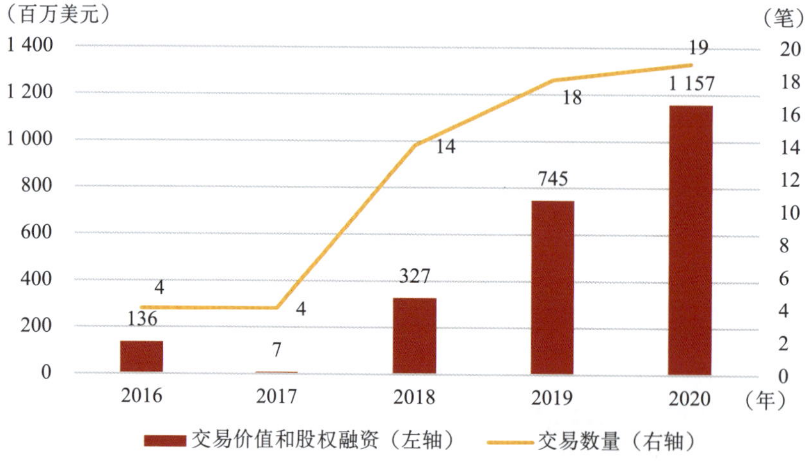

数据来源：CB Insights

图4.1.8　2016—2020年拉美挑战者银行交易数量和融资规模

① BPC，Latin America Digital Banking Report。

巴西在拉美数字银行领域处于领先地位。该国挑战者银行数量和融资规模均超过其他拉美国家。2020 年，总部位于巴西的挑战者银行在 11 笔交易中融资超过 10 亿美元，占拉美融资总额的 90%。三家融资规模最多的数字银行为：Nubank（18 亿美元）、Neon（4.2 亿美元）和 C6 Bank（3.49 亿美元），均位于巴西。

排在巴西之后的是墨西哥。2020 年，总部位于墨西哥的挑战银行在完成的 7 笔交易中共融资 1.1 亿美元，同比增长 144%，但其数字银行业的成熟度仍不及巴西。2020 年，早期融资占墨西哥所有挑战银行融资规模的 86%。

疫情期间，许多拉美挑战者银行的用户数激增。Nubank 的用户数在 2020 年达到 3 300 万，同比增长 68%，其中第一季度平均每天新增用户 4.2 万。Neon 报告称，2020 年 3 月至 9 月，其用户基础增长了 26%。C6 银行则表示，2020 年前 8 个月，其支票账户增长了 150%。Klar 的客户在疫情期间增加了 3 倍。①

4.2 巴西数字银行研究

综述

巴西是南美洲和拉丁美洲最大的国家，涵盖了亚马逊河流域的大部分地区，拥有广阔的热带雨林和各种生态系统。蓬勃发展的城市、巨大的水电和工业综合体系、矿山和肥沃的农田使巴西成为世界主要经济体之一，尤其是其工业部门占拉美经济工业产值的 3/5。在过去的 20 年里，巴西的 GDP 始终保持了增长态势。尽管新冠肺炎疫情的暴发给巴西经济造成了重大冲击，但 2020 年巴西仍然是拉丁美洲 GDP 排名第一的国家，人均 GDP

---

① CB Insights，Latin American Challenger Banks Had A Record Year In 2020。

也高于拉丁美洲平均水平。得益于巴西政府采取的大规模刺激措施，2020年巴西 GDP 虽收缩了 4.1%，但收缩幅度小于许多邻国。

近年来，巴西人口不断增长，是拉丁美洲人口最多的国家，在全球排名第六。2020 年巴西总人口为 212 559 417 人，城市人口占总人口的 86.8%。从人口结构上看，2020 年，儿童（0—14 岁）占比 21%；劳动年龄人口占 70%；老年人占 9%。巴西人的平均年龄为 33.5 岁，可见其老龄化问题并不突出。

整体来看，巴西金融行业受到的监管极为严格，但具体到金融科技领域的监管仍有待界定。过去几年里，巴西当局出台了各种法规，以鼓励金融服务行业的创新和竞争，特别是在支付、P2P、众筹和个人理财领域。2020 年，巴西国家货币委员会（CMN）和巴西央行（BCB）建立了监管沙盒操作指南，金融或支付行业的实体可以在特定时期内在国家金融系统和巴西支付系统范围内测试创新解决方案。

巴西互联网普及度非常高，互联网用户数量在拉丁美洲排名第一。2020—2021 年，巴西互联网用户数量增加了大约 960 万，2021 年 1 月达到 1.6 亿，排在印度尼西亚、美国、印度和中国之后。此外，智能手机普及度也在迅速提高，2019 年有 65% 的巴西人使用智能手机，在拉丁美洲排名第四，预计到 2025 年，这一份额将增长到 75%。金融包容性方面，尽管巴西拥有信用卡的人口比例在拉丁美洲相对较高，但其信用卡渗透率在全球排名第 37 位，仍然有大量巴西人不具备申请信用卡的资格。超过 30% 的巴西人被排除在传统银行服务之外。

随着消费者对网上银行业务需求的不断增加，近年来巴西数字银行迎来了快速发展期，新冠肺炎疫情的暴发更是加速了这一趋势。目前巴西数字银行领域的主要玩家包括 Nubank、Neon、Banco Inter 和 C6 Bank。

4.2.1 宏观环境

巴西联邦共和国，简称巴西，是世界第五大、人口第六多的国家，也是南美洲和拉丁美洲最大的国家。总面积851.5767万平方公里。与除智利和厄瓜多尔以外的所有南美国家接壤。巴西包含亚马逊河流域的大部分地区，其中包括广阔的热带森林和各种生态系统。巴西是一个由26个州、1个联邦区和5 570个直辖市组成的联邦，拥有人口2.11亿。巴西的五个地理区域包括：北部地区、东北地区、中西部地区、东南地区和南部地区。首都是巴西利亚，最大的城市是圣保罗。

由于来自世界各地的移民历史悠久，巴西是世界上最多元文化和种族多元化的国家之一。巴西蓬勃发展的城市、巨大的水电和工业综合体、矿山和肥沃的农田使其成为世界主要经济体之一。[①] 尤其是其工业部门占拉美经济工业产值的3/5。巴西一直在扩大其在国际金融和商品市场的影响力。巴西是地区大国和国际事务中的中等强国，是联合国、金砖国家、二十国集团和南方共同市场的创始成员之一。

（1）经济

①GDP。

尽管近年来巴西的GDP出现了几次波动，但在2000—2020年实现了持续增长。2015年，巴西经历了严重的经济危机GDP下降了3.5%；2016年下降了3.3%。政局不稳、宏观经济政策失误、大宗商品价格下跌共同导致并加剧了经济衰退。2017年初，经济开始缓慢复苏，直到2020年再次受到疫情冲击。然而，在2020年巴西仍是拉丁美洲GDP第一的国家，其人均GDP也高于新兴市场和拉丁美洲的人均水平（见图4.2.1）。

新冠肺炎疫情使巴西面临前所未有的健康和经济挑战。根据巴西官方统计机构IBGE的数据，巴西的国内生产总值在2020年收缩了4.1%，这是自1996年以来最大的年度衰退。作为回应，政府提出了一项大规模、及时的财政计划，金额高达8 155亿巴西雷亚尔（1 568亿美元），占2020年GDP的11.4%。大规模财政刺激将2020年的年度收缩限制在4.1%，明显好于许多邻国的经济萎缩幅度。巴西的复苏势头强劲，花旗和高盛的经济

---

① Britannica，Brazil。

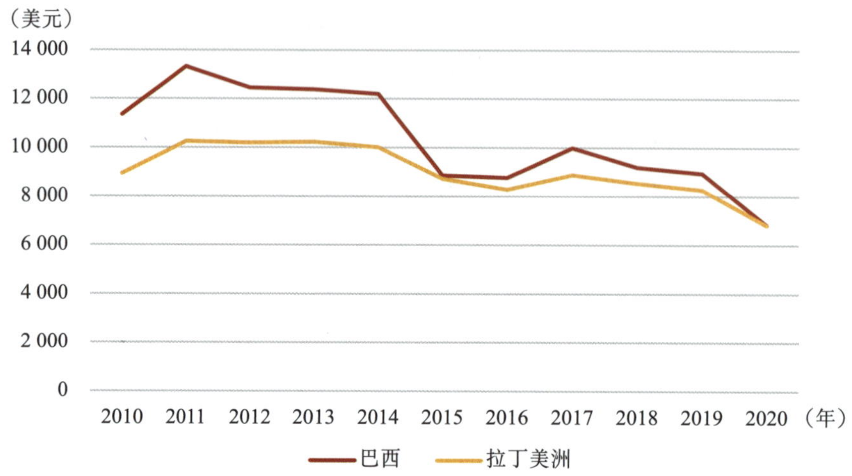

数据来源：世界银行

图 4.2.1　巴西人均 GDP 变化情况

学家将其 2021 年 GDP 预测分别上调至 5.1% 和 5.5%（见图 4.2.2）。[①]

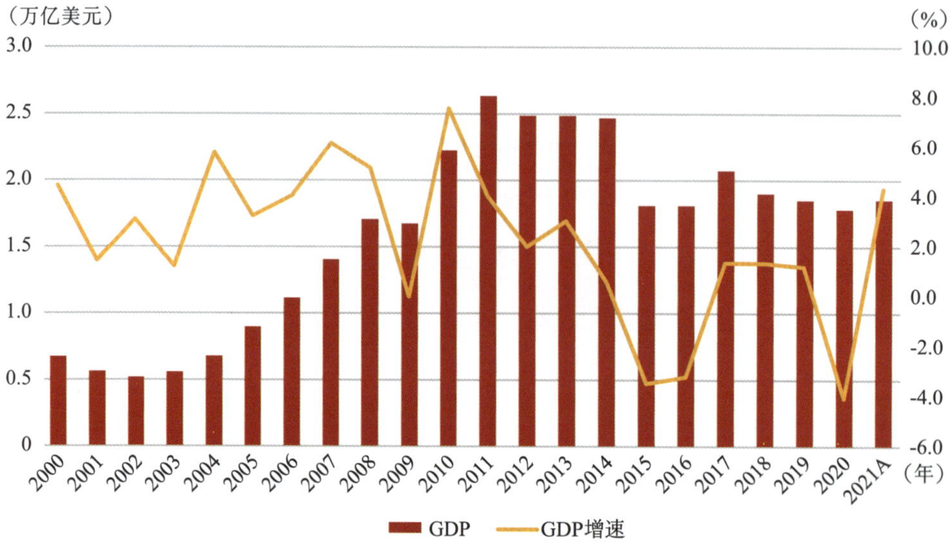

数据来源：世界银行

图 4.2.2　巴西 GDP 及其增长情况

① Nasdaq，Goldman，Citi lift Brazil 2021 GDP growth forecasts to over 5%。

②货币。

巴西的通货膨胀率很高且不稳定。2003 年以后，由于政府中断和经济刺激计划，通货膨胀率回到了较低的水平。然而，2015 年，经济危机将通胀率推高至 9%。巴西的年通胀率在 2020 年结束时为 4.5%，高于央行的年终目标，当年食品价格涨幅为近 20 年来最大。央行官方 2021 年和 2022 年通胀目标分别为 3.75% 和 3.50%（见图 4.2.3）。[①]

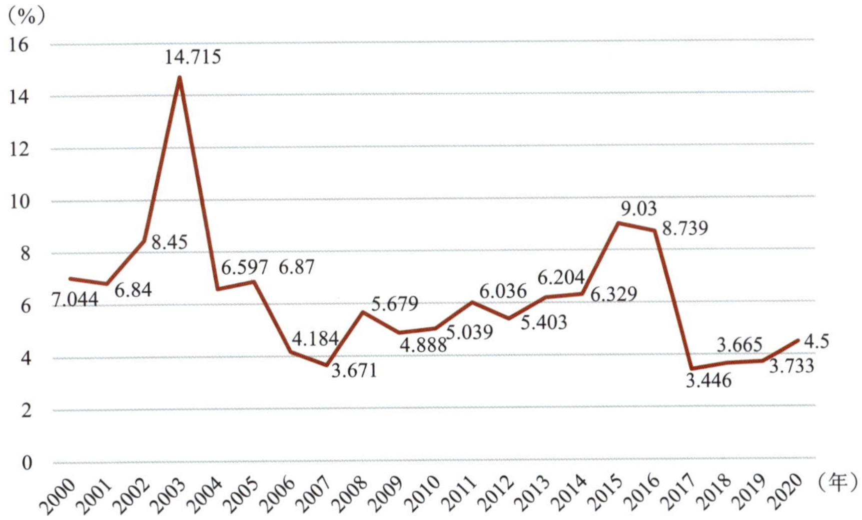

数据来源：世界银行

图 4.2.3　巴西通货膨胀率变化情况

③外资。

巴西是 2019 年全球第四大外国直接投资的国家，流入量为 750 亿美元，是拉丁美洲和加勒比地区最大的外资流入地。巴西的主要投资国是荷兰、美国、德国、西班牙、巴哈马和卢森堡。外资主要投向石油和天然气开采、汽车工业、金融服务、商业、电力和化学工业。[②] 2019 年整个拉美和加勒比地区成为可再生能源外资投资热点地区；在巴西的外国投资者宣布了 42 个

① Nasdaq，Brazil inflation ends 2020 at 4.5%，above target and highest in four years。

② 资料来源：Santander Trade。

项目，几乎占区域总数的40%。①

巴西也是全球25个最大的出口国和进口国之一，2019年其出口占GDP的29%（见表4.2.1）。巴西主要出口大豆（11.6%）、石油（10.7%）和铁矿石（10.1%），主要进口石油（9.9%）、拖拉机和汽车零部件（2.6%）。根据国际货币基金组织对外贸易预测，2020年巴西商品和服务出口量保持不变，预计2021年将增长7.8%。该国的主要贸易伙伴是中国、美国、荷兰、德国、阿根廷、日本、南方共同市场和欧盟。巴西的贸易收支平衡在结构上是正的，但由于原材料价格下跌、能源进口增加以及巴西产品竞争力下降，贸易收支平衡近年来有所下降（见表4.2.1）。

表4.2.1　巴西对外贸易情况

外贸指标	2015	2016	2017	2018	2019
外贸占GDP百分比（%）	27.0	24.5	24.3	29.4	29.0
贸易收支（百万美元）	-19 261	14 188	26 032	17 313	5 643
商品与服务出口占GDP百分比（%）	12.9	12.5	12.5	14.9	14.3
商品与服务出口每年变动率（%）	-14.2	-10.3	6.7	8.3	1.1

数据来源：世界银行

从以下几个因素来看，巴西对国际投资者来说是一个有吸引力的市场：有着近2.1亿人口的国内市场、易于开采的原材料供应、不易受到国际危机影响的多元化经济体系以及便于访问其他南美国家的战略地理位置。另一方面，投资者还认为，高昂的运输和劳动力成本、低效的国内生产水平、持续的政治不确定性、复杂的税收和僵化的劳动立法阻碍了巴西投资。作为该国不断努力加强其商业环境的一部分，巴西引入了电子原产地证书，减少了进口文件合规所需的时间，简化了整个流程。2019年，巴西的全球竞争力在全球排名第71位，比上一次评估高一位，在拉丁美洲和加勒比地区排名第8位。②

自2016年以来，拉丁美洲的风险投资逐年翻倍增长，2019年达到46亿美元。其中，金融科技仍然是迄今为止最令人垂涎的行业，吸引了拉丁

① UNCTAD. World Investment Report 2020。
② World Economic Forum，The Global Competitiveness Report 2019。

美洲所有风险投资的31%，且呈现高度集中趋势，2020年巴西、墨西哥、乌拉圭和哥伦比亚的金融科技投资占比达99%。

在过去5年中，巴西风险资本投资实现了大幅增长，2020年巴西322轮风险投资总额达到22亿美元，大部分为早期投资，并持续引领拉丁美洲的金融科技投资，其中基于贷款和支付平台的解决方案仍然吸引着投资者的最多关注，2017年至2018年年中，共投资5.4亿美元，完成交易94笔。[①]

（2）人口

巴西是拉丁美洲人口最多的国家，其人口在全球排名第六，近年来实现不断增长。2020年巴西总人口为212 559 417人，城市人口占总人口的86.8%。2019年人口增长率为0.8%。2020年生育率为1.71%，比2019年略有下降0.87%。巴西2020年年中人口估计为212 559 417人。

从人口金字塔来看，2020年，儿童（0—14岁）占人口的21%；工作年龄人口占70%；老年人占9%。巴西人的平均年龄为33.5岁，可见巴西的老龄化问题并不突出（见图4.2.4）。

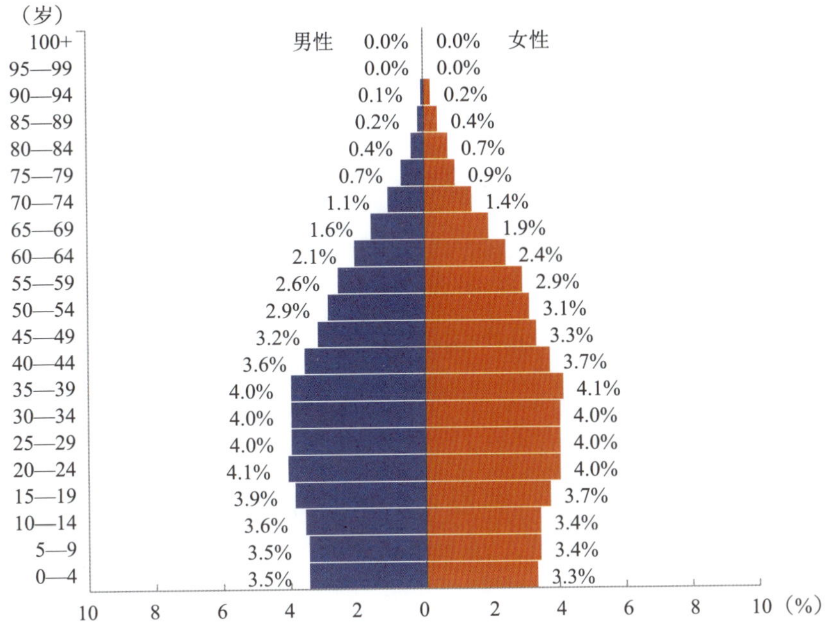

图4.2.4　巴西人口金字塔

① PitchBook，In Brazil 2019。

巴西有 17 个城市人口超过 100 万，309 个城市人口在 10 万到 100 万。巴西最大的城市是圣保罗，人口为 12 437 865 人，占巴西人口的 21.9%。巴西的城市人口超过 87%。虽然有数百万人居住在该国的农村地区，但这个数字几十年来一直在稳步下降。

（3） ESG

①政治稳定性。

巴西是一个以代议制民主为基础的联邦总统立宪共和国。巴西国民议会中约有二十多个政党。政党通常会组成联合政府。到 2018 年底，工人党（PT）和民主运动党（PMDB）是巴西的两个主要政党。然而，由于政客经常更换政党，导致政党纪律薄弱。

在巴西，总统是国家、政府和多党制体系的首脑。于 2019 年 6 月上任的博索纳罗是现任总统。2019 年，博索纳罗离开社会自由党，组建巴西联盟（Alliance for Brazil）。博索纳罗承诺推进基督教价值观并打击腐败。在担任总统期间，他着手应对了 2014 年巴西经济危机，并降低了对亚马逊热带雨林土著群体的保护标准。博尔索纳罗的声望在新冠大流行期间一落千丈，这位极右翼领导人淡化了病毒的严重性，并对疫苗的重要性表示怀疑，直接导致了这场危机中超过 46 万巴西人的丧生。博索纳罗的反对者发起了疫情暴发以来最大规模的抗议活动，使新一届大选前的政治动荡进一步加剧。

②社会因素。

巴西的暴力犯罪率很高，例如谋杀和抢劫。2019 年，凶杀率比上一年下降了 19%，是 2007 年以来最少的。然而，2018 年，警察的暴力行为增加了 19.6%。

③中巴关系。

自 1974 年中巴建交以来，两国在政治、经济、科学、文化等领域的关系取得了顺利进展，建立了广泛的贸易关系，双边贸易总额从 2001 年的略高于 30 亿美元增加到 2019 年的 1 000 亿美元。巴西和中国也通过发展多边机制（如金砖国家）以及相应的多边发展银行（如新开发银行）加强了政治合作。

4.2.2 金融科技环境

（1）金融环境

①金融监管。

在巴西，涉及支付（发行预付卡和信用卡、获取服务等）和贷款的金融科技产品和服务受巴西国家货币委员会（CMN）和巴西央行（BCB）监管，而涉及证券的产品和服务，如众筹，均受巴西证券交易委员会（CVM）监管。

尽管巴西整体金融行业受到严格监管，但金融科技行业的监管仍有待界定。在过去几年里，巴西当局出台了各种法规，以鼓励金融服务行业的创新和竞争，特别是在支付、P2P 借贷、众筹和个人理财领域。

BCB 在创造鼓励技术和创新的环境方面发挥了很好的领导作用。2018 年，BCB 发布了第 4656/18 号决议，允许金融科技在没有银行中介的情况下发放信贷，同时还允许信贷金融科技由投资基金控制。2020 年，BCB 发布了第 1 号联合决议和第 4.015/2020 号通知，规范开放银行业务，允许金融机构共享客户的银行信息，以便其他服务提供商也可以在数据持有人授权的情况下使用该信息。自 2018 年 3 月起，交易量小或活动范围有限的支付机构无须持有许可证，金融科技公司可以作为收购者，以及银行卡和电子代币发行者，而不需要与得到授权的公司建立合作伙伴关系。

2020 年，CMN 和 BCB 建立了监管沙盒操作指南，金融或支付行业的实体将获得许可，在特定时期内在国家金融系统（SFN）和巴西支付系统（SPB）范围内测试其创新解决方案，以鼓励金融和支付技术创新。要想入选创新项目，实验必须采用技术创新或能够促进现有技术的替代使用；并改善金融业，如提高效率和覆盖面、降低成本或提高安全性。沙盒参与者必须是在巴西成立的法人实体，但对外国股东的参与没有限制。然而，得到 BCB 的许可参与监管沙箱并不意味着参与者一定能获得最终的运营许可。

监管沙盒将通过周期运行，周期长度由 BCB 定义，通常限制在 1 年之内，并有可能延长，第一个周期定于 2021 年。[①] 在监管沙盒的第一个周期中，BCB 宣布收到了 52 个项目。监管沙盒管理战略委员会（CESB）正在分析这些项目，BCB 预计在第一个周期中选择 10 个项目。[②]

在金融科技企业开展另类金融活动的背景下，迄今为止唯一明确发布的法规是：CVM 关于电子平台证券发行众筹的指令和 CMN 2018 年 4 月 26 日第 4656 号决议。后者对直接信贷公司（SCD）和 P2P 贷款公司（SEP）通过电子平台发放贷款进行监管。CMN 决议提出了一些限制条件：SCD 只能通过电子平台用自己的资金发放贷款和融资，以及购买应收款；只有 SEP 可以通过电子平台提供 P2P 贷款中介服务；SCD 和 SEP 必须有永久的最低净资产和 100 万巴西雷亚尔的最低资本。一般来说，与传统金融机构或支付机构相比，SCD 和 SEP 的牌照发放程序较为简单。

②金融包容性。

巴西拥有信用卡的人口比例在拉丁美洲相对较高（见图 4.2.5）。2017 年，15 岁以上的巴西人中有 27.03% 拥有信用卡。然而，根据巴西央行的数据，大量巴西人不具备信用卡申请资格，信用卡渗透率在全球排名第 37 位，许多卡从未激活或用于支付交易。从数量上看，超过 50% 的信用卡最终被批准使用，仅有不到 1/3 的借记卡被激活。

此外，巴西有着高利率的历史，主要归因于较高的银行集中度、有限的信贷基础设施，以及由此导致的高运营成本。巴西极高的贷款利率抑制了消费贷款需求的同时也提高了信贷风险。根据巴西央行发布的数据，2019 年，金融机构对循环信用卡收取的平均利率每年达到 299.8%。在金融包容性方面，超过 30% 的巴西人仍然被排除在传统银行服务之外，他们通常为无担保贷款支付 100% 的平均年利率，为无担保透支支付约 300% 利率。

---

① BCB，Regulation on the BCB's Regulatory Sandbox is in Place。

② Moody's Analytics，BCB Issues Digital Currency Guidance and Update on Regulatory Sandbox。

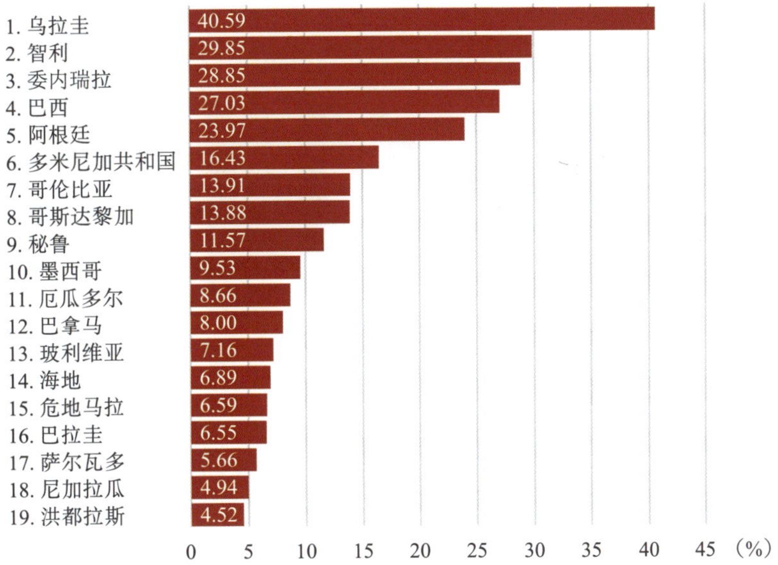

数据来源：世界银行

图 4.2.5　2017 年拉丁美洲 15 岁以上人群信用卡持卡率

（2） 移动互联网

①普及度。

2020 年，巴西有 1.504 亿互联网用户，到 2021 年 1 月达到 1.6 亿。2020—2021 年，巴西互联网用户数量增加了约 960 万（6.4%）（见图 4.2.6）。在互联网用户方面，巴西排在印度尼西亚、美国、印度和中国之后，排名第五。在拉丁美洲，巴西拥有最多的互联网用户，互联网普及率非常高，而且每年都在增长。到 2021 年 1 月，互联网普及率已达 75%，预计到 2023 年将达到 80%。

不同年龄层的互联网普及率不同。10—44 岁的互联网普及率超过 90%。属于这一群体的青少年和中年人喜欢科技和创新，对互联网和电子设备有更大的需求。只有 38% 的老年人使用互联网，因为对他们来说学习新事物更加困难（见图 4.2.7）。

数据来源：Statista

图 4.2.6　巴西互联网用户数量与普及率

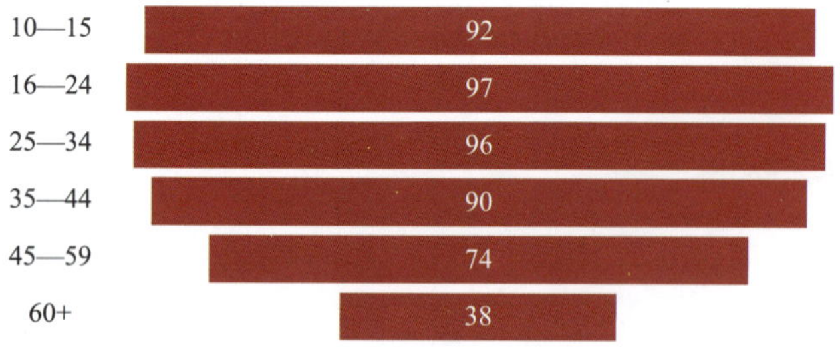

数据来源：Statista

图 4.2.7　2020 年各年龄段巴西互联网用户占比

智能手机方面，2019 年，65% 的巴西人使用智能手机，在拉丁美洲排名第四。预计到 2025 年，这一份额将增长到 75%。同期，智能手机用户预计将从 1.365 亿增加到 1.579 亿（见图 4.2.8 和图 4.2.9）。

②数字身份。

在经济、社会和政治领域数字化转型过程中，数字 ID 是安全通往数字世界的要素。对银行来说，数字身份证可以改善客户体验，提高生产率，同时改善风险管理。

根据 2017 年发起的数字身份识别倡议，所有巴西身份识别记录将被整合到一个单一的数据库中，由多个政府实体共享。该数据库将收集所有公

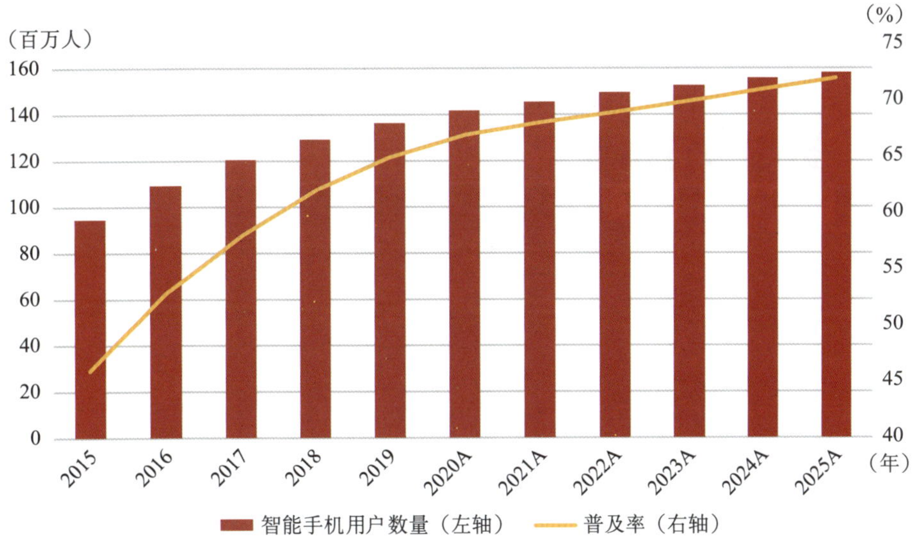

数据来源：Statista

图 4.2.8　巴西智能手机用户数量与普及率

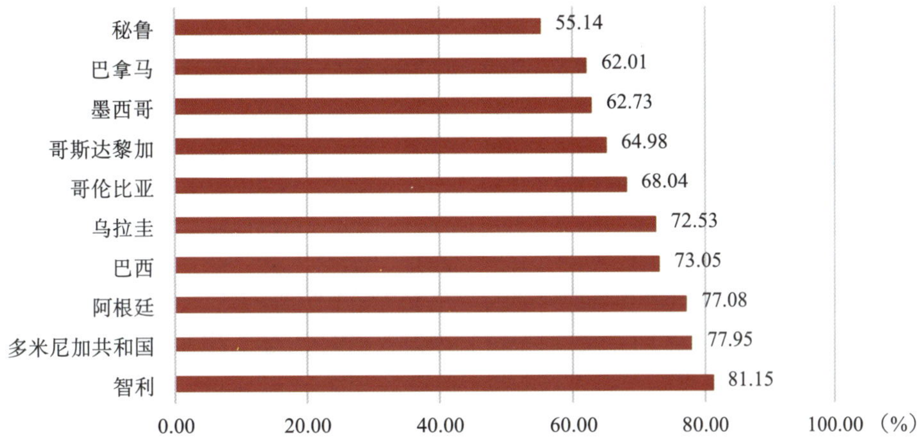

数据来源：Statista

图 4.2.9　拉丁美洲智能手机普及率

民身份信息，如身份证、驾照和选民身份信息等。2020 年，巴西在数字识别方面取得了进展。政府推出了一款名为 CPF Digital 的新应用，将社保卡和驾照作为其数字身份识别和公民服务交付计划的一部分。其目的是让巴西人使用的主要证件，如身份证、驾照以及出生证明和社保卡，都可在一个应用程序下使用。据《福布斯》数据，巴西政府打算在 2022 年发行 4 000

万数字文件。

4.2.3 数字银行市场

（1）发展情况介绍

随着消费者对更有效地访问银行记录以及在本地银行之外完成金融交易的需求不断增加，数字银行应运而生。网上银行服务的有限性助推了数字银行的转型。在巴西，数字银行吸引公众的一个重要特点是免手续费和申请信贷的便利度。但一些数字银行在设施、功能和技术方面较其他银行更为突出。

截至 2020 年 8 月，巴西有 689 家运营中的金融科技企业（与 2019 年 6 月相比增长了 30%）。其中，支付服务占 28%；财务管理服务占 18%；数字银行占 3%。2020 年，总部位于巴西的挑战者银行通过 11 笔交易筹集了 10 亿美元以上的资金，占 2019 年拉美挑战者银行融资总额的 90%。三家融资规模最多的挑战者银行均位于巴西：分别为 Nubank（18 亿美元融资）、Neon（4.2 亿美元）和 C6 Bank（3.49 亿美元），其中 Nubank（估值 250 亿美元）和 C6 Bank（估值 21 亿美元）为独角兽企业。

近年来，巴西不断见证数字银行的诞生和发展，2017—2018 年，主要平台的数字账户数量有所增加（见图 4.2.10）。尽管拉丁美洲的金融科技通常瞄准没有银行账户的人群，但美洲开发银行（Interamerican Development Bank）和 Finnovista 的一项合作研究发现，金融科技公司主要针对的是寻求廉价和方便替代品的千禧一代，仅有 35% 的金融科技公司瞄准 5 000 万没有银行账户但可以使用手机或互联网的巴西人。随着金融科技的扩张与发展，更多的公司将目光转投向没有银行账户的巴西人。2020 年，Caixia 创建了 3 500 万个新账户，向过去没有银行账户的人支付政府新冠病毒福利金，并计划通过手机向 1 000 万至 3 000 万人发放小额贷款。同样，Rappi 与 Visa 合作推出了预付费信用卡，客户甚至不需要银行账户就可以申请该卡，吸引了那些没有银行账户用户的目光。

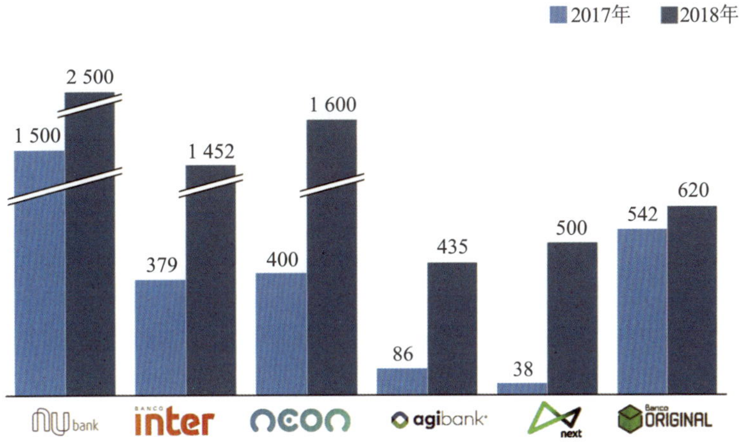

数据来源：公开资料

图 4.2.10 数字账户数量（千户）

巴西数字银行正在利用疫情暴发以来消费者金融习惯的迅速变化发展自身业务。BCB 于 2020 年 11 月推出的即时支付系统 Pix，也推动了数字支付的加速应用。被 BCB 授权及活跃客户账户（如支票、储蓄、预付等）超过 50 万的银行必须参与 PIX。在 6 个月的时间里，PIX 的个人和法人用户超过了 8 730 万，注册密钥达到 2.306 亿条。

另一项新举措是，WhatsApp 于 2021 年 3 月重新推出的应用程序内的点对点转账服务，一年前该服务被巴西央行封禁。巴西是 WhatsApp 推出转账服务功能的第二个国家，通过使用借记卡或预付费卡号，WhatsApp 在巴西的 1.2 亿用户每月可以通过短信服务免费转账至多 5 000 雷亚尔。此外，开放银行新规允许金融机构、支付机构和其他经 BCB 许可的机构之间共享数据和服务。2021 年 2 月至 2021 年 12 月，巴西将分四个阶段推进开放银行的发展。

（2）主要参与者

根据福布斯的信息，Nubank 是巴西最好的金融机构，也是世界上最好的金融机构之一。2021 年排名第二的是 Banco Inter，其次是 Neon、Pag-

Bank、Next、Itaú Unibanco、Caixa Econômica、Original、Santander 和 Bradesco。

除了便利性，数字银行的另一个显著特征是其目标群体。由于巴西有着大量没有被银行服务覆盖到的人口，数字银行将其客户群扩大至没有被银行覆盖或覆盖程度不足的人群以及中小企业。受制于不良贷款与利润的收窄，大型传统金融机构倾向于回避这部分群体，数字银行可以弥补由此形成的空白信贷市场。

虽然这些数字银行都允许客户在线访问银行服务，但它们拥有不同的许可类别。Nubank 是一家支付机构和金融机构，没有银行牌照，因此无法提供资金托管或融资服务。Nubank 推出的第一款金融产品是一款不收取年金费用、完全可以通过移动应用进行管理的信用卡。

Neon 于 2016 年成立，只有一个简单的数字账户，随后其产品系列已经扩展到投资产品、个人贷款和信用卡等新产品和功能。2018 年，Neon 银行开始为客户发行信用卡，与 Nubank 展开直接竞争。

相比之下，Banco Inter 和 C6 Bank 则获得了巴西中央银行颁发的银行许可证。Banco Inter 是巴西第一家 100% 数字银行，也是唯一一家免费提供数字支票账户的银行。2008 年，Banco Inter 获得了银行执照，因此可以从事银行业务，如为公司提供业务、融资（为个人提供工资贷款）、投资以及房地产信贷（为个人和法人实体提供贷款和房地产融资）。

2019 年，C6 Bank 获得巴西中央银行执照，可以作为综合银行经营。同年，C6 还获得了美国金融业监管局（Financial Industry Regulatory Authority）颁发的执照，可以在纽约开展业务。

此外，巴西的数字银行也可以选择在 Sociedade de Crédito Direto（SCD）许可证下运营，即作为直接信贷公司经营。SCD 许可证允许公司通过其平台发放贷款和融资，并购买应收款项——只要公司使用自有资金。然而，获得 SCD 牌照的公司仍然可以向金融机构出售基于其贷款的应收账款。它们还可以通过国家经济和社会发展银行（BNDES）的信贷额度为贷款提供资金。例如，在 2021 年，N26 从监管机构获得了 Sociedade de Crédito Direto（SCD）许可证，这将允许 N26 “开展信贷业务”，如第三方信贷分析和发行电子货币。

此外，为扩大产品供应，PagSeguro 收购了 BBN（Banco Brasileiro de Negócios SA）的控股权，后者拥有经营商业和投资活动的许可证。收购 BBN 将帮助 PagSeguro 为其主要由小型创业者组成的客户群提供更完整的金融服务。

4.2.4 案例分析

（1）Nubank

①银行简介。

Nubank 成立于 2013 年，总部位于巴西圣保罗，是目前全球最大的数字银行。Nubank 从 2014 年开始发行信用卡，因其便捷和便宜的服务受到用户欢迎，并通过“口口相传”的方式零成本地迅速扩大了客户群体。目前 Nubank 已有用户 3 400 万，其业务范围也随之逐步扩展至开设银行账户、提供银行贷款以及保险业务。截至目前，Nubank 的免费结构已为客户节省了超过 20 亿美元的费用，同时其信用卡产品已经连续 4 年实现盈利，虽然公司在整体层面上仍未达到这个财务目标。

②主要产品和服务。

2014 年，Nubank 推出首款金融产品，一个没有年金费用和可以完全通过手机应用程序管理的国际万事达信用卡。在接下来的 6 年里，它继续推出多款面向巴西消费者和企业用户的银行产品和项目。2017 年，Nubank 推出高利率储蓄账户，供客户转账和支付账单。不久之后，Nubank 提供将工资直接存入一个存款账户（NuConta）的服务，该账户附带一张借记卡，用于自动取款机存取和购物。从 2019 年开始，Nubank 将其产品组合扩展到个人用户之外，为小企业主推出了数字账户。2020 年，Nubank 推出一款寿险产品，并收购了巴西的股票交易应用 Easynvest，Easynvest 拥有 150 多万用户。

为了提高客户忠诚度，Nubank 还推出了奖励计划。使用 Nubank 卡每消费 1 雷亚尔，将获得 1 分。用户可以使用积分免费兑换机票、在酒店和餐厅进行消费，以及享受合作品牌的各种产品和服务。

Nubank 客户群从 2016 年的 130 万增长到现在的 3 000 多万。它在巴西、墨西哥、阿根廷和哥伦比亚均提供服务。

③融资情况。

Nubank 现在是拉丁美洲最大、最有价值的金融科技公司，在 12 轮融资中总共筹集了 23 亿美元（见表 4. 2. 2）。其最新一轮融资是在 2021 年 6 月 8 日完成的 G + 轮融资。Nubank 由 24 家投资者支持，Sands Capital Ventures 和伯克希尔哈撒韦公司是近期进入的投资者。在 Ribbit Capital、腾讯、Invesco、DST、QED、红杉等知名机构强有力的支持下，正在推动整个拉丁美洲地区的数字银行业务扩张，由巴西蔓延至阿根廷、墨西哥和哥伦比亚。2021 年 12 月 9 日，Nubank 登录纽交所，上市当天股价上涨 15%，推动公司估值达到 450 亿美元。

表 4. 2. 2　　　Nubank 融资情况

时间	交易类型	交易金额（万美元）	主要投资者
2021. 06. 08	G + 轮	75 000	伯克希尔哈撒韦，Sands Capital
2021. 01. 28	G 轮	40 000	红杉资本，Ribbit Capital，腾讯，Invesco，Dragoneer，Whale Rock Capital Management，Whale Rock，Singapore' s GIC
2019. 07. 26	F 轮	40 000	红杉资本，DST Global，Thrive Capital，Dragoneer Investment Group，Ribbit Capital，腾讯，TCV
2018. 10	二级市场	18 000	腾讯
2018. 03. 01	E 轮	15 000	Founders Fund，Redpoint Ventures，QED Investors，DST Global，Thrive Capital，Dragoneer Investment Group，Ribbit Capital
2017. 08	债务融资	14 370	高盛，Fortress Investment Group
2016. 12. 06	D 轮	8 000	红杉资本，Founders Fund，Redpoint Ventures，QED Investors，DST Global，老虎全球基金
2016. 04	债务融资	5 600	高盛
2016. 01. 07	C 轮	5 200	红杉资本，Founders Fund，老虎全球基金，Kaszek Ventures
2015. 06. 02	B 轮	3 000	红杉资本，QED Investors，老虎全球基金，Kaszek Ventures
2014. 09. 25	A 轮	1 430	红杉资本，QED Investors，Kaszek Ventures，Nicolas Berggruen
2013. 07. 05	种子轮	200	红杉资本，Kaszek Ventures

资料来源：crunchbase

（2） Banco Inter

①银行简介。

Banco Inter，前身为 Banco Intermedium，是一家总部位于贝洛奥里藏特市的多业务银行，成立于 1994 年。它是巴西最早的数字银行之一，其数字支票账户（checking Account）是巴西第一个完全免费的账户。

②主要产品和服务。

目前，Banco Inter 主要有五大业务：银行服务、信贷、保险、投资和电子商务。这些业务均可在其“超级应用程序”中实现。2021 年第一季度，Banco Inter 客户数量达到 1 020 万，年增长率达 106%，总收入较 2020 年增长了 95%，达到 1.059 亿美元。

Banco Inter 认为有两个渠道具备更高增长潜力：Inter Shop 和 Inter Invest。Inter Shop 是 Banco Inter 于 2019 年推出的交易平台，拥有 200 多家合作伙伴，销售从机票到智能手机的各种类型商品。和阿里巴巴的“双十一”或亚马逊的“黄金日”一样，Inter Shop 从 2020 年起将“7 月 7 日”设为 Inter Day。在 Inter Day 当天，与其他周二相比，销量增长了 254%。Inter Invest 则提供多种投资选项，包括固定收益、投资基金、私人养老金、公开发售、和可变收益证券等。2021 年第二季度，Inter Invest 拥有 170 万活跃用户，占 Banco Inter 全部客户的 14%。

③融资情况。

2018 年，Banco Inter 完成了优先股的首次公开发行，在此过程中筹集了约 1.41 亿美元。Banco Inter 在两轮融资中总共筹集了 7.999 亿美元。该公司最新一轮融资是 2021 年 5 月 24 日 Post-IPO 阶段的股权融资。

（3） C6 Bank

①银行简介。

C6 Bank 成立于 2018 年，是巴西数字银行业的新生力量。这家银行的总部设在圣保罗，一家分行在开曼群岛，一家经纪公司在纽约。2019 年，它获得了巴西央行的综合银行经营牌照。

②主要产品和服务。

C6 Bank 提供全面的金融产品，包括支持多种货币的支票和储蓄账户、借记卡和信用卡、投资和贷款产品以及更多其他诸如中小企业银行业务。C6 Bank 在 2020 年底推出了 20 多种产品。它是第一家向所有个人客户提供免费 toll - tag 服务的银行，也是在零售银行业中第一家提供欧元国际账户的银行，此前该产品通常只向私人银行客户提供的产品。到 2021 年，其客户已达 700 万，其中巴西各地开设了 400 万个账户。在未来几年，C6 Bank 的目标是在个人投资领域更具竞争力，并继续努力扩大其业务范围，特别是在个人和企业信贷领域。

③融资情况。

在融资方面，C6 Bank 在 2020 年 12 月从大约 40 位投资者那里获得了 2.5 亿美元的资金，推动 C6 Bank 的估值达到了 22 亿美元。C6 Bank 通过三轮融资共筹集了 23 亿美元。最新一期融资是在 2021 年 6 月 28 日，摩根大通收购了 C6 Bank 40% 的股权。

4.3 墨西哥数字银行研究

综述

作为世界第十四大国和拉丁美洲第三大国，2010 年以来，墨西哥国内生产总值一直保持在 1 万亿美元以上，但 GDP 增长率每年波动较大，2019 年经历了负增长，2020 年受疫情影响进一步恶化。但就 GDP 总量而言，墨西哥在拉丁美洲排名第二位，仅次于巴西。截至 2021 年 6 月，墨西哥拥有 1.3 亿人口，是世界第十大人口国和拉丁美洲第二大人口国。尽管近年来墨西哥人口增长率有所下降，但仍然保持增长态势。

墨西哥的金融包容度在拉丁美洲排名第三，但截至 2021 年 6 月，墨西哥仍有 63% 的人口没有银行存款。消费者调查结果显示，收入不足或不稳定是无法开设银行账户的主要原因，其他原因还包括对金融机构缺乏信任等。墨西哥的信用卡渗透率为29%，借记卡渗透率为24%，远低于世界平均水平。此外，中产阶级消费者的信贷申请只有3%能够获得批准，这意味着数字银行有着巨大的潜在消费贷款市场。

自2016年6月以来，墨西哥已成为全球第十大互联网用户国，截至2021年1月，墨西哥有9 201万互联网用户，互联网普及率达到71%，比全球平均水平高出近10个百分点。据预测，墨西哥的互联网用户数量将在2023年达到1.02亿。

2020年墨西哥的最终消费支出为8 225亿美元，占GDP的比例为76.42%，这一比率低于拉丁美洲和加勒比地区的中值。墨西哥消费者是世界上品牌忠实度最高的人群。新冠肺炎疫情大流行在一定程度上改变了墨西哥消费者的消费习惯，存钱成为了2020年的最新趋势。

作为拉丁美洲第二大经济体，墨西哥没有银行账户的消费者大约有4 200万，且只有大约1/3的中小企业能够获得银行贷款。这为数字银行带来了巨大的市场空间。除了银行服务覆盖率低之外，墨西哥的监管环境也为数字银行的发展提供了便利。近年来，墨西哥当局颁布了一些对金融科技最具支持性的法规，包括2018年的《金融科技法》，为金融科技的参与者提供了监管框架。

随着智能手机和互联网用户的日益普及，墨西哥的数字银行业务近年来出现了显著增长。目前，墨西哥有19家数字银行初创公司，包括Flink、Klar、Oyster、Stori Card、Cuenca、Nelo、Broxel、Hey Banco、EVVA、Tauros、Vexi、Albo、Foundeadora和SWAP等。由于50%的客户年龄在24岁以下，预计墨西哥的数字银行市场在未来几年将越来越壮大。

纯数字银行玩家并不是唯一试图从墨西哥金融行业中分得一杯羹的市场参与者，许多科技公司，如Cabify、Weex和Rappi，正在利用其庞大的用户群推出数字金融服务，一些传统银行也推出了数字业务，以改善其传统金融服务。

4.3.1 宏观环境

墨西哥，全称墨西哥合众国，位于北美洲南部。北面与美国接壤；南部和西部濒临太平洋；东南部靠危地马拉、伯利兹和加勒比海；东临墨西哥湾。它是世界第十四大国和拉丁美洲第三大国，面积1 964 375平方公里。墨西哥是由32个州组成的联邦，包括其首都墨西哥城。截至2021年6月，墨西哥拥有1.3亿人口，是世界第十大人口大国和拉丁美洲第二大人口大国。90%以上的人口由印欧人和印度人组成。尽管墨西哥有多种语言流行，但西班牙语是使用最广泛的语言。

墨西哥前三大工业部门是汽车制造业、航空航天制造业和医疗器械制造业。其他主要产业包括烟草、石油、采矿、食品和饮料、旅游等。墨西哥也是2020年世界主要的草莓出口国。

（1）经济环境

①GDP。

2019年，墨西哥在全球国内生产总值排名第15位。自2010年以来，墨西哥的国内生产总值一直保持在1万亿美元以上，而其增长率每年都在大幅波动（见图4.3.1）。近年来，受全球经济放缓、国际金融市场大幅波动、国际市场油价下跌等外部条件恶化的影响，墨西哥经济增长放缓。2019年墨西哥GDP增速为负，2020年受新型冠状病毒和全球经济萧条的影响，经济进一步恶化，但是GDP总量仍排在拉丁美洲第二位，仅次于巴西。国际货币基金组织预测其国内生产总值将在未来几年恢复正增长。

墨西哥在2020年的人均GDP约为8 347美元（见图4.3.2）。墨西哥的人均GDP多年来一直领先于拉丁美洲的平均水平，近年来显示出更大的优势。

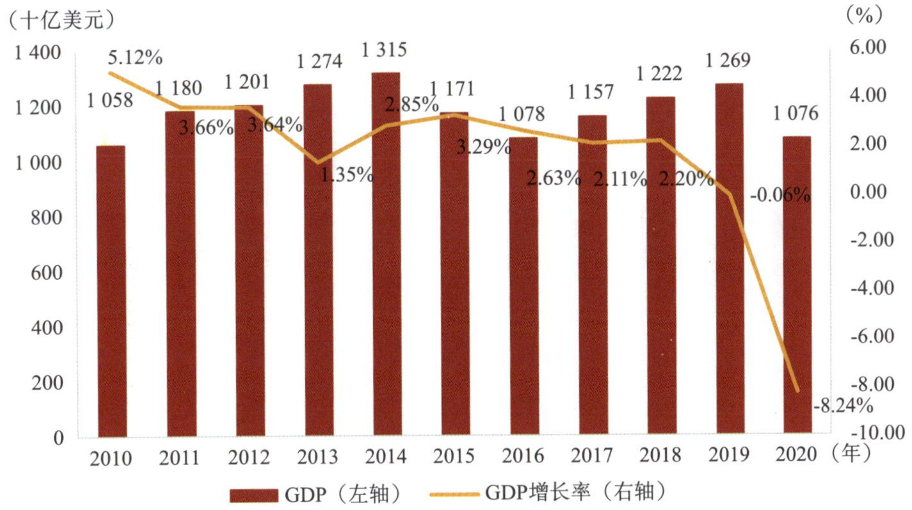

数据来源：世界银行

图 4.3.1　墨西哥 GDP 总量及其增长率

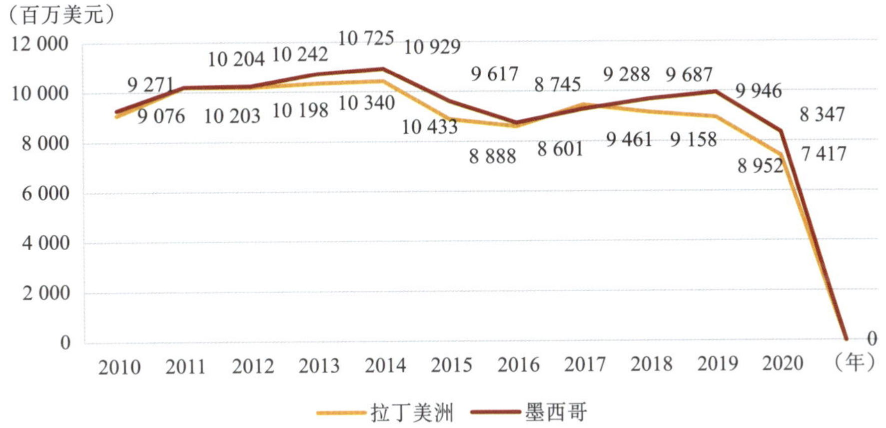

数据来源：世界银行

图 4.3.2　墨西哥人均 GDP 情况

②货币。

2017 年，墨西哥通胀率高达 6.04%，随后逐年下降。截至 2020 年，通胀率为 3.40%（见图 4.3.3）。

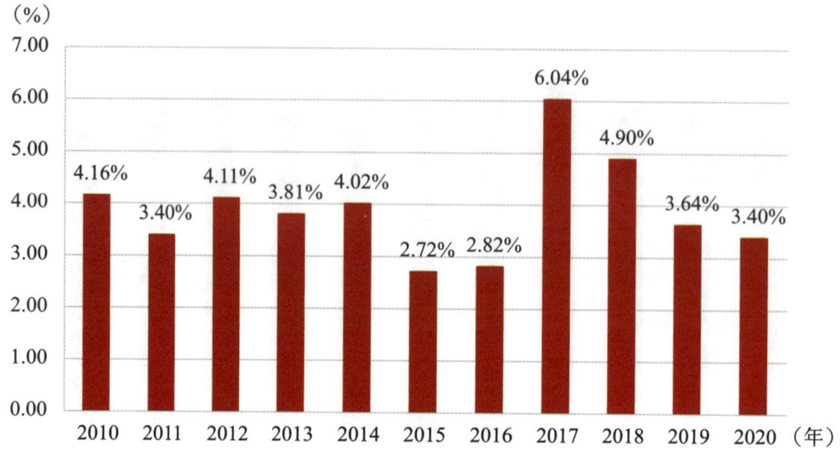

数据来源：世界银行

图 4.3.3　墨西哥通货膨胀率变化情况

③外资。

墨西哥是对外国直接投资最开放的新兴国家之一。根据联合国贸易和发展会议（UNCTAD）发布的《2020 年世界投资报告》，2019 年，墨西哥作为外国直接投资接受国排名第 14 位。

流入墨西哥的外国直接投资（FDI）波动很大，主要取决于大型国际集团的去留（见图 4.3.4）。2019 年新冠肺炎疫情导致美国经济衰退对墨西哥造成了重大影响。根据墨西哥经济部的数据，2020 年墨西哥获得的外国直接投资达 290.79 亿美元，流入量下降不到 10%，远低于整个拉丁美洲和加勒比地区 37% 的下降率。此外，外国直接投资流动在过去 10 年中表现良好，2010—2020 年总额为 3 000 亿美元。

接受大量外国投资的部门包括制造业（特别是汽车业）、金融和保险服务业、零售和邮寄服务业（见图 4.3.5）。作为家用电器的主要生产国之一，墨西哥的冰箱和冷冻柜出口量居世界第二，仅次于中国。由于其机械制造的低运营成本和靠近北美的物流位置，墨西哥已成为家电行业大国。多年来，美国一直是对墨西哥投资最多的国家，占墨西哥外国投资总额的 36.8%；其他主要投资国家包括西班牙（12.1%）、加拿大（9.7%）、德国（9.2%）和意大利（4.5%）。

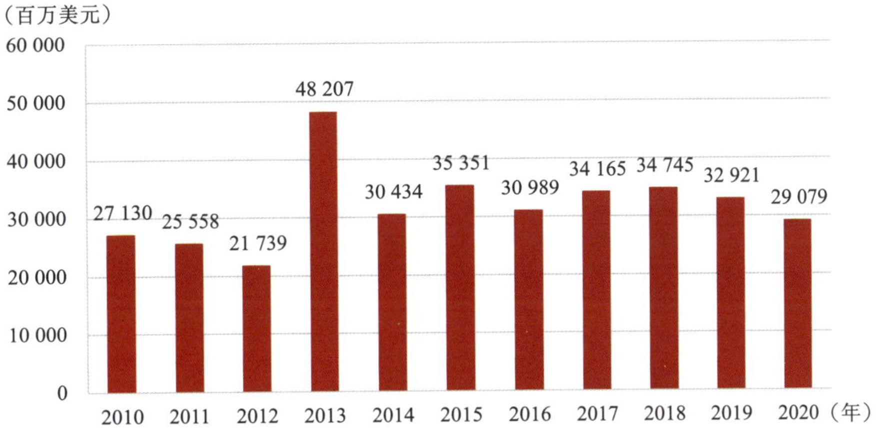

数据来源：世界银行

图 4.3.4　墨西哥外国直接投资情况

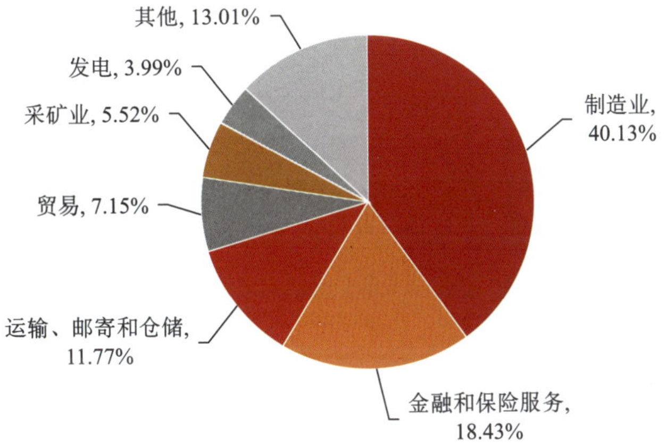

数据来源：Santandertrade

图 4.3.5　墨西哥外国直接投资行业分布

墨西哥在中美洲和南美洲吸引了最多的外国直接投资。除了对外国直接投资非常开放外，该国还很好地融入了世界经济体系：它是北美自由贸易协定、经济合作与发展组织、二十国集团和太平洋联盟等组织的成员。

此外，墨西哥地理位置优越，是通往北美和拉丁美洲的中转平台。它拥有各种各样的自然资源，可以以极具竞争力的价格发展各种类型的产业。墨西哥劳动力成本不高，拥有年轻而充裕的劳动力且素质较高。墨西哥也是世界第七大旅游目的地，同时拥有重要的大工业基地。

同时，在墨西哥投资仍有许多障碍。在政治方面，该国严重依赖与美国的伙伴关系，因此容易受到自由贸易协定任何变化的影响。作为一个主要的石油生产国，墨西哥的经济很容易受到石油价格波动的影响。基础设施（特别是运输和石油部门）和教育系统普遍缺乏效率。墨西哥还面临着重要的经济和社会结构性问题。安全是另一个主要问题。

墨西哥是世界第九大出口国。截至 2019 年，墨西哥出口总额为 4 607 亿美元，进口总额为 4 552 亿美元，贸易顺差为 55 亿美元。2019 年的贸易增长率为 1.34%，而世界贸易增长率为 -1.13%。2020 年，墨西哥的商品出口总额为 4 180 亿美元。与 2019 年相比，墨西哥的商品出口总额下降了 9.23%。墨西哥出口最多的物品为汽车、汽车零部件、运货卡车和原油，主要出口对象为美国、加拿大、中国和德国。墨西哥的主要出口商品还包括石油和矿产。

（2）人口

①人口基数。

截至 2021 年 6 月，墨西哥拥有 1.3 亿人口，是世界第十大人口大国和拉丁美洲第二大人口大国。尽管近年来墨西哥的人口增长率有所下降，但仍保持增长（见图 4.3.6）。

②人口结构。

从人口结构来看，墨西哥主要年龄组集中在 0—14 岁和 25—34 岁（见图 4.3.7）。2020 年，墨西哥的总生育率（TFR）为 2.1，低于这一水平意味着人口数量下降。

截至 2020 年，墨西哥 83.8% 的人口是城市人口，人口密度为每平方公里 66 人。最大的城市是墨西哥城（占总人口的 17.6%，22 747 343）、伊兹塔帕拉帕（占总人口的 4.1%，5 240 267）和埃卡泰佩克·德莫雷洛斯（占总人口的 3.9%，4 984 847）。[①]

① 资料来源：World Population Review。

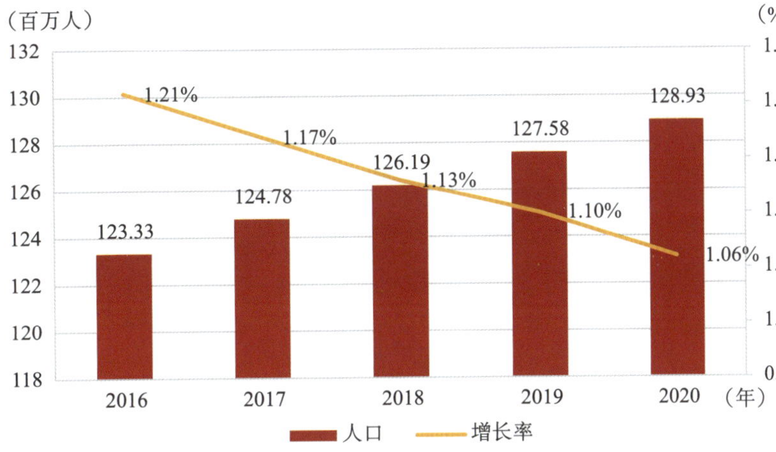

数据来源：世界银行

图 4.3.6　墨西哥人口基数及其增长率

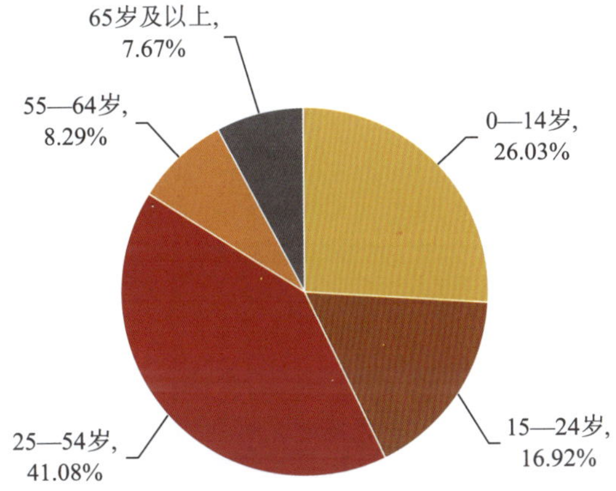

数据来源：世界银行

图 4.3.7　2020 年墨西哥人口年龄分布

（3） ESG

①政治稳定性。

总体而言，墨西哥政治环境稳定。民主的长期发展使墨西哥成为拉丁美洲政治稳定程度最高的国家之一。墨西哥实行总统制。政府分为三级：联邦政府、州政府和市政府。总统是国家元首和政府首脑，任期 6 年，不能竞选连任。2018 年 12 月，来自莫雷纳党的安德烈·曼努埃尔·洛佩斯·奥布拉多总统上台执政，这是墨西哥近代民主史上第一位上台执政的左翼政治家。上任头两年，他启动了一系列改革。

能源领域一直享有公共政策上的重要优先地位。墨西哥政府正在重振 PEMEX 和 CFE 这两家国有碳氢化合物和电力公司。因此，能源领域的私人和外国投资面临着不利的政治环境。解决腐败问题是总统的另一个政治重点。几位涉嫌腐败丑闻的前高级官员已被调查。在社会领域，新政府扩大了有利于学生、低收入人群和老年人的社会项目。

目前，在政治层面危害商业环境的主要问题是腐败和行政效率低下。

②社会因素。

在墨西哥，安全仍然是一个巨大的挑战。近年来，墨西哥的竞争力因有组织犯罪的增加以及能源领域和税收法规缺乏改革而受损。根据 2021 年全球和平指数，墨西哥的指数为 2.62，在 164 个国家中排名 140，和平程度较低。① 尽管绑架和勒索事件显著减少，但犯罪率仍然维持在较高水平。人们持续对有组织犯罪集团的暴力行为和公共安全的军事化表示关切。在许多地区，尤其是在与美国接壤的边境地区，贩毒团伙暴力也带来了严重的社会和经济威胁。

③中墨关系。

中国是墨西哥第二大贸易伙伴。2013 年，中墨两国建立全面战略伙伴关系，经贸合作频繁。2016 年，中海油中标墨西哥两个深水石油区块，总投资达到 80 亿美元，标志着两国贸易合作取得突破。此后，中国和墨西哥在汽车制造、风能和太阳能、电信共享网络、可再生能源等领域成立了其他大型公司。中国银行和中国工商银行在墨西哥设立分行，为双方公司投资合作提供了新的融资渠道。

① Institute for Economics & Peace，GLOBAL PEACE INDEX 2021。

4.3.2 金融科技环境

（1）金融环境

①金融监管。

根据《2020 年全球显微镜报告》（Global Microscope Report），墨西哥整体的金融包容度得分为 74 分，在拉丁美洲和加勒比地区排名第三。具体来看，政府和政策支持得分为 89 分（排名第三），稳定和诚信得分为 72 分（排名第四），产品和销路得分为 95 分（排名第三），消费者保护得分为 91 分（排名第二）。

墨西哥银行系统由四个主要政府机构监管：负责监管金融机构的财政和公共信贷部（SHCP），墨西哥中央银行——墨西哥银行（BANXICO），国家银行和证券委员会（CNBV），以及金融消费者保护委员会（Condusef）。

财政和公共信贷部（SHCP）：墨西哥的所有金融监管均在联邦一级进行，并由 SHCP 监督，SHCP 是墨西哥金融体系结构中的最高权力机构，负责评估、调查、推广和组织银行和非银行机构提供的金融服务。SHCP 通过其独立机构（包括 CNBV 和保险和债券全国委员会）评估和调查银行、债券和保险公司、经纪公司以及金融系统内的所有其他实体。SHCP 有权发布规则并制定《信贷机构法》（LIC）中的条款，该法是监管银行及其交易的法律主体。

墨西哥银行（Banxico）：墨西哥银行受墨西哥银行法监管，其主要活动包括指导货币政策和控制通货膨胀、为联邦政府融资、铸造硬币和发行纸币，以及监管中介和金融服务。墨西哥银行通过建立金融交易所需的条件（如强制性利率、条款和利息）来执行这些任务，发布适用于金融机构、证券发行人、中介机构和公众的一般规定和条例。

国家银行和证券委员会（CNBV）：CNBV 监督授权、检查和调查所有金融活动、交易和实体，充当受其监督的实体的执法机构。所有金融活动，包括金融科技，主要由 CNBV 协调和监管。开展银行业务和其他受监管金融活动的授权必须向财政和公共信贷部、墨西哥银行和 CNBV 提交，但最终由 CNBV 签发。

金融消费者保护委员会（Condusef）：Condusef 从消费者保护的角度监督和监管银行，负责监督金融机构向公众进行营销和提供服务等活动，还充当金融消费者和金融机构之间纠纷的调解人。

除了作为银行法主体的《信贷机构法》之外，还有另外两项对银行机构非常重要的规定：国家银行和证券委员会发布的适用于银行的一般规则和墨西哥银行发布的第 3/2012 号通知（适用于信贷机构和农村金融机构交易）。

截至 2020 年 12 月，墨西哥银行体系由 50 家零售银行机构、6 家开发银行和 23 家金融集团组成。根据资产数量、主要来自公众的资源以及对贷款组合的参与程度，市场上最大的五家零售银行机构分别是西班牙对外银行、桑坦德银行、花旗银行、巴诺特银行和汇丰银行。

②金融包容性。

墨西哥的总储蓄率一直高于拉丁美洲的平均水平。自 2013 年以来，墨西哥的国民储蓄率稳步上升，表明公民的储蓄意识不断增强（见图 4.3.8）。这将使银行在储蓄产品上拥有更充裕的资金和更大的潜力。

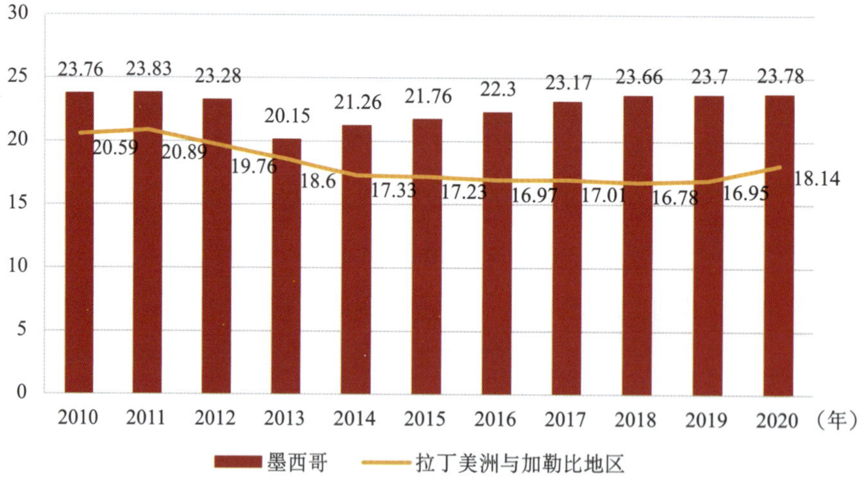

数据来源：世界银行

图 4.3.8 墨西哥总储蓄情况

根据全球金融包容性指数数据库和全球市场调研机构的数据，截至2021年6月，墨西哥有63%的人口无银行存款，全球排名第五，仅次于摩洛哥、越南、埃及和菲律宾。国际和国内的消费者调查结果显示，收入不足或不稳定是需求方不开设银行账户的主要原因。37%没有账户的墨西哥成年人表示其不信任金融机构，同样比例的人则表示是因为他们没有需求。

根据Wordplay的数据，墨西哥的信用卡普及率为29%，借记卡普及率为24%，远低于世界平均水平。除了墨西哥人对传统银行缺乏信任外，在墨西哥86%的付款都用现金完成也是普及率如此低的原因。此外，金融服务匮乏，中产阶级消费者的信贷申请只有3%获得批准，给数字银行带来了巨大的潜在消费贷款市场。

（2） 移动互联网

①移动电话普及率。

根据DataReportal，2021年1月墨西哥有1.154亿个移动连接，相当于总人口的89.1%。2020年1月至2021年1月，墨西哥的移动连接数量减少了40.7万个，同比下降0.4%。

截至2020年，墨西哥的智能手机普及率为54.4%，拥有7 004万智能手机用户，位居世界第八[①]。三家运营商Telcel、AT&T和Movistar几乎占据了墨西哥的手机分销市场，其中Telcel份额最大。

近年来，在墨西哥政府对互联网发展的支持下，4G网络得到了广泛应用。根据全球互联网国家数据公司Signal的报告，墨西哥拥有美洲最快的互联网速度。它的LTE速度已经超过了巴西、智利和阿根廷，而下载速度已经超过了美国，平均达到22.4Mbps。截至2021年，600MHz和3.3GHz频段的频谱已可用于5G技术的潜在用途，但该技术尚未公开部署。

②互联网普及率。

自2016年6月以来，墨西哥已成为世界第十大互联网用户国。截至2021年1月，墨西哥有9 201万互联网用户，互联网普及率为71.0%，比全

① Newzoo，Top Countries by Smartphone Penetration and Users。

球平均水平高出近 10 个百分点（见图 4.3.9）。2020—2021 年，互联网用户数量增加了 350 万，同比增长 4.0%。据预测，墨西哥的互联网用户数量将在 2023 年达到 1.02 亿。此外，截至 2021 年 1 月，墨西哥拥有 1 亿社交媒体用户，相当于总人口的 77.2%。智能手机和互联网接入的大规模普及，使得大多数墨西哥人都可以使用数字服务。

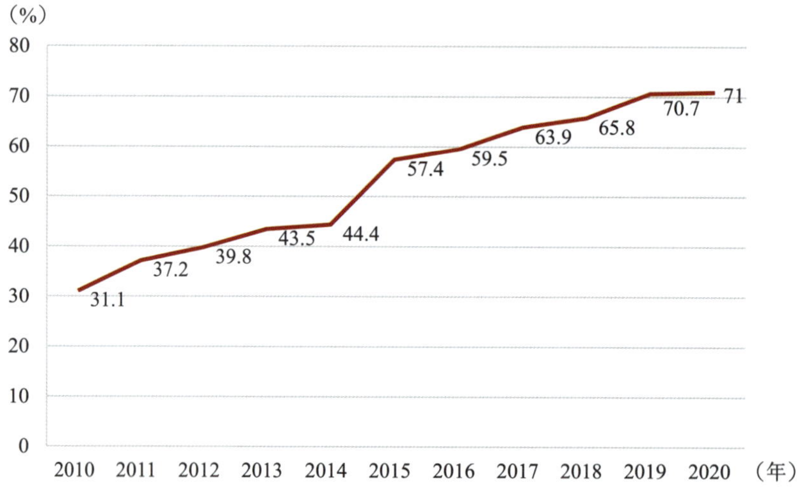

数据来源：世界银行

图 4.3.9　墨西哥互联网普及率

（3）消费环境

①消费市场。

2020 年，墨西哥的最终消费支出为 8 225 亿美元，占其 GDP 的 76.42%（见图 4.3.10）。这一比率低于拉丁美洲和加勒比地区的中值。

由于新冠病毒大流行，一些购买趋势略有改变，如墨西哥消费者消费愈趋谨慎，2020 年“省钱”已成为墨西哥的最新消费趋势之一。墨西哥人有特定的消费行为。如墨西哥消费者是世界上最忠实于品牌的消费者之一，他们更喜欢与自己选择的公司建立牢固的关系。除了品牌忠诚度，墨西哥消费者还关注预购买的产品或服务的质量、实用性和价格。此外，墨西哥人非常热衷于他们的社交网络，是第四大网络用户国，大部分时间都花在

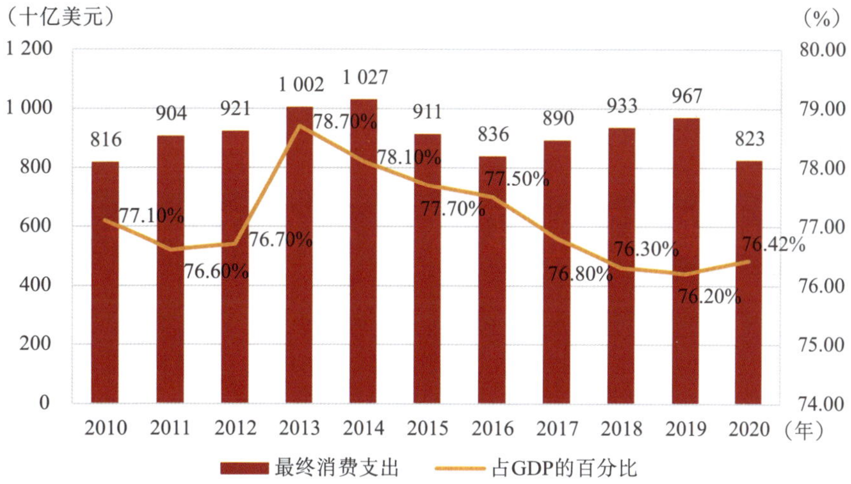

数据来源：世界银行

图 4.3.10　墨西哥最终消费支出及其占 GDP 比重情况

社交媒体上。2020 年，许多墨西哥人转向网上购物，并打算即使在新冠肺炎疫情过后也继续网上购物。

②电商市场。

2019 年，墨西哥被评为拉丁美洲电子商务最发达的国家，85% 的人至少购买了一种产品。2020 年，墨西哥成为世界第 17 大电子商务市场，收入为 195.74 亿美元，领先于瑞典，落后于荷兰。全球电子商务增长率为 26%，而墨西哥电子商务市场在 2020 年增长了 32%。

根据 Statista Digital Market Outlook，墨西哥的市场扩张预计在未来几年还会继续。据预测，未来 4 年（2021—2024 年）的复合年增长率将为 8%。与目前 32% 的同比增长率相比，这一下降趋势表明市场出现了一定程度的泛滥。

就电子商务类别而言，电子和媒体是墨西哥最大的细分市场，占墨西哥电子商务收入的 31%；其次是时尚，占 24%；玩具、爱好类和 DIY 占 18%；家具和电器占 16%；食品和个人护理占 10%。就在线顶级商店而言，墨西哥电子商务市场的最大参与者是亚马逊，其在 2020 年的收入为 14 亿美元；其次是 Liverpool，收入为 6.55 亿美元，以及 Coppel，收入为 5.98 亿美元。总的来说，排名前三位的电商占墨西哥网上收入的 15%。

4.3.3 数字银行市场

（1）发展背景

①发展历程。

数字银行诞生的背景是银行系统向线上化转型，即银行通过互联网提供银行服务。数字银行业务涉及高水平的流程自动化和基于网站的服务，同时可能包括支持跨机构服务组合的API，以提供银行产品和支付服务。它使用户能够通过桌面、移动端和ATM服务访问金融数据。

作为拉丁美洲第二大经济体，墨西哥预计有4 200万没有银行账户的消费者，只有约1/3的中小企业能够获得银行贷款。数字玩家已经意识到有机会用数字银行和商业贷款产品填补这些空白。

除了其银行服务覆盖率低之外，有利的监管环境和消费者人口结构使墨西哥成为数字银行的主要市场。墨西哥传统银行缺乏透明度，以及过去的丑闻事件导致消费者信任度低和金融包容性低。因此，墨西哥政府非常支持金融科技公司的加入，希望它们能够帮助减少流通中的现金，减少洗钱等行为，最终让更多的人进入正规经济领域。因此，墨西哥当局颁布了一些对金融科技最具支持性的法规，如2018年的《金融科技法》为寻求创建新金融科技的参与者提供了监管框架。政府的支持最终可能有助于加速数字银行的增长。

②发展现状。

随着智能手机和互联网用户的日益普及，墨西哥的数字银行业务近年来出现了显著增长。数字银行被认为是对客户而言方便且广泛使用的一个选择。近年来，大量墨西哥企业和个人开始在网上填写贷款申请，而不是进入耗时的传统贷款流程。

根据Finnovisa的Fintech Radar Mexico 2020报告，2020年已确认的金融科技初创公司有441家，较2019年的394家增长了14%。目前，墨西哥有

19 家初创公司提供数字银行解决方案，年平均增长率为 24%。由于 50% 的客户年龄在 24 岁以下，预计墨西哥的数字银行市场在未来几年将越来越壮大。截至 2020 年 9 月，阿兹特卡银行报告称，墨西哥共有 1 150 万数字用户。

③发展前景。

据《商业内幕》报道，墨西哥的数字银行预计未来将在两个领域建立优势。首先是消费者贷款。墨西哥的低信用卡普及率吸引了来自其他地区的数字银行（如巴西的 Nubank 和西班牙的 Bnext）在该国开设分行。第二个领域是中小企业贷款。中小型企业占墨西哥企业的近 90%，但这些企业仍存在贷款缺口。随着数字银行在墨西哥的扩张，解决中小企业贷款缺口的途径可能是与现有银行合作并利用彼此的竞争优势：现有银行可以为中小企业贷款提供资金，这些贷款可以通过数字银行系统进行。数字银行可以使用其他数据源更好地评估中小企业信用风险。

《墨西哥 2020 年数字银行报告》指出，为了提供更好的服务，数字银行需要考虑新的优先事项。最重要的是让用户确信他们的信息是安全的。其次是满足客户的期望，而不是仅仅做交易。报告建议，应该有虚拟财务顾问来指导用户完成这一过程。第三要务是让用户觉得利用数字银行很容易。如果应用程序很难使用将迫使用户转向银行。最后是使数字体验尽可能人性化，这意味着让用户感受到被赞赏和倾听从而实现更高的客户满意度。

虽然数字银行业务对墨西哥银行来说是一项相对较新的业务，但它们已经面临许多挑战和严重的财务损失。截至 2018 年 4 月，由于各种形式的网络攻击，墨西哥金融系统损失超过 3 亿比索。这些网络犯罪的高度流行大大降低了客户对墨西哥网上银行系统的信任。

导致大规模网络安全漏洞的一些挑战包括：

Ⅰ. 缺乏针对网络安全的适当和严格的安全措施；

Ⅱ. 不一致和异常报告；

Ⅲ. 缺乏增强的技术硬件和软件基础设施，导致使用恶意代码和其他工具进行网络盗窃，包括破坏 ATM 以提取资金；

Ⅳ. 缺乏严格的银行监管和合规措施；

Ⅴ. 缺乏受过处理此类违规行为培训的网络安全专业人员，以及无法留住此类人才；

Ⅵ. 缺乏保证安全金融交易的区块链等升级技术知识；

Ⅶ. 缺乏网络安全意识，这也是约14%的墨西哥CEO认为网络攻击不可避免的原因。

为了克服数字银行面临的挑战，银行和政府都需要采取强有力的行动来减轻网络犯罪的影响，使银行业成为一项利润丰厚的业务。在数字银行场景中建立客户忠诚度和增强客户信任可以实施的一些步骤包括：

Ⅰ. 为专业人士提供高度具体的培训，以遏制网络漏洞，通过模式识别和情报创建来检测威胁；

Ⅱ. 引进技术先进的硬件和软件，以加强网络安全，不断审查技术基础设施，采取主动措施，如漏洞评估和深入渗透测试；

Ⅲ. 提高员工和整个组织的网络安全意识；

Ⅳ. 制定严格的措施和法规以加强安全；

Ⅴ. 调整流程、人员和技术操作；

Ⅵ. 创建事件响应团队，能够在处理财务信息的同时应对紧急状况；

Ⅶ. 提高运营弹性，建立解决关键流程和服务的能力。

克服墨西哥网上银行领域的挑战将大大有助于金融机构提高其客户支持和参与度。加强网络安全和监管银行业的数字化可以增强客户信任，严格的规则和更好的管理最终可以提高客户忠诚度。

（2） 政策及牌照

①政策环境。

墨西哥采用分散的监管方法。在该模式下，每种类型的金融实体都被分配给不同的监管机构。金融科技公司被置于监管大多数金融机构的银行委员会、监管保险和债券行业的保险和担保全国委员会以及作为养老基金系统的国家养老金储蓄系统委员会的监管之下。此外，从数据保护法规的角度来看，金融科技公司必须遵守适用于私人的一般框架和指令，并接受相应国家机构的监督（National Institute for Transparency，Access to Information and Personal Data Protection）。

墨西哥监管机构的另一个典型特征是联邦立法包含非垄断机制，即监管机构与中央银行分离，中央银行主要负责墨西哥的货币政策、金融稳定和支付系统。因此，中央银行还对金融实体和金融科技公司进行宏观审慎监管，以实现整体金融系统的稳定。

因此，负责金融科技部门的机构是秘书处、银行委员会、中央银行和一个合议机构——金融科技机构委员会，合议机构由秘书处、银行委员会和中央银行各派两名成员组成。

墨西哥是拉丁美洲和加勒比地区第一个为金融科技部门引入具体法律的国家，该法律于 2018 年 3 月 10 日生效。2018 年金融科技法律在一般条款方面强调了以下内容（见表 4.3.1）。

表 4.3.1　　墨西哥 2018 年金融科技法律重点

项目	主要内容
授权	• 经机构间委员会事先同意，获得国家银行和证券委员会（CNBV）批准的授权。 • 根据墨西哥法律组建/成立或成为匿名公司。 • 根据 CNBV 发布的规定设定开展活动所需的最低资本
操作	• 具有内部控制和风险管理、职责分离、利益冲突预防、客户身份识别、公司和审计实践、会计、信息披露、与活动相关的行动和服务的透明度和公平性。 • 在其各自权力范围内向 CNBV、金融消费者保护委员会和墨西哥银行报告
暂停和撤销授权	墨西哥银行和 CNBV 有权暂停或限制部分活动的开展
审查、监督和信息交换	CNBV 和墨西哥银行将负责监督金融科技机构遵守本法的规定以及由此产生的规定

作为《金融科技法》实施的一部分，墨西哥银行发布了与虚拟资产运营、外币运营和基金机构电子支付运营相关的法规，作为规范其运营的第一步，而 CNBV 在内部控制和风险管理方面为金融科技法的运营制定了一般规定。

2020 年颁布了开放银行规则和监管沙箱二级条款等二级监管规则，为墨西哥的金融科技运营带来了愈加强大的法律框架。同样，2021 年 1 月，CNBV 发布了关于信息安全、技术基础设施、第三方提供商、生物识别技术的使用以及电子货币和支付机构运营的次要规定。

墨西哥金融科技法主要监管两类公司：电子支付机构（EPI，或其他国家称为“电子货币发行人”）和众筹机构。根据该法律，这两类机构都可以使用墨西哥银行授权的虚拟资产（如加密货币）进行运营。该法律也可能适用于其他领域，如加密交易、开放银行业务以及启动沙箱程序所涉及的流程。它不为金融服务领域的其他技术创新公司提供监管指导，这些公司包括提供资产负债表贷款的金融科技公司、推出金融服务的大型科技公司、众筹以外的投资服务或央行数字货币。墨西哥有许多贷款初创企业，涉及多用途金融实体。它们向公众提供小额信贷，无需银行委员会授权即可运作。尽管不符合《金融科技法》，但它们大体上符合金融科技初创公司的资格。

②牌照申请。

自《金融科技法》生效以来，已有 93 家金融科技公司申请了金融科技机构（Financial Technology Institution，FTI）许可证。59 家正在寻求成为电子支付机构，34 家旨在成为众筹机构。墨西哥国家银行和证券委员会（CNBV）于 2020 年 1 月向一家电子支付机构颁发了第一份许可证。随着 CNBV 和墨西哥银行最近完成了发行前所需的检查工作，这家公司预计很快投入运营。许多潜在的电子支付机构仍在等待，包括 Albo、Mibo 和 Klar 等数字银行。

众筹机构和电子货币及支付机构需要向 CNBV 申请授权，以便在墨西哥提供服务。此后，CNBV 和机构间委员会将有 6 个月的期限批准或拒绝授权申请。根据金融管理局的信息要求，该期限可再延长 3 个月。获得授权的过程要求此类实体向 CNBV 提交运营模式、业务计划、股东信息、资本和公司结构、董事会整合、财务可行性报告、关于遵守 AML/KYC 法规的内部政策、风险管理程序、客户保护政策等。CNBV 对所有递交文件的详细程度要求都很高。同样，要求在墨西哥成立金融科技机构，以满足 165 000 美元至 230 000 美元之间的最低资本要求，具体取决于所开展的业务，并在其章程中包括遵守金融科技法律框架的义务。

公司必须满足以下条件才能获得金融科技机构许可证：

Ⅰ. 将“Institución de financiamiento colectivo”或“Institución de fondos de pago electrónico”作为其公司名称的一部分。

Ⅱ. 作为公司的宗旨，任何活动的执行都应在《金融科技法》中以定期和专业的方式确定。

Ⅲ. 在履行其公司宗旨时，公司有义务遵守适用于墨西哥法规。

Ⅳ. 公司需在墨西哥本地注册设立。

Ⅴ. 拟成立的金融科技公司，最低股本为500 000—700 000美元。

Ⅵ. 根据适用法律设计其公司结构和一般管理条例。

（3）主要玩家及竞争环境

①主要参与者。

目前，墨西哥有19家数字银行初创公司：Flink、Klar、Oyster、Stori Card、Cuenca、Nelo、Broxel、Hey Banco、EVVA、Tauros、Vexi、Albo、Foundeadora、SWAP等。总体分为以下两种类型：

Ⅰ. 挑战者银行（Challenger Bank）：墨西哥只有3家挑战者银行，分别为：墨西哥城非常强大的众筹平台Fondeadora、旨在改善墨西哥社会生活质量的公司Albo和点对点数字支付平台SWAP。与新银行不同，挑战者银行拥有完整的银行执照，允许它们作为一家金融机构全面运营，提供全套银行业务。

Ⅱ. 新银行（Neobank）：与挑战者银行不同，新银行没有完整的银行执照，因此依赖于其他成熟的金融机构。新银行的一些主要参与者包括以使用人工智能、机器学习和其他技术而闻名的Klar、以产品高度多样化而闻名的Broxel等。

数字银行的主要服务包括支票和储蓄账户、数字钱包、虚拟卡和无卡支付、远程存款、财务管理工具、移动应用程序等。由于传统银行的高利率和缺乏透明度，墨西哥数字银行的主要目标客户是没有传统银行账户的人群。

②竞争格局。

在过去的几年里，墨西哥出现了几家数字银行。Bankaool于2015年推出其服务，但当时市场处于早期阶段。Broxel和Albo于2016年成立，Flink

于 2018 年成立。然而，到 2018 年 4 月伊朗的 Matin Tamizi 从 Andreessen Horowitz 和 Kaszek Ventures 筹集了 200 万美元，在墨西哥成立了一家新银行（Cuenca），市场才开始开始更多关注这一领域。巴西 Nubank 的成功，进一步引发了人们对该领域市场潜力的关注。

几个月后，Albo 宣布了 A 轮融资，筹集了 740 万美元。目前它是市场上的领先者，拥有 150 000 名客户，是墨西哥的第三家借记卡发行商。随后不久，Fondeadora 通过众筹平台筹集了 150 万美元的种子资金进入数字银行市场。9 月底，一名新进参与者完成新一轮融资。Klar 筹集了 750 万美元的股权和 5 000 万美元的债务融资，目标是成为"墨西哥的 Chime"。Vexi 是该市场的另一个参与者，它专注于为金字塔底层的人们提供信用卡。迄今为止，它已经发行了 20 000 多张信用卡，最近还筹集了 200 万美元的股本和 100 万美元的债务融资。区域和国际参与者也对这一机会感兴趣。巴西巨头 Nubank 于 2019 年开始在墨西哥扩张。在海外，领先的西班牙数字银行 Bnext 也进入了墨西哥市场。

此外，数字银行并不是唯一试图从墨西哥金融行业中分得一杯羹的玩家。许多科技公司如 Cabify、Weex 和 Rappi，利用其庞大的用户群，正在推出数字钱包并发行借记卡。此外，传统银行正在做出重大努力来改善其数字业务——有些甚至推出了无分支机构的数字业务。西班牙萨巴德尔银行（Banco Sabadell）以全数字化战略进入墨西哥市场，而 Banregio（一家当地中型银行）则推出了新的数字账户 Hey Banco。其他参与者则深耕细分市场，如 Oyster 和 Evva 瞄准的是自由职业者、初创企业和中小企业这些长期被现有参与者忽视的市场。

4.3.4 案例分析

（1）Albo

①银行简介。

墨西哥挑战者银行 Albo 于 2016 年由一个年轻的团队组建，总部位于墨西哥城。该银行借助技术和创新来明确和简化流程，为用户提供免费的收款、转账和消费服务。他们的目的是以热情、诚信和正直的服务态度来提高墨西哥社会的生活质量。Albo 拥有 14 名投资者和 192 名员工。现在正处于 B 轮融资阶段。

②主要产品和服务。

Albo 为客户提供手机银行应用程序、银行账户和万事达卡，使他们轻松消费、储蓄和投资。客户可以在 60 秒内通过手机开立账户，拥有个性化的融资工具，并做出更好的财务决策。客户还可以每周 7 天、每天 24 小时向任何一家银行免费转账。用户对 Albo 清晰、简约、直观，且易于使用的借记卡感到满意。进入新银行账户的安全措施包括指纹、人脸识别或密码，他们甚至有一款面向中小企业的产品，名为 Albo for business。

③融资情况。

2020 年，Albo 从 Mountain Nazca、Greyhound Capital 和 Flourish Ventures 获得 4 500 万美元的投资，用于扩张。自 2016 年以来，Albo 的融资总额已达 7 140 万美元（见表 4.3.2）。

表 4.3.2　　Albo 融资情况

时间	交易类型	交易金额	主要投资者
2020/12/08	B 轮	4 500 万美元	Valar Ventures，Greyhound Capital and Mountain Nazca
2019/12/11	A + 轮	1 900 万美元	Valar Ventures
2019/01/16	A 轮	740 万美元	Mountain Nazca
2018/01/30	种子轮	70 万美元	—

数据来源：Pitchbook

（2） Klar

①银行简介。

Klar 由 Stefan Moller 于 2018 年在墨西哥城成立。Stefan Moller 曾担任贝恩咨询公司的顾问，为大型银行提供咨询服务。Klar 是一家金融科技公司，为墨西哥客户提供存款和信贷服务。该公司拥有 200 000 名银行客户，其中约 27 000 名客户通过银行贷款。一笔典型的贷款额度大约是 110 美元，每笔贷款的年利率为68%。

②主要产品和服务。

Klar通过移动应用程序和具有信用卡优势的借记卡，让用户完全控制自己的资金。它的系统在人工智能、机器学习和其他技术的使用方面非常突出，可以了解用户的收入、花费和金额，并确定其是否是Klar卡的潜在用户。此外，该公司还向使用信用卡的客户提供现金奖励，在1个月内至少购物10次时，将返还4%的现金。

③融资情况。

迄今为止，Klar已筹集了约7 240万美元（见表4.3.3）。

表4.3.3　　Klar融资情况

时间	交易类型	交易金额	主要投资者
2021/07/19	B轮	—	General Atlantic
2020/10/20	A轮	1 500万美元	Prosus Ventures
2019/09/25	债务融资	5 000万美元	Arc Labs
2019/09/25	种子轮	750万美元	Quona Capital

数据来源：CB Insights

第 5 章

中东数字银行报告

CHAPTER 5

5.1 中东经济与数字银行环境

综述

中东自从该地区发现和开采石油以来，特别是经过数十年的斗争实现了石油工业国有化以后，石油出口成为该地区的主要收入。但是，石油工业的发展也带来一个问题，即部分国家过分依赖石油出口换取外汇，导致国内经济结构单一。2015 年油价暴跌以前，中东石油收入占国内生产总值的 25% 以上，石油出口占出口总收入的 70% 以上。国际石油市场价格的波动，特别是多年来的油价低迷，使中东国家深受其害，严重地影响了其收入。面对这种情况，很多国家决心改革和调整产业结构，尽快改变单一经济结构，实施经济多样化发展战略。因此，金融行业的创新一定程度上也加快了地区经济转型，推动经济结构多元化发展的进程。

虽然目前中东地区金融科技投资仅占全球的 1%，但是整个中东的金融科技行业正以复合年增长率 30% 高速增长。在 2017 年，38 家金融科技公司筹集了超过 1.3 亿美元。预计到 2022 年，中东的 465 家金融科技公司将筹集超过 20 亿美元的风险投资资金。此外，新冠肺炎疫情的暴发为金融创新创造了新的机会，吸引了大量科技和金融科技公司寻求在中东地区设立业务。随着全球数字银行的蓬勃发展，中东也涌现出一些本土企业，数字银行在中东正在升温，其中阿联酋为银行业创新的主要中心。目前数字银行大多是由现有银行作为独立的数字银行平台推出，并提供全方位的金融产品，旨在加速传统银行的数字化转型之路。

5.1.1 宏观环境

中东（Middle East）是一个地理区域，和西亚大致重叠，并包含部分北非地区，但不包含外高加索地区，也是非洲与欧亚大陆的亚洲区。具体是指地中海东部与南部区域，从地中海东部到波斯湾的大片地区，现拥有18个国家，语言以阿拉伯语、亚拉姆语、亚美尼亚语等为主。

（1）经济逐步复苏

2011—2020年，中东地区平均经济增长率为2.2%，远低于21世纪前十年5.4%的水平。2020年中东各国在各方面尤其是经济上遭遇了十年难遇的“艰难”，油价暴跌和新冠肺炎疫情对中东尤其是海湾地区经济造成巨大冲击。国际货币基金组织（IMF）的报告显示，2020年中东经济的下滑幅度超过了2008—2009年的全球金融危机，以及2014—2015年的上一次油价大跌。但是进入2020年3季度，除了黎巴嫩之外，所有中东地区经济都开始恢复（见图5.1.1）。尽管尚存在许多不确定性，中东尤其是海湾地区经济展现出了较强的韧性。

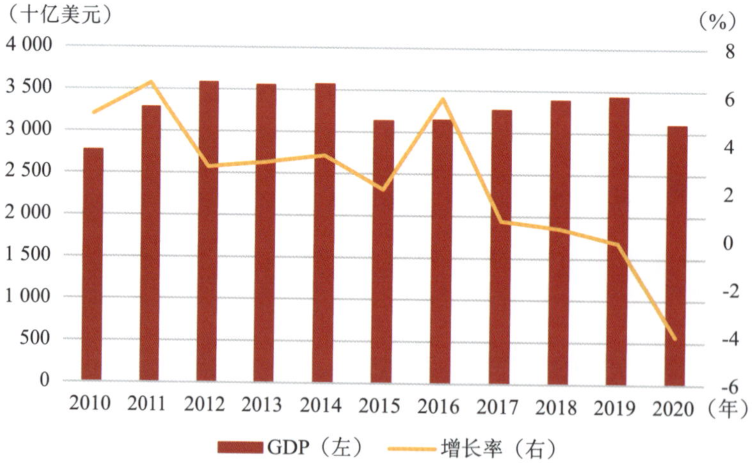

资料来源：IMF

图5.1.1 中东及北非GDP增速

（2） 单一经济结构逐步转型

自从该地区发现和开采石油以来，特别是经过数十年的斗争实现了石油工业国有化以后，石油出口成为该地区各国的主要收入。但石油工业的发展也带来一个问题，即地区各国过分依赖石油出口换取外汇，结果造成国内经济结构单一。

2015 年油价暴跌以前，石油收入占国内生产总值的 25% 以上（见图 5.1.2），石油出口占出口总收入的 70% 以上。随着国际石油市场价格的波动，特别是多年来的油价低迷，使该地区深受其害，严重地影响了中东各国收入。面对这种情况，该地区很多国家决心改革和调整产业结构，尽快改变单一经济结构，实施经济多样化发展战略。2015 年以后，石油收入在 GDP 中的占比也呈下降趋势。安卓信用保险集团调研显示，2021 年和 2022 年，中东地区的经济增长率有望分别达到 3.6% 和 4%，其中大部分将由非石油经济推动。教育、信息通信、金融科技、制药和可再生能源等产业是最有希望推动经济增长的领域。

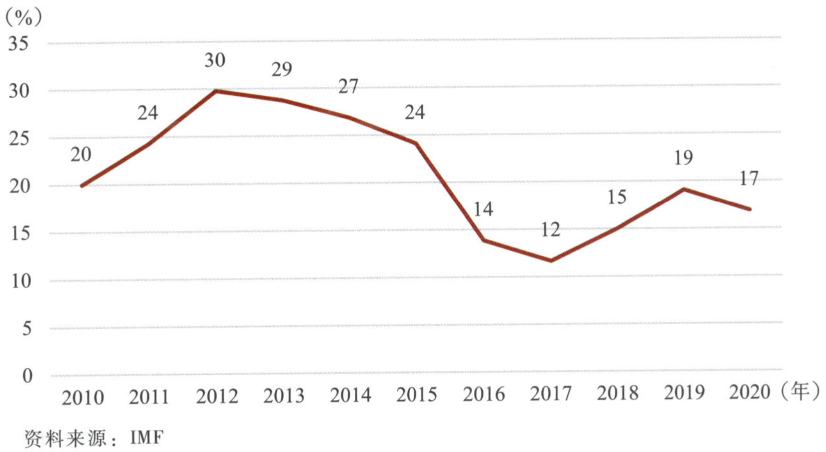

资料来源：IMF

图 5.1.2 中东地区石油租金占 GDP 的百分比情况

（3） 产油国财政赤字严重

产油国对石油经济的依赖已然严重影响了国家的经济发展。新冠肺炎疫情暴发前，国际油价已陷入多年低迷，而油价下跌也给产油国政府财政平衡带来严重冲击，很多国家赤字率已远远越过1991年《欧洲联盟条约》确立的财政赤字与GDP之比不超过3%的安全线，陷入严重的政府财政失衡状况。在北非地区，2014—2016年和2017—2019年，阿尔及利亚财政赤字率均值分别高达11.9%和6.1%。而在全球石油供给的心脏地带——海湾地区，以及沙特、阿曼等资源国政府财政失衡问题更为严重，2014—2016年和2017—2019年，沙特赤字率均值分别高达12.2%和7.3%；同期，阿曼赤字率也超过了10%。而新冠肺炎疫情暴发后，全球油价大幅下跌，进一步对中东产油国本已十分严峻的财政平衡问题造成冲击。根据国际货币基金组织的预测，2020—2022年，在中东主要油气资源国中，仅有卡塔尔能实现财政盈余，其他国家赤字率都会维持在5%以上。如果用赤字率作为衡量标准，持续多年的低油价和新冠肺炎疫情大暴发，将中东油气资源大国置于空前的政府财政危机之中，其影响强度甚至超过1986年的石油价格战。

（4）疫情缓解通胀压力

由于本币贬值、财政赤字严重，中东地区国家（海合会成员国与以色列除外）的通货膨胀率长期保持在高位（见图5.1.3）。2011—2020年，中东地区通胀率达8.4%，均高于21世纪前十年水平。在中东石油出口国中，通胀率最高的国家为伊朗，其2019年通胀率达41.1%，其次为也门、利比亚和伊拉克。在中东石油进口国之中，苏丹通胀率最高，该国通胀率由2019年的51.0%大幅攀升至141.6%，主要源于国家货币超发、汇率贬值以及粮食严重短缺引发的粮食价格暴涨；其次是埃及、黎巴嫩和突尼斯。汇率方面，自“阿拉伯之春”爆发以来，除海合会成员国和以色列之外，包括伊朗、土耳其、突尼斯、黎巴嫩和埃及在内的大多数国家本币汇率均出现较大幅度贬值，实际有效汇率大幅下降。

然而新冠肺炎疫情扩散导致全球大宗商品价格下滑，有效缓解了中东国家的通胀压力。根据国际货币基金组织的数据，2020年该地区有4个国家出现通货紧缩现象，分别是卡塔尔、阿联酋、以色列和约旦。此外，该地区很多原本通胀水平较高的国家，国内通胀压力也有所缓解。2020年，

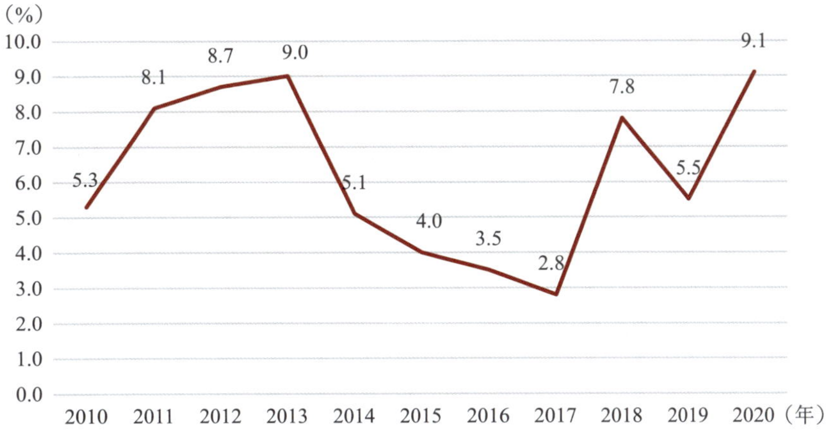

资料来源：IMF

图 5.1.3　中东地区通货膨胀变化趋势

伊朗、土耳其、埃及三个高通胀国家的通胀率分别从 2019 年的 41.0%、15.2% 和 13.9% 降至 30.2%、11.9% 和 5.7%。

（5）人口年轻化显著

2020 年，中东及北非人口达到 2.5 亿人（见图 5.1.4），超过 28% 的人口集中在 15—29 岁这一年龄段，代表超过 1.08 亿年轻人，这是该地区历史上过渡到成年的年轻人人数最多的一次。在埃及、伊拉克、黎巴嫩、利比亚、摩洛哥、阿曼、苏丹、叙利亚、突尼斯、也门、约旦、阿尔及利亚和沙特阿拉伯，15—24 岁的年轻人约占人口的 20%。在阿拉伯国家的人口中，年轻人是增长最快的人群，约 60% 的人口年龄在 25 岁以下，使该地区成为世界上最年轻的地区之一，其平均年龄为 22 岁，而全球平均水平为 28 岁。在中东，教育入学率很高，小学几乎普及，中学入学率接近 70%。1965—2003 年，中东各国政府将其 GDP 的平均 5% 用于教育。尽管机会增加了，但教育质量仍然很低。

性别结构方面，中东地区男性人口略高，男女比例约为 51∶49，然而 2017 年以后的预测将表明，2010—2100 年，男性倾斜的性别比例将下降，主要由于外籍男性劳动力向内迁移速度放缓。在某种程度上，前往海湾合作委员会（GCC）国家的男性移民工人的下降以及随后对性别比例的影响

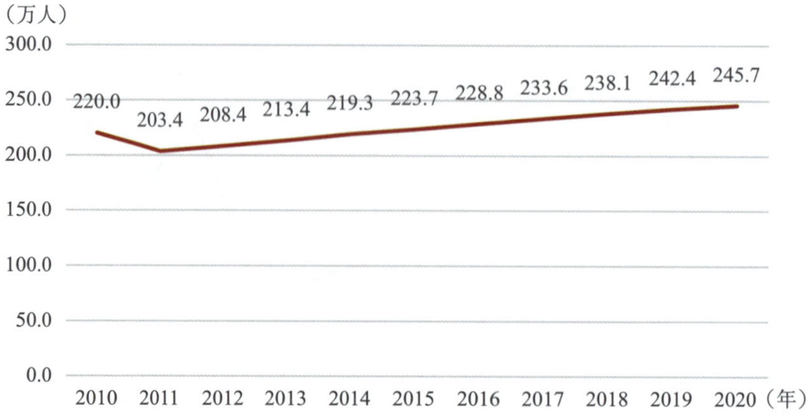

资料来源：IMF

图 5.1.4　2011—2020 年中东及北非人口增长趋势

被认为是油价下跌和相关经济影响的结果。此外，中东地区的不平等两性观，是人口治理与社会文化现代化演进动力不足的重要原因。中东地区的两性差异在社会文化、家庭生活、经济机会、政治权利等多方面表现为一种男尊女卑的特征。此外，中东地区普遍的早婚行为缩短了女性受正规教育的年限，陷入了低教育水平、低社会融合度、低工资水平、高失业率及高生育率的循环。

5.1.2　金融科技环境

（1）金融包容性

中东地区对数字金融科技解决方案的需求主要受整个区域低金融包容度的推动。根据《2020 年中东和北非金融包容性报告》，截至 2019 年末，中东和北非（MENA）的金融包容度为 20%。具体到细分指标，该地区 36% 的人口可以获得金融服务，24% 的人口可以获得支付服务。与此同时，只有 9% 的人可以获得信贷，12% 的人可以获得储蓄。在该地区，阿联酋的金融包容度最高，为 46%；其次是巴林，为 39%；沙特阿拉伯为 31%。摩洛哥的金融包容度最低，仅为 9%；其次是埃及，为 11%；阿尔及利亚为 13%。此外，中东地区的银行账户普及率仅占 14%，阿拉伯地区大概有超过 1.8 亿的成年人没有银行账户，约占 43%，可见，很多人甚至无法获得最基本的金融服务。而数字创新和较高的移动普及率可以为该地区没有银行账户的成年人提供基本的金融服务，这对于为中东地区创造就业、提高收入水平减少贫困来说至关重要。

（2）互联网使用情况

中东地区共有 20 多个国家，互联网人口逼近 3 亿。目前中东国家正处于大规模数字化进程中，中东地区的互联网覆盖率居世界第四位，2020 年为 70.8%；北非落后于其他地区，为 47.1%。然而，这两个区域的增长率在发展中国家是 20 年来最高的：中东约为 5.5%，非洲约为 14%（见图 5.1.5）。移动设备和互联网连接的大量普及在一定程度上推动了该地区的金融科技行业。在中东，移动普及率在 2017 年达到 100%，而智能手机普及率接近 60%。沙特阿拉伯和科威特与这三个国家同时在 2019 年推出 5G 网络。

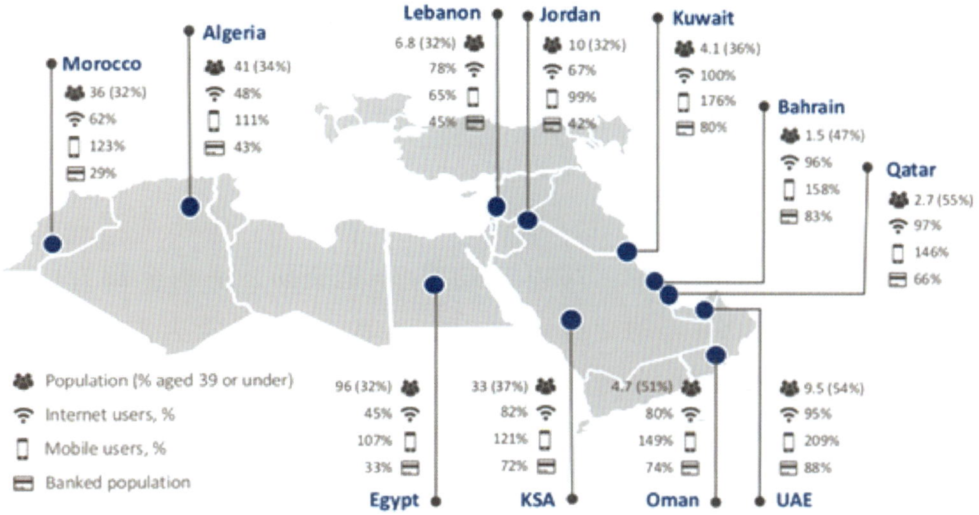

资料来源：Milken institute

图 5.1.5　中东各地区移动互联网渗透率情况

（3） 金融科技投资情况

虽然目前中东地区仅占全球金融科技投资的1%，但是整个中东的金融科技行业正以30%的复合年增长率高速增长。2017年，38家金融科技公司筹集了超过1.3亿美元（见图5.1.6）。预计到2022年，中东的465家金融科技公司将筹集超过20亿美元的风险投资资金。

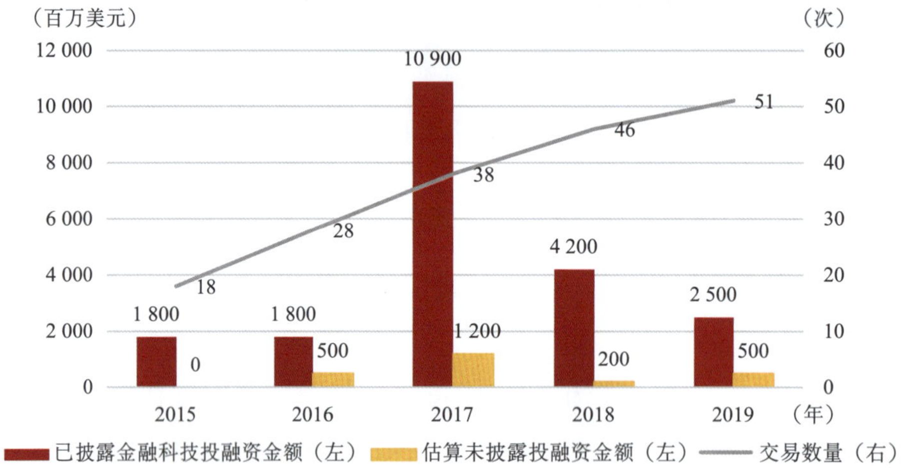

资料来源：Globle Venture

图5.1.6 2015—2019年MENA地区金融科技公司投融资总额和交易数量

MENA地区金融科技投融资交易轮次也集中在早期项目，2015—2019年早期项目的交易占比高达77%以上，且呈递增趋势，可见更多的金融科技项目在不断涌现（见图5.1.7）。在全球资助方面，中东和北非地区在2019—2020年期间略有增加。2019年约有70笔交易，平均金额为1 500万美元。相比之下，2020年的交易量增加到72笔，平均金额为2 150万美元。此外，新冠肺炎疫情的暴发为金融创新创造了新的机会，吸引了大量科技和金融科技公司寻求在中东地区设立业务。

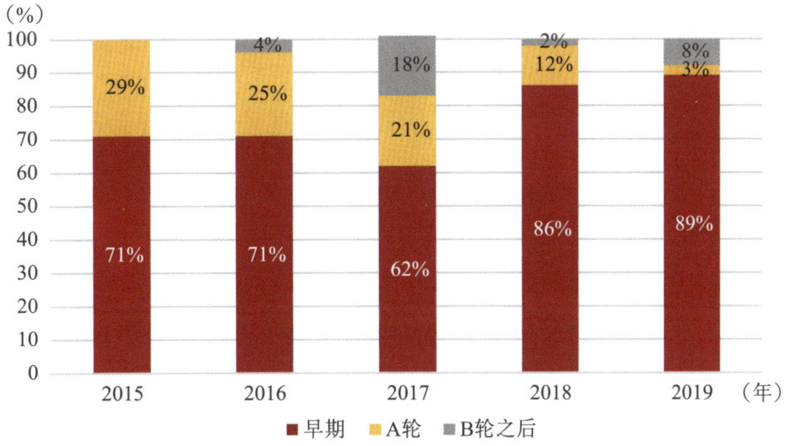

资料来源：Globle Venture

图 5.1.7 2015—2019 年 MENA 地区金融科技投融资交易轮次结构

政策支持该地区金融科技行业的大部分投资都流向了一些较为活跃的领域，包括支付和汇款、保险科技、在线贷款、监管科技、数字银行、众筹、区块链和加密货币。其中绝大多数资金仍集中在支付领域（见图 5.1.8）。

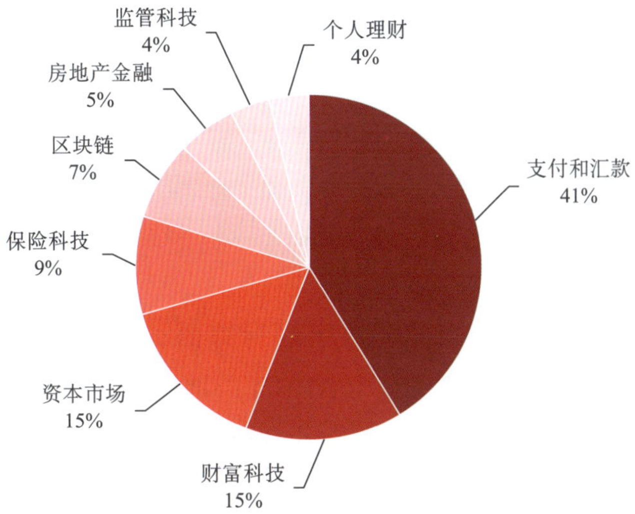

资料来源：Globle Venture

图 5.1.8 2020 年 MENA 地区金融科技融资细分行业

（4）政策与监管

巴林中央银行（CBB）自 2016 年以来一直监督本国金融科技行业的监管举措和执法，为此成立了一个金融科技与创新部门，专门为金融服务提供商和初创企业提供咨询和服务。相反，在阿联酋，对金融科技公司具有吸引力的枢纽的推动并非来自阿联酋中央银行或其他大陆监管机构，而是经济自由区的努力——最著名的是阿布扎比全球市场（ADGM）、金融服务监管局（FSRA）和 DIFC 的迪拜金融服务管理局（DFSA），已经成为金融科技增长基础的关键基石。为确保金融科技生态系统的集中和统一发展，阿联酋中央银行（CB）已宣布计划设立一个重点金融科技办公室，以支持国内金融创新，将 CB 定位为金融科技活动的协调机构。

沙特阿拉伯金融科技的重要区域是阿卜杜拉国王金融区，预计金融科技将成为新区的核心。预计金融科技领域将出台监管举措，推动和鼓励进一步发展。沙特阿拉伯金融管理局（SAMA）于 2018 年 5 月推出了“沙特金融科技”倡议，其中包括支持金融科技领域的中小企业发展。

在海湾合作委员会之外，金融包容性和基础设施是监管机构的重点。在埃及，超过 65% 的人口仍然没有银行账户，埃及政府和埃及中央银行（CBE）的意图是升级支付系统并转向金融包容性，最终实现无现金经济。2016 年，CBE 发布了使用智能手机进行无现金支付的新规，只有持牌银行和移动网络运营商才能申请提供移动钱包服务，并作为发行银行吸收现金存款以换取发行电子货币。同时，金融科技初创企业可以与银行合作，提供必要的基础设施和技术。

虽然中东地区还未有国家发放数字银行牌照，但在 2019 年，位于阿联酋首都自由区的阿布扎比全球市场（ADGM）推出了其数字银行框架，允许符合要求的公司在其特殊监管许可下开展数字银行业务。毫无疑问，这会为很多当地和试图进入本地的金融科技公司提供更多机会和可能。

除了解决监管环境的复杂性，政府和其他监管机构当局正在设立监管沙箱以吸引国际参与者并鼓励当地创业（见表 5.1.1）。2016 年 11 月，阿布扎比全球市场（ADGM）宣布了第一个位于 MENA 地区的监管沙箱——

ADGM RegLab。到2017年中，迪拜金融服务管理局（DFSA）和巴林中央银行（CBB）也纷纷效仿并推出了自己的监管沙箱。中东和北非市场所代表的潜力已得到国际认可，ADGM、DIFC和巴林中央银行等监管机构报告称，来自该地区以外的初创企业和现有企业，特别是来自美国、欧洲和东南亚的企业，大多数尚未从监管沙箱中毕业，其他人已决定通过成为技术服务提供商与现有金融实体合作，从而规避对常规金融服务提供商施加的监管。

表5.1.1　中东国家对金融科技公司的支持政策

国家	支付/手机钱包	数字货币	众筹	监管沙箱/牌照	主要监管方
阿联酋	已有法规	计划出台法规	已有法规	有	ADGM，FSBA，DFSA，CBUAE，SCA
巴林	计划出台法规	没有相应法规，但是在其他法规下进行监管	已有法规	有	Central Bank of Bahrain
沙特阿拉伯	没有相应法规，但是在其他法规下进行监管	没有相应法规或出台法规的计划	计划出台法规	有	SAMA
科威特	已有法规	没有相应法规或出台法规的计划	没有相应法规或出台法规的计划	有	Central Bank of Kuwait
约旦	已有法规	没有相应法规或出台法规的计划	计划出台法规	有	Central Bank of Jordan
埃及	已有法规	没有相应法规或出台法规的计划	计划出台法规	有	Central Bank of Egypt

资料来源：Global Ventures

5.1.3　数字银行市场

随着全球数字银行的蓬勃发展，中东也涌现出一些本地企业（见图5.1.9）。中东数字银行发展正在升温，其中阿联酋为银行业创新的主要中心。目前数字银行大多是由现有银行作为独立的数字银行平台推出，并提供全方位的金融产品，旨在加速传统银行的数字化转型之路。

图 5.1.9　中东和北非地区数字银行主要玩家

此外，中东和北非地区的数字银行都按照既定的出借人许可证经营。受欢迎的应用程序包括阿联酋国家发展银行（Emirates NBD）的 Liv、Mashreq 的 Neo、CBS 的 Now、海湾国际银行的 meem，以及阿拉伯银行公司（ABC）新推出的 ila。

中东活跃数字银行业务情况见表 5.1.2。

表 5.1.2　　中东活跃数字银行业务情况

公司	国家	成立年份	创始人	融资情况	业务亮点
Benefit Pay	巴林	2017	巴林中央银行	由 13 家零售银行合并和收购	由巴林中央银行推动，允许客户使用智能手机进行支付和收款，而无需使用信用卡/借记卡或现金
Klip	阿联酋	2017	阿联酋银行联合会	阿联酋 16 家银行共同开发并拥有	Klip 不需要银行账户，因此是阿联酋 300 万没有银行账户的居民理想解决方案。该计划已被纳入该国到 2021 年实现完全无现金化目标的关键步骤
STC Pay	阿拉伯	2018	沙特电信公司，并获得阿拉伯货币机构支持	沙特电信公司	使用户能够通过智能手机进行线上财富管理。此外，通过推出一项国际汇款服务，扩大了该应用的价值，允许用户将资金转移到世界各地的任何西联地区
Jingle Pay	阿联酋	2020	CEO：Amir Fardghassemi	Acamas Venture	为其客户提供多货币账户和卡、汇款、P2P 融资、即时和免费汇款服务以及其他增值服务

资料来源：国际金融杂志

5.2 阿联酋数字银行研究

综述

阿联酋石油、天然气资源丰富，石油产业是其第三大产业，占 GDP 比重的 30%。巨额稳定的石油收入是阿联酋财政收入的主要来源，也促使其成为海湾地区第二大经济体和世界上最富裕的国家之一。为了减少对石油产业的依赖，降低石油价格波动对经济增长的影响，阿联酋政府一直致力于增加非石油收入在国内生产总值中的比例。金融行业的创新一定程度上也加快了地区经济转型，推动经济结构多元化发展。阿联酋政府在实现无现金经济方面实现了前所未有的进步，并推出了多项举措，以促进数字金融业务发展，并加强无现金平台支付的安全性和效率，以提供无缝的数字体验。

在 2015 年油价下跌及其广泛的经济影响之后，阿拉伯联合酋长国和海湾合作委员会（海合会）成员国努力扩大数字支付规模，以改善税收和财政收入，以及提高现金的透明度和安全性。监管改革导致支付格局的转变和多样化，货币当局和金融机构就无现金经济对企业和个人带来的收益和支付便利性达成了广泛共识。阿联酋的国家支付战略计划向无现金社会逐渐过渡，推出了一种由分布式分类账技术支持的中央银行数字货币“Aber”的计划，最初由部分银行参与跨境支付试点，随后逐渐扩大使用范围。货币当局、银行和支付行业齐心协力，逐步用数字支付取代现金，阿联酋银行业也由此逐步开启了数字转型之旅。目前阿联酋数字银行主要分为三种类型：

一是大型国有银行、商业银行的数字银行平台。目前以这类为主，如阿联酋国家银行有 Liv 和 E20，马什雷克银行有马什雷克 Neo，阿布扎比商业银行有 ADCB Hayyak。

二是目前的金融科技许可框架要求数字银行公司与银行合作，银行必须拥有合资企业 51% 的股份。此类合作包括 Now 和迪拜商业银行（CBD），以及 Rise 和阿拉伯联合银行。

三是初创的互联网、金融公司成立的新型数字银行，如 Zand、Jingle Pay 等。

5.2.1 宏观环境

（1）经济环境

①经济多元化转型。

阿联酋石油、天然气资源丰富，石油产业是其第三大产业，占 GDP 比重的 30%。巨额稳定的石油收入是阿联酋财政收入的主要来源，也促使其成为海湾地区第二大经济体和世界上最富裕的国家之一。为了减少对石油产业的依赖，降低石油价格波动对经济增长的影响，阿联酋政府一直致力于增加非石油收入在国内生产总值中的比例。

2014 年阿联酋非石油部门创造的实际 GDP 总量同比增长 8.1%，占阿联酋 GDP 总量的 68.6%（见表 5.2.1）。2014 年经济增长势头强劲并创新高，GDP 增速达到 4.8%，主要得益于政府成功地在各领域推进经济多元化和可持续发展战略。2015 年阿联酋经济受油价低迷和外资流入骤降影响，经济增速将下降至 3%。2016 年经济进一步减速，但丰厚的外汇储备以及实行的经济多样化政策在一定程度上减缓了油价下跌对经济的不利影响，使得阿联酋相较其他海湾国家能够更好地应对油价下跌的冲击。目前，阿联酋政府正在积极采取措施以降低对石油经济的依赖，预计到 2021 年，石油占 GDP 比重将缩减为 20%，而中小企业对整体经济的贡献率上升到 70%。

表 5.2.1　　　　2016—2020 年阿联酋经济指标概况

指标	2016 年	2017 年	2018 年	2019 年	2020 年
人口（百万人）	9.12	9.30	9.37	9.50	9.28
人均 GDP（美元）	39 144.67	41 443.89	45 075.57	43 900.15	38 661.18
GDP 总值（十亿美元）	357.05	385.61	422.22	417.22	358.87
经济增长率（%）	3.10	2.40	1.20	3.40	-6.10
失业率（%）	1.64	2.46	2.23	2.28	5.00
通货膨胀率（%）	1.60	2.00	3.10	-1.90	-2.10
出口总值（十亿美元）	360.63	384.04	392.86	404.05	—
进口总值（十亿美元）	270.44	290.78	281.54	295.60	—

数据来源：IMF，the World Bank

2021 年，经济有望恢复增长。在解除限制以及迪拜于 2020 年 10 月开始的为期 6 个月的 2020 年世博会期间，旅游业的复苏、非石油行业的强劲反弹有效带动经济反弹。石油行业预计会拖累整体增长，而地区紧张局势令前景蒙上阴影。Focus Economics 小组成员预测，2021 年 GDP 将增长 2.6%，2022 年将增长 4.3%（见图 5.2.1）。

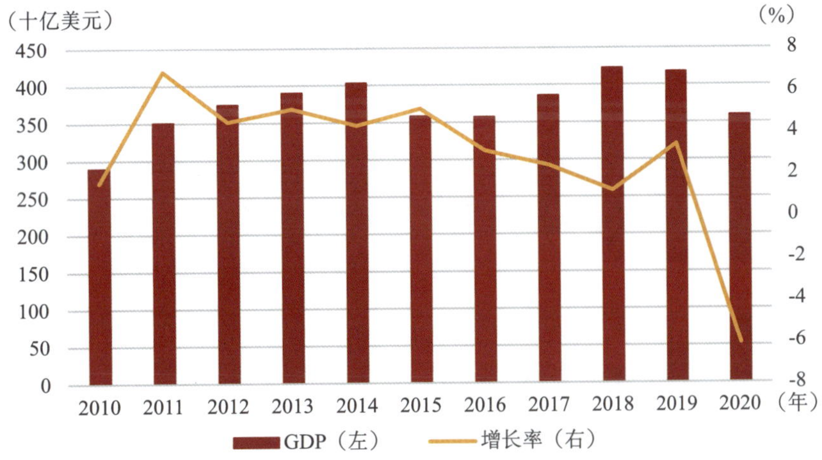

资料来源：IMF

图 5.2.1　2000—2020 年阿联酋 GDP 增长情况

②出口贸易型经济。

2019 年，阿联酋的出口总额为 3 890 亿美元，进口总额为2 880亿美元，贸易结余为正数 1 010 亿美元（见图 5.2.2）。阿联酋有效适用的加权平均关税税率为 3.94%，最惠国加权平均关税税率为 4.27%。贸易增长 -4.91%，而世界增长率为 -1.13%。阿联酋的国内生产总值为 4 211 亿美元，商品和服务出口占国内生产总值的比例为 92.46%，商品和服务进口占国内生产总值的比例为 68.48%。

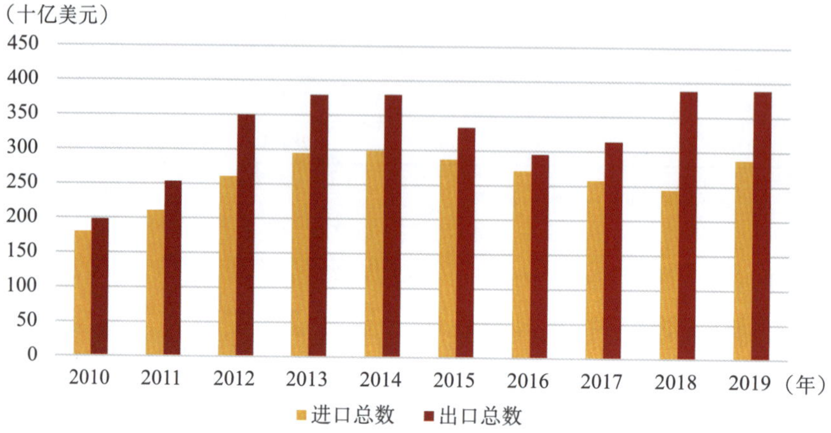

资料来源：the World Bank

图 5.2.2　2010—2019 年阿联酋进出口状况

③通货膨胀维持在较低水平。

近十年来，迪拜的物价维持温和增长态势，通货膨胀维持在较低水平。阿联酋中央银行和政府密切监测价格波动情况，利用其强大的补贴网络和对生活必需品的规定（如燃料，电力和食物）来控制通货膨胀，平抑生活成本的巨大波动。此外，回购利率是阿联酋中央银行注入流动性的主要政策利率，通常遵循与美联储基金利率相同的轨迹。阿联酋 2019 年通胀率低至 -1.5%。根据美国杂志 CEO World 发布的对全球 188 个国家通货膨胀率监测排名，按照通胀率从低到高排名全球第 5 位。

（2） 人口环境

截至 2019 年，阿联酋总人口为 950 万，移民占总人口的 87.9%，人口总量增长速度为 1.49%，出生率为 0.95%。阿联酋石油资源丰富，经济发展快，同时缺乏大量年轻的劳动力，就业机会多，吸引了附近邻国大量青壮年劳动力的迁入，使得国际劳工远远超过了本国人口的总量（见图5.2.3）。

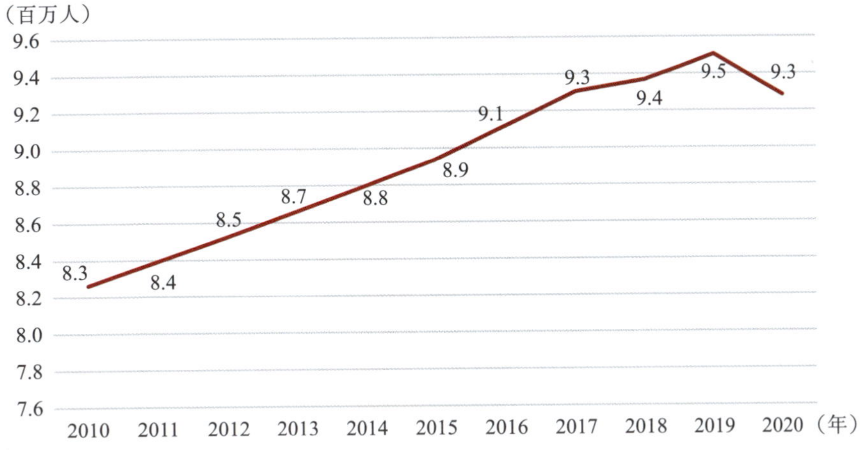

资料来源：IMF

图 5.2.3　2010—2020 年阿联酋人口变化趋势

2020 年受新冠肺炎疫情影响，阿联酋人口总量小幅下降为 928 万人。男性占总人口的 69.7%，即 646 万人；而女性占总人口的 30.3%，即 281 万。性别比例的失衡一方面是因传统男尊女卑的社会观念，另一方面友好的外籍移民政策吸引了大量年轻男性移民。阿联酋人口平均预期寿命为 79.9 岁，这反映了该国的高质量医疗保健服务：女性的预期寿命为 81.4 岁，男性为 78 岁。阿联酋人口的平均年龄为 32.8 岁，这使得阿联酋成为一个相当年轻的社会，该国的大多数居民都是活跃劳动力，为国家的经济增长做出了贡献（见图 5.2.4）。

（3） ESG 环境

1971 年后，阿联酋成为七个酋长国的联邦，是由阿布扎比、沙迦、迪拜、阿治曼、富查伊拉、乌姆盖万、哈伊马角七个酋长国组成的联邦制君主国。每个酋长国都由一位君主统治。其中一位君主被选为阿联酋的总统。阿联酋君主制几乎没有内部反对，这确保了其人民的忠诚并保护了国家的经济繁荣。根据世界银行 2020 年颁布的《营商环境报告》，阿联酋营商环

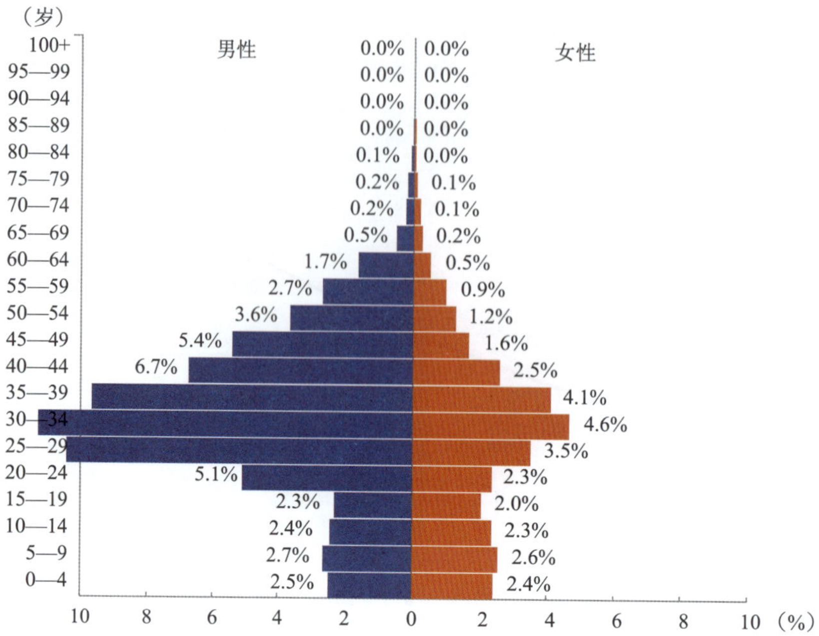

资料来源：PopulationPyramid

图 5.2.4　2020 年阿联酋人口金字塔示意图

境全球排名第 16 位。其一系列降低企业启动成本、雇佣成本与简化纳税流程的政策吸引了一大批外资进入本地发展。

在社会发展上，2018 年联合国开发计划署发布的人类发展指数中，阿联酋以 0.866 分在全球 189 个国家和地区中排名第 35 位。但阿联酋贫富差距严重，且在卡法拉制度（Kafala System）下，外籍非技能型劳工无法得到很好的保护。此外女性不平等问题也仍旧突出。这些都构成了阿联酋目前主要的社会发展问题。

在环境问题上，根据耶鲁大学 2020 年的环境保护绩效指数，阿联酋得分 55.6 分（满分 100 分），在 180 个国家中排名第 42 位。在 2020 年联合国发布的《可持续发展目标报告》中，阿联酋以 70.3 分（满分 100 分）在全球 166 个国家位列第 71 名。

5.2.2 金融科技环境

（1）金融环境

①金融包容性。

在阿联酋，月收入低于679美元的劳动人口约170万人，其中23%没有银行账户（见表5.2.2）。在680美元至1 359美元区间，19%的劳动力没有银行账户，因为开立银行账户通常最低的收入门槛为1 360美元。这意味着，根据合理的估计，在2018年550万活跃劳动力中，35%的劳动人口（约190万人）没有银行账户。

表5.2.2 阿联酋月薪分类

收入区间（美元）	雇佣水平（%）	工作人口（人）	无银行账户和有银行账户人口对比
1—269	17	936 485	23%工作人口无银行账户，相当于170万人口
270—679	15	803 239	
680—1 359	19	1 061 177	19%的工作人口无银行账户，相当于100万人口
1 360—5 399	27	1 486 040	40%的工作人口有银行账户，仅有220万人
5 400—13 599	11	589 109	
13 600—20 399	1.4	78 409	
超过20 300	0.6	33 722	
其他	9	484 974	
总计	100	5 463 155	

资料来源：国际金融杂志

据估计，现金占2019年阿联酋支付总额的67%，35%的劳动人口没有银行账户（或银行往来业务），现金汇款仍然很重要，非传统类汇款在企业和家庭中占有率仍较低。对新兴经济体来说，现金和数字支付很可能起到互补作用，而不是替代作用。这并不意味着这些国家应该放弃成为无现金经济体的计划，但这些计划需要获得数字金融服务、连接和基础设施等相关金融包容性倡议的支持。

②金融科技。

阿拉伯货币基金组织（Arab Monetary Fund）推出了阿拉伯国家现代金融科技指数（Finxar）。该指数反映了阿拉伯国家（2018—2020年）金融科技产业和数字金融服务的发展情况。该指数旨在确定阿拉伯国家在支持和促进金融科技采用方面所做的努力。阿拉伯联合酋长国在综合指数中领先阿拉伯国家，平均达到75%。

阿联酋政府在实现无现金经济方面取得了前所未有的进步，并推出了多项举措，以促进数字金融业务，并加强无现金平台支付的安全性和效率，以提供无缝的数字体验。中东和北非地区的政策制定者，尤其是阿联酋，越来越多地认识到需要将其支付经济数字化并减少对现金的依赖，以此作为实现金融包容性和公民福祉的一种方式。当社区中没有银行账户的成员从现金交易转向数字支付以纳入财务范围时，金融数字化的未来将更具潜力。

（2）移动互联网环境

2021年1月，阿拉伯联合酋长国共有984万互联网用户。2020—2021年，阿拉伯联合酋长国的互联网用户数量增加了15.8万，同比增长1.6%。2021年1月，阿拉伯联合酋长国的互联网普及率为99.0%（见图5.2.5）。

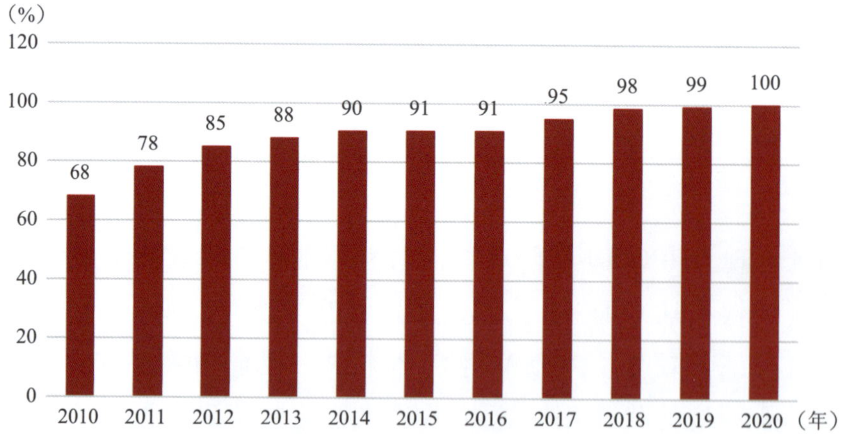

资料来源：World Development Indicators

图5.2.5　2010—2020年阿联酋互联网使用情况

2021 年 1 月，阿拉伯联合酋长国的手机使用量为 1 706 万。2020 年 1 月至 2021 年 1 月期间，阿拉伯联合酋长国的手机使用量减少了 140 万，同比下降 7.5%。2021 年 1 月阿拉伯联合酋长国的手机使用量相当于总人口的 171.6%。

（3）消费环境

2020 年 12 月，阿拉伯联合酋长国的私人消费占其名义 GDP 的 39.1%，而上一年的比例为 39.3%。阿拉伯联合酋长国私人消费对名义 GDP 的贡献率每年更新，从 1972 年 12 月到 2020 年 12 月，平均份额为 30.6%，总体来讲，消费贡献率较高，居民消费水平较高。2020 年 12 月在名义 GDP 贡献中，投资占 22.2%。公共消费占 14.1%（见图 5.2.6）。

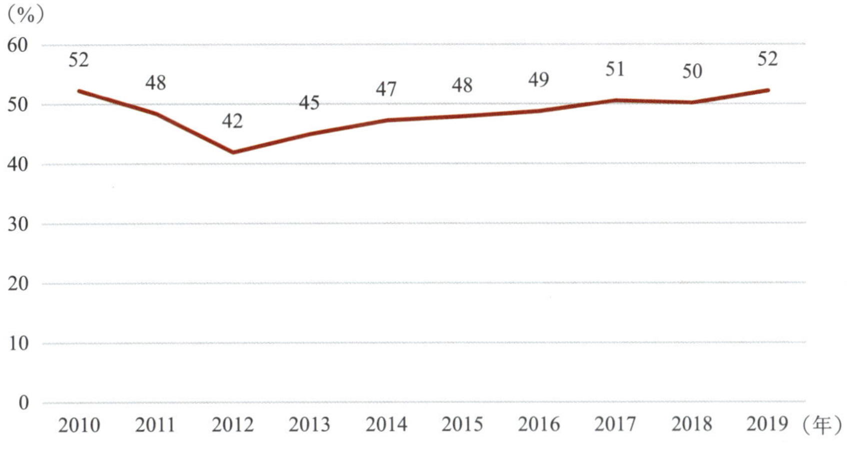

资料来源：World Bank

图 5.2.6　2010—2019 年消费支出占名义 GDP 比例

Statista 和 Visa 两家市场分析公司估计，68% 阿联酋网民在网上购物，2020 年阿联酋电商 50% 的流量来自 PC 端。RetailX 提供的数据显示，2020 年消费者网购的平均支出多达 3 104 美元。许多阿联酋民众在疫情期间初尝网购的愉悦体验，预计疫情后也将延续这种消费模式。迪拜工商会的最新分析显示，2020 年阿联酋零售电子商务市场达到创纪录的 39 亿美元，在 Covid-19 主导的数字化转型的推动下同比增长 53%，占整个零售市场的

8%。这项研究基于 Euromonitor 的最新数据，预计到 2025 年，市场价值将达到 80 亿美元，这一增长趋势得到了几个关键因素的支持，如高收入潜力、高互联网普及率（99%）、发达的运输物流网络、现代数字支付系统、日益精通技术的青年人口和强大的政府支持（见图 5.2.7）。

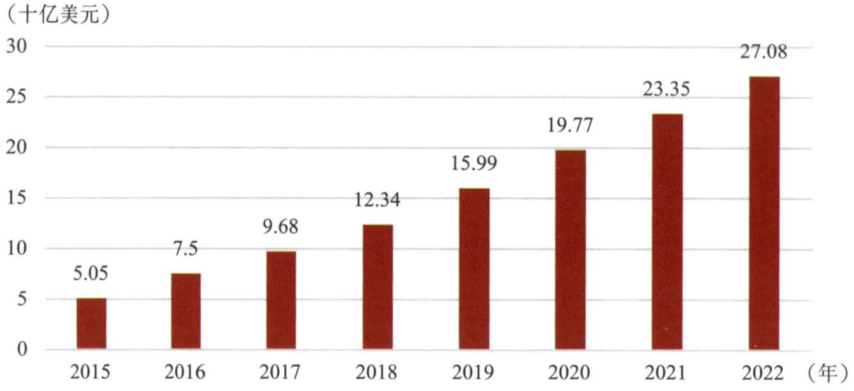

资料来源：Statista

图 5.2.7　2015—2022 年阿联酋居民网购支出情况

5.2.3　数字银行市场

（1）发展背景

在 2015 年油价下跌及其广泛的经济影响之后，阿拉伯联合酋长国和海湾合作委员会（海合会）成员国努力扩大数字支付规模，以改善税收和财政收入，提高现金的透明度和安全性。监管改革导致支付格局的转变和多样化，货币当局和金融机构就无现金经济对企业和个人带来的效益和支付便利性达成了广泛共识。阿联酋的国家支付战略计划向无现金社会逐步过渡，推出了一种由分布式分类账技术支持的中央银行数字货币“Aber”计划，最初由部分银行参与并进行跨境支付试点，随后逐渐扩大使用范围。在货币当局、银行和支付行业的齐心协力下，尽管现金仍占据主导地位，但数字支付逐步代替现金的过程仍在稳步推进。银行的数字转型历程主要经历了以下几个战略阶段：

一是采用区块链支持企业和公司。该地区主要银行已确立合作伙伴关系，开发和推出基于区块链的平台，为客户提供顺畅和无风险的交易。

二是合作扩大数字和非接触式支付服务。阿联酋各银行正在实施数字支付解决方案，如谷歌支付、三星支付等现有服务，提高客户体验和升级现有产品。部分银行在其卡上引入非接触式支付技术。

三是加大对中小企业增长的支持力度。阿联酋各银行纷纷推出数字银行，开发交易平台，实施聊天机器人，并宣布面向中小企业的优惠产品和服务。

四是金融机构通过与初创公司合作促进金融技术的发展——各大银行与 DIFC 合作举办了会议，开发了协作工作空间，并与世界各地的金融技术公司合作，促进了转型银行解决方案的创建。

2017 年初，阿联酋央行推出了新的电子支付法规，允许点对点和零售玩家与银行一起参与该国的支付生态系统。第二年，中央银行宣布了一项国家支付战略，该战略除了加强支付的安全性和可贷性以及降低交易成本外，还确定了逐步向无现金经济过渡的目标。

（2）政策及牌照

①金融监管灵活的贸易自由区。

阿联酋还未发放专门的数字银行牌照，但在 2019 年，位于阿联酋首都自由区内，阿布扎比全球市场（ADGM）推出了其数字银行框架，允许符合要求的公司在其特殊监管许可下进行数字银行业务。2021 年 5 月，阿联酋中央银行发布了特殊银行条款，引入外包条例和相关标准。毫无疑问，这会为很多当地和试图进入本地的金融科技公司提供更多机会和可能。

阿联酋政府引入超过七个酋长国中的“自由区”：Dubai、Abu Dhabi、Sharjah、Fujairah、Ras Al Khaimah、Ajman 和 Umm Al Quwain。每个自由区都在不同的监管和治理结构下运作。其中两个金融影响力最大的自由区为阿布扎比全球市场和迪拜国际金融中心。

阿布扎比全球市场：由阿布扎比酋长国政府于 2013 年成立，阿布扎比全球市场（ADGM）自由区位于AlMaryah岛，在实施阿布扎比的经济愿景方面发挥着关键作用。2015年，ADGM旨在成为世界领先的地方、区域和国际机构组成的金融中心。三大独立机构管理自由区并维护友好的商业环境：注册机构、金融服务监管机构和ADGM法院。

迪拜国际金融中心：迪拜酋长国政府于2004年成立迪拜国际金融中心（DIFC），该自由区位于市中心。与ADGM一样，DIFC将自己定位为世界领先的国际金融中心，有三个独立机构管理：DIFC管理局、迪拜金融服务管理局和争议决议机构。到2018年底，DIFC记录了超过2 100家活跃注册公司，其中625家是金融服务公司。

②监管沙箱（见表5.2.3）。

表5.2.3　　阿联酋自由区监管规则

发布人	条例细则
阿布扎比全球市场ADGM（UAE）	REGLAB92 推出时间：2016年11月 参与者：初创公司和现有的受监管公司 持续时间：参与者被允许在RegLab内运营2年，并且可以测试和开发商业解决方案 资格：解决方案必须具有创新性，并有助于阿联酋金融服务业的发展 障碍：FSRA将评估每个申请人带来的风险；根据具体情况确定一套量身定制的监管控制措施。参与者之后将在ADGM内迁移到金融服务授权状态。尚未准备好上线的参与者必须退出RegLab 成本：RegLab参与者的注册费和许可费在第一年为1 700美元，第二年为700美元 优势：FSRA将指导和支持，并且帮助参与者与ADGM合作伙伴建立联系，允许参与者在银行数字沙箱环境中，将其解决方案与银行数据和功能集成 公布时间：2018年9月
阿布扎比全球市场ADGM（UAE）	DIGITAL SANDBOX CONTINUED 优势：Sandbox是阿联酋与东盟金融创新网络的合作伙伴，连接到全球API交换（APIX）平台的监管条例。它是一个基于云的市场，允许初创公司和现有金融机构连接和测试解决方案，尤其是来自中东、北非和亚太地区的解决方案。通过开放API支持的在线数字平台，沙箱为参与者提供了在全球范围内扩展业务的机会。它还为FSRA提供了使用数字沙箱实时监督和测试RegLab参与者活动的机会（RegLab 2.0） 其他：2018年11月，ADGM宣布了世界上第一个利用APIX平台的跨境测试。在测试中，ADGM的注册公司Anglo - Gulf Trade Bank将贸易融资扩展到了新加坡，该银行使用数字沙盒，去寻找金融科技初创公司以便对新加坡卖家进行尽职调查

续表

发布人	条例细则
迪拜金融服务管理局 DFSA（UAE）	INNOVATION TESTING LICENSE 推出时间：2017 年 5 月 参与者：初创企业和现有受监管的企业，参与者在受控和受限制的环境中运作，不受完整监管要求的约束 期限：一旦获得创新测试许可证（ITL），参与者将被允许运营 6—12 个月，并可能延长至 24 个月 资格：基于公司是否能提供相当于金融服务的创新服务、是否准备好与客户一起测试该服务，以及测试阶段完成后的产品来决定资格。公司必须位于 DIFC，遵守阿联酋联邦法律，并按照监管期望和目标行事 监管挑战：DFSA 官员将与每个被接受的申请人合作，以确定在测试期间将适用哪些规则，包括发布豁免或修改 费用：DFSA 每年将向每个许可证收取最多 5 000 美元的费用。该费用仅在 DFSA 接受 ITL 申请后才适用

资料来源：海投全球整理

（3）主要玩家及竞争环境（见图 5.2.8）

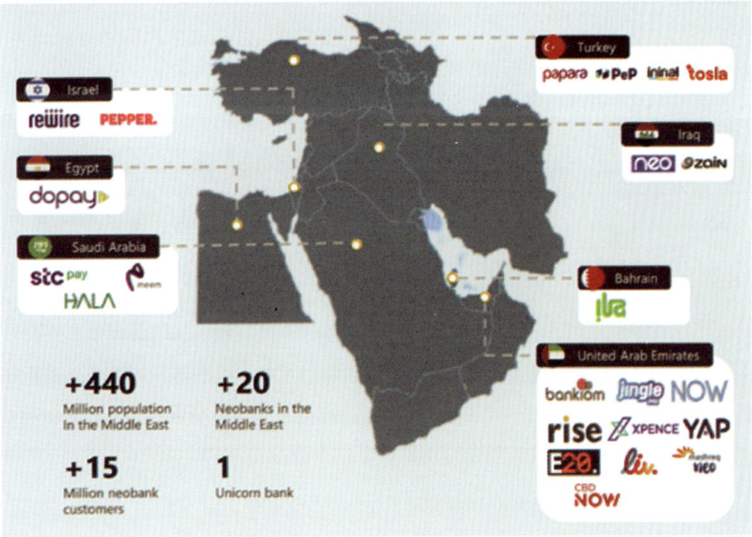

图 5.2.8　中东数字银行格局

目前阿联酋数字银行主要分为三种类型：（1）以大型国有银行、商业银行的数字银行平台为主，如阿联酋国家银行有 Liv 和 E20，马什雷克银行有马什雷克 Neo，阿布扎比商业银行有 ADCB Hayyak。(2) 目前的金融科技许可框架要求数字银行公司与银行合作，银行必须拥有合资企业 51% 的股份。此类合作包括 NOW 和迪拜商业银行（CBD），以及 Rise 和阿拉伯联合银行。(3) 初创的互联网、金融公司成立的新型数字银行，如 Zand、Jingle pay 等（见表 5.2.4）。

表 5.2.4　　阿联酋数字银行主要玩家

成立年份	公司	类型	业务亮点
2017 年	Liv	阿联酋国家银行（EN-BD）推出了千禧一代数字银行业务	阿联酋首个数字银行产品，作为阿联酋领头的银行 Emirates NBD 的数字银行板块，行业的佼佼者
2017 年	Mashreq Neo	Mashreq 银行推出了其全方位服务的数字银行 Mashreq Neo	Mashreq Neo 能够开设黄金、外汇或股票交易账户，并从同一应用管理所有的资产
2017 年	NOW	与迪拜商业银行（CBD）合作的独立数字银行	NOW Money 提供了数字账户，主要为海湾地区的移民工人提供低成本汇款和其他金融服务
2018 年	Rise	与阿拉伯联合银行（UAB）合作的独立数字银行	该平台主要通过移动应用程序访问，为 GCC 地区的移民和家庭雇佣工提供金融产品和服务以及教育材料。在 MEVP 和 DIFC 等公司的支持下，Rise 目前正寻求向沙特阿拉伯和巴林扩张
2020 年	Jingle Pay	独立运营的数字银行	为其客户提供多货币账户和卡、汇款、P2P 融资、即时和免费汇款服务以及其他增值服务
2021 年	Zand	独立运营的数字银行	Al-Maryah 社区银行从阿联酋中央银行获得了完整的阿联酋银行执照，这是第一家获得此类执照的独立数字银行。Zand 成立后将为零售和企业提供银行和金融服务

*资料来源：海投全球整理

5.2.4 案例分析

（1） Liv

Liv 作为阿联酋首个数字银行产品，在 2017 年 2 月初正式问世，目标是为千禧一代（23 岁以下的用户免除年费）和学生提供差异化的数字体验，根据他们的个人习惯和爱好，提供在日常生活和学习中所需的简单、灵活、方便的银行服务体验。

Liv 储蓄账户允许现金存款、通过社交媒体快速点对点转账外，其用户还可以享受专属的购物和餐饮的奖励和折扣，2% 的储蓄利息（但是非 Emirates NBD 卡转账的手续费高达 2.62%）以及 ATM 取现。Liv 的应用还拥有一个智能聊天机器人 Olivia，可直接向客户提供需要的业务信息，且具有通过社交媒体进行转款的功能。Liv 提供的一系列当地独家优惠也给用户带来个性化的银行业务体验。

当前传统零售银行客户服务的痛点主要集中在开户和体验两方面，而 Liv 流畅的服务和良好的体验感改善了这两方面，照顾好传统银行服务不好的客户。

（2） Now money

Now money 由 Ian Dillon 和 Katharine Budd 于 2016 年创立，总部位于迪拜，为海湾地区收入水平较低、金融业务办理困难的移民工作者提供数字账户，以使其享受低成本汇款和其他金融服务。Now money 通过与企业合作拓宽用户群，为其低收入员工提供 Visa 借记卡，可供移动充值、账单支付和汇款服务的移动应用程序，以及培训课程来提供入职帮助。Now money 还为企业提供数字工资解决方案，以一种更简单高效的方式将工资和奖金分发至员工手中。2021 年 3 月，Now money 在最新的一轮融资中筹集了 700 万美元，由 Anthemis Exponential Ventures 领投。该轮融资使得 Now money 得以进一步发展其服务，在阿联酋继续增长，同时推动其向沙特阿拉伯进行扩张。

作为中东领先的初创公司之一，Now Money 从各种来源筹集资金，以扩大其在该地区的影响力。Now Money 是海湾合作委员会中第一家从美国风险投资公司筹集资金的金融科技初创公司，并与来自阿联酋、沙特阿拉伯、美国和英国等国的私人投资者、家族办公室和风险投资基金建立了关系。

（3） Jingle Pay

Jingle Pay 总部位于迪拜，将从阿联酋本地开始，将数字银行业务引入整个中东，目前正在向巴基斯坦市场进发。Jingle Pay 由前对冲基金经理和金融科技初创公司创始人 Amir Fardghassemi 以及巴基斯坦 Telenor 银行和 EasyPaisa 的创始人 Nadeem Hussein 联合创立。创始团队在发卡、支付、数字银行、小额融资、电子钱包以及运营金融科技初创企业方面拥有 50 多年的经验。

数字银行的出现和盛行是对数字原住民——Z 世代和千禧一代对银行业务期待的回应，如：响应式服务、极低的转账费用、透明度以及没有最低余额要求等。Jingle Pay 将社交支付的元素引入移动钱包，以实现即时支付并轻松向朋友和家人转账。它将消费者银行业务和支付与社交元素相结合，创建了一个直观参与的无缝生态系统。Jingle Pay 提供多币种账户和卡片、汇款、小额融资、即时和免费汇款服务以及其他增值服务，已经不仅是一种简单的传统银行数字替代解决方案，而是逐步发展成为当地第一家超级应用程序。

为确保其产品完全符合伊斯兰教法原则，Jingle Pay 已指定伊斯兰教法审查局（SRB）对其伊斯兰产品和服务进行全面审查。2021 年 6 月，Jingle Pay 成功通过审查，成为第一家获得伊斯兰教法认证的货币服务企业（Money Service Business），为其客户提供世界首创的混合服务模式，即客户可以自主选择开设伊斯兰账户或传统账户。这两类账户均免费提供，无最低余额要求，也可通过 Jingle Pay 的移动应用程序开启便捷数字服务之旅。

第 6 章

亚洲数字银行报告

C H A P T E R 6

6.1 亚洲经济与数字银行环境

综述

从全球看，亚洲正在引领金融科技革命。在全球金融科技应用指数方面，中国和印度最高，金融科技应用指数均为87%，美国则仅有46%。亚洲能够引领全球科技和金融行业的主要原因有两个：

（1）人口众多，对新技术具备较高适应性和开放性。亚洲人口占世界人口的60%，亚洲人愿意接受新技术。

（2）亚洲拥有大量没有银行账户或信用卡的用户。当一个不发达的市场与全球经济相连时，它可以跳过周期起伏的过程而迅速发展。这种典型的跨越式经济使亚洲受益匪浅。

从区域看，除新加坡外，东盟和南亚的金融体系并不发达，正规金融服务供给严重不足。东盟60%的人没有银行账户，印度尼西亚、菲律宾等国家的信用卡普及率低于2%。南亚地区印度60%的商业订单以现金支付，例如印度虽然有8亿个银行账户，但实际上只有2.5亿—3亿人在实际使用，数字银行、移动支付可以很好地降低交易的时间成本和资金成本，为低收入群体提供低成本的服务。因此，东南亚和南亚都是数字银行发展最有潜力的区域。

亚洲新兴国家更多地运用新兴技术，近年来银行业加速转型升级。随着近几年互联网基础设施、智能手机等快速普及，一批互联网公司以科技驱动普惠金融发展，并且由国家层面设置了专项金融牌照，推动数字银行服务模式不断创新。新加坡是东南亚金融科技的领头羊，而印度则为南亚数字银行发展最有潜力的市场。

6.1.1 宏观环境

（1）经济

①GDP。

Ⅰ. 东南亚经济保持增长。东南亚共包含 11 个国家：越南、老挝、柬埔寨、泰国、缅甸、马来西亚、新加坡、印度尼西亚、文莱、菲律宾和东帝汶。本着在经济、政治和军事领域相互合作和共同发展的目标，除东帝汶以外的其他十国组成了东南亚国家联盟，简称“东盟”。东盟国家 GDP 自 2014 年起持续以每年 5% 左右的速度稳定增长，在全球主要新兴市场中处于中上游水平，处于经济高速增长阶段。东盟国家目前是发展中国家第三大经济体（仅次于中国和巴西）和亚洲第三大经济体（仅次于中国和日本）。2020—2024 年，东南亚整体经济 GDP 增速预测在 4.9%，整体上远高于成熟发达经济体的增长速度。据《经济学人》预测，2030 年东盟国家，有望跃升为全球第四大经济体。从整体看，东盟国家经济保持蓬勃发展，投资前景可观（见图 6.1.1）。

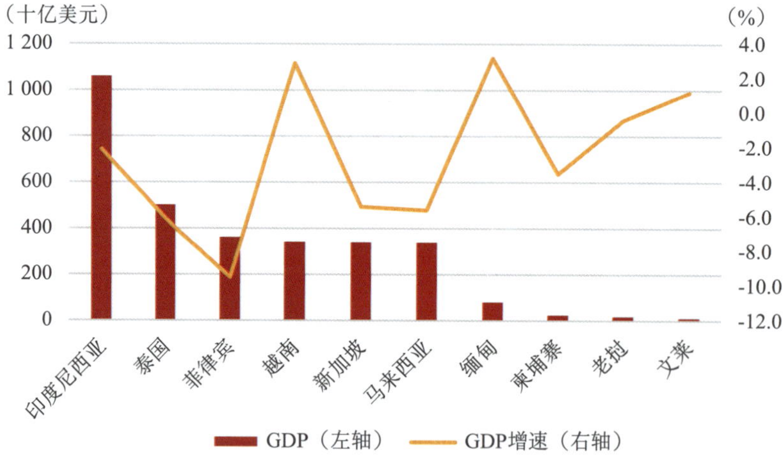

资料来源：IMF

图 6.1.1 2020 年东盟十国 GDP 及其增速

然而，突然暴发的新冠肺炎疫情打破了东南亚持续向上的经济走势，给东南亚经济发展带来了较大的不确定性。疫情不仅使东南亚经济遭受重创，也加速了东南亚经济的发展转型，呈现出一些新趋势。具体表现在：疫情助推了东南亚数字经济的发展与转型；疫情下全球产业链的分散与重组为东南亚地区经济发展提供了新机遇，东南亚区域经济一体化进程明显加快。

Ⅱ. 南亚地区经济复苏面临挑战。南亚地区一共有 7 个国家，分别是印度、巴基斯坦、孟加拉国、斯里兰卡、尼泊尔、马尔代夫和不丹。南亚地区面积大约占世界的 3%，人口占世界的 23%，但经济体量仅占世界的 3%，这使南亚地区成为世界上人口最多最密集区，也是继非洲之后最贫穷的地区。预计南亚国家将在未来几年继续保持强劲的增长势头，世界银行预计 2021 年 GDP 增速将达到 6.7%。目前南亚最强大的经济体是孟加拉国、印度和尼泊尔。印度毫无疑问是南亚 GDP 最高的国家，其他几个南亚国家 2020 年的 GDP 合计为 7 100 多亿美元，不到印度的 1/3（见图 6.1.2）。即便如此，印度不仅没能成为南亚地区最富裕的国家，反而相对其他南亚国家而言较为贫穷，其人均 GDP 在南亚排倒数第三。虽然南亚经济体近年来表现出强劲的 GDP 增长，但 2019 年的增长最终低于预期。大多数南亚国家的风险状况被评估为较低，因为它们是大宗商品进口国，预计其增长将由国内需求驱动。

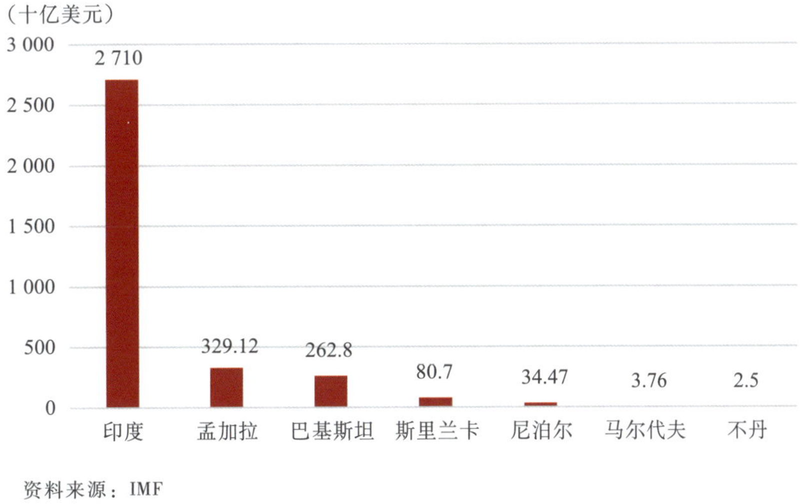

图 6.1.2　2020 年南亚七国 GDP 总值

2020 年，南亚新冠肺炎疫情总体严峻，包括印度在内的南亚各国经济发展均遭受严重冲击。印度、孟加拉国、巴基斯坦是南亚地区三大主要经济体，也是该地区疫情形势较为严峻的 3 个国家。孟加拉国作为世界上经济增长最快的新兴市场和发展中经济体之一，长期依赖制造业出口。这一发展模式在疫情的冲击下极为脆弱，经济复苏自然较为缓慢。巴基斯坦国内的财政整顿压力和服务行业疲软将长期困扰其经济发展，复苏步伐较难提速。尼泊尔、马尔代夫、斯里兰卡等国家的经济增长则高度依赖旅游业。此次疫情暴发给世界旅游业造成了严重冲击，南亚小国的经济发展亦受影响。总体来看，南亚地区的经济发展仍面临不小的下行风险。相比之下，印度凭借其庞大的年轻人口、相对充足的需求及积极的外商投资，经济恢复较快，是南亚地区经济韧性最强的国家。

②人均 GDP。

根据世界银行数据，2020 年的最新收入标准：低收入国家为人均收入不到 1 036 美元，中等偏下收入国家为人均收入 1 036 美元到 4 045 美元，中等偏上收入国家人均收入为 4 046 美元到 12 535 美元，高收入国家为人均收入高于 12 535 美元。

从人均 GDP 来看，亚洲的中等收入国家，如印尼、菲律宾、越南、印度等国家的金融系统不发达，日益增长的消费需求和金融工具匮乏，其国民经济实力难以完全满足个人消费需求，为金融创新创造了巨大的发展空间（见图 6.1.3）。此外，东南亚和南亚新兴国家因人口基数较大、经济增长较快，成为亚洲新兴市场投资的首选目标。

③通货膨胀率。

在新冠肺炎疫情的冲击之下，亚洲多数经济体的通货膨胀率出现下行，部分经济体甚至陷入通货紧缩。在经济大幅衰退的压力之下，多数亚洲经济体继续实施宽松的货币政策，部分经济体的货币政策利率降至历史低位。分区域来看，东南亚和南亚地区通货膨胀率在 2013 年开始不断走低。东南亚地区各经济体通货膨胀率总体一直处于低位，通货膨胀压力较小。南亚地区相对整个亚太地区而言则一直保持较大的通货膨胀压力（见图 6.1.4）。

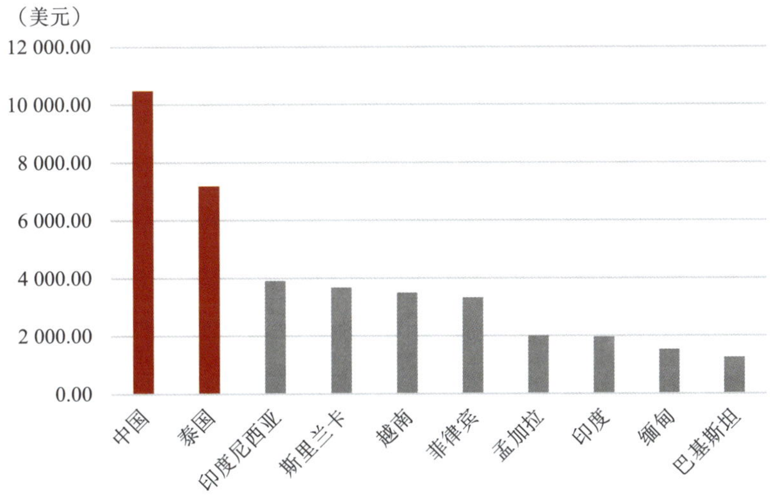

资料来源：IMF

图 6.1.3　2020 年亚洲新兴市场国家人均 GDP

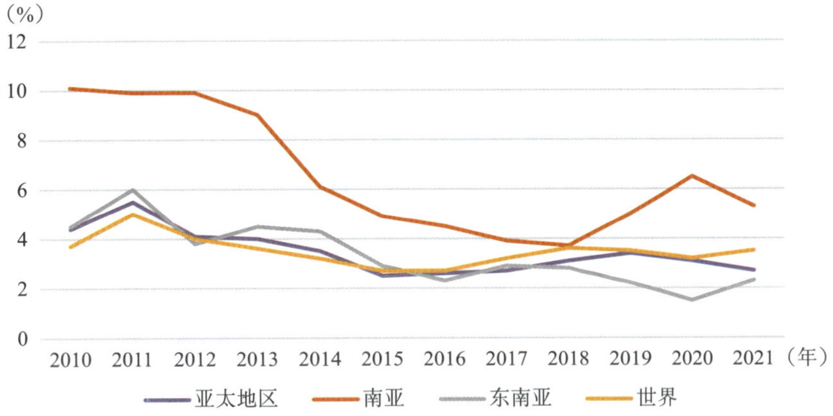

资料来源：IMF

图 6.1.4　亚太地区通货膨胀率情况

进入 2021 年，由于经济逐步复苏，投资和消费需求的上升带动了物价的上涨，一些经济体的通胀压力有所上升。与此同时，还有两个因素也可能会在未来加剧亚洲和全球的通货膨胀压力：一是疫情造成各经济体公共财政状况进一步恶化，可能加剧财政赤字货币化风险；二是在疫情冲击下，各经济体纷纷实施极度宽松的货币政策，特别是美欧日等发达经济体的宽松货币政策，造成全球流动性充裕，预计亚洲整体未来通货膨胀压力会加剧。

（2）人口

2020年亚洲人口数量是欧洲的6倍、北美的12倍。而东盟各国总人口目前约为6.6亿人，加上南亚的印度、巴基斯坦和孟加拉国，总人口超过25亿人，接近中国的2倍。在年龄结构方面，东盟和南亚年轻人口占比远超欧美。亚洲40岁以下人口占比为62.5%，东盟、南亚40岁以下人口占比更是高达65.4%和70.2%，而欧洲与北美40岁以下人口占比则只有46.8%和52.1%，亚洲的人口结构明显更加年轻化。

①东南亚进入人口红利期。

东南亚现有约7亿人口，占世界总人口的8.6%，其中近50%为城市人口，年龄中位数为29岁，人口年轻化显著。20世纪70年代以来，东南亚国家实现了人口再生产类型的转变，并相继进入人口红利期。未来几十年，东南亚各国能否充分利用丰富的劳动力资源转化为人口红利，关系到东南亚经济能否实现跳跃性发展。人口红利有利于东南亚提升制造业水平，特别是劳动力密集型产业。而随着劳动力产出和收入的提高，人口红利也将有利于形成更大的消费市场。外资受东盟地区人口红利的吸引，未来十年进入东盟的速度和规模预计将不断增加。

②南亚人口持续增长。

南亚地区拥有18.9亿人口（预计2030年将增至21亿），约占世界人口总量的1/4。大量人口处于15—24岁，人口年轻化显著，预示着未来生产力增长的广阔空间。但温饱问题是南亚地区的重要难题，全球8亿饥饿人口中南亚占比为35%。在全球饥饿指数排名中，所有南亚国家的排名都处于“较差”和“严重”之间。此外，南亚地区的国家人民大多受教育程度普遍偏低，高素质人才较少，大多数家庭养家糊口的途径仍以体力劳动为主，需要大量的劳动力来创收，可见人口增长趋势将会持续。

6.1.2 金融科技环境

（1）互联网使用情况

持续增长的东南亚互联网经济已经成为全球互联网经济发展的核心动力。谷歌和淡马锡公司分析，2019 年东南亚互联网经济规模约 1 000 亿美元，预计 2025 年将飙升至 2 400 亿美元。其中印尼和越南的网络经济规模以每年约 40% 的增长率领先于其他国家。预计 2025 年印尼网络规模可达 1 330 亿美元，占整个东南亚网络经济市场的 43.8%。

（2）智能手机使用情况

亚洲地区移动用户数量全球最高，2/3 的人口使用移动服务，其中东南亚和南亚增速最快。由于移动数据流量费用的降低和网络连通性的改善，东盟与南亚地区的移动互联网用户数量越来越多，使得东盟与南亚成为全球移动互联网普及率增长最快的地区之一。而尽管南亚的印度、孟加拉国和巴基斯坦的电信基础设施仍然相对落后，数字经济的质量、渗透率和接受度上还有待提高，但这些地区是未来极具潜力的增长点，未来增速也是亚洲地区最快，中东盟在未来 5 年移动服务占总人口将增长 3%，而南亚增长则达 6%（见图 6.1.5）。

预计到 2025 年，亚洲将会出现三大智能手机市场：中国、印度和印度尼西亚，合计将占据全球 40% 的智能手机市场。其中东盟与南亚占据了两位。预计到 2025 年，印度将会有近 10 亿、印度尼西亚有 3.5 亿智能手机用户。届时，2025 年亚洲地区的移动数据消费相较 2019 年将增长 3 倍以上。随着互联网的普及和智能手机的渗透，东南亚国家的数字经济增速不容小觑。

（3）金融包容性

①亚洲是金融科技最佳孵化市场。

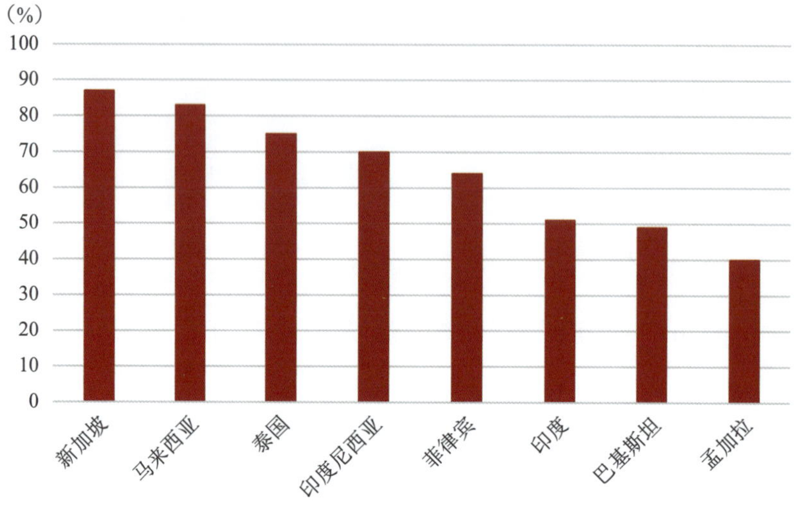

资料来源：GSMA

图 6.1.5　亚太地区智能手机使用情况

从全球来看，亚洲正在引领金融科技革命。首先，在消费者应用金融科技产品方面，中国和印度为目前人口最多的两个国家，其中超过一半的互联网活跃消费者经常使用金融科技服务。从安永最新发布的《全球金融科技应用指数》报告来看，在全球金融科技应用指数方面，中国和印度是最高的，金融科技应用指数均为 87%，美国则仅有 46%。典型的跨越式经济使亚洲受益匪浅。相反，欧洲则需花费大量时间来改变支付方式，因为信用卡已经成为欧洲消费者心目中便捷的支付工具。

②东南亚、南亚金融创新需求增速。

从区域来看，除新加坡外，东盟和南亚的金融体系并不发达，正规金融服务供给严重不足。东盟 60% 的人没有银行账户，印度尼西亚、菲律宾等国家的信用卡普及率低于 2%。南亚地区，印度 60% 的商业订单以现金支付，且印度虽然有 8 亿个银行账户，但实际上只有 2.5 亿—3 亿人在实际使用；孟加拉国的正规金融服务则更加落后，当孟加拉国人去银行时，需要支付 0.12 美元开户费用，这对低收入群体来讲成本非常高。为了降低交易的时间成本和资金成本，数字银行、移动支付可以很好地解决上述问题，为低收入群体提供低成本的服务。

从投资规模看，过去几年融资额度急剧上升，2016—2020 年上半年之间的复合年增长率为55%。东南亚的金融科技行业的股权融资规模显著超过其他亚太地区，大部分投资活动集中在支付和贷款领域。东亚和南亚的复合年增长率分别为39%和37%。

6.1.3 数字银行市场

（1）发展背景

近年来，亚洲新兴国家更多地运用新兴技术加速银行业转型升级。围绕互联网基础设施、智能手机等快速普及，一批互联网公司以科技驱动普惠金融发展，并且由国家层面设置了专项金融牌照，推动数字银行服务模式不断创新。其中，东南亚、南亚正处于银行业自由化时期，加大了数字银行的支持力度，试图打入这个不断增长的市场。新加坡是东南亚的领头羊，印度则是南亚数字银行发展最有潜力的市场。

（2）发展现状（见表6.1.1）

表6.1.1　亚洲新兴市场数字银行相关政策及产品

国家/地区	政策及监管	代表产品及服务类型
新加坡	新加坡金融管理局（MAS）于2019年6月宣布，它将很快开始接受数字银行许可证的申请，并将发行多达5个许可证。新加坡数字银行执照的申请者除了金融行业的巨头外，也包括腾讯、阿里等中国企业	新加坡的YouTrip本身并不是挑战者银行，而是提供带有预付万事达卡的多币种钱包。该移动金融平台是专门为旅行者设计的，允许用户使用150多种货币免费向海外付款，同时支持10种货币的兑换
越南	关于数字银行的法律框架尚未健全，但监管机构正在增加数字技术的采用。例如，利用技术了解客户（KYC）的需求，并通过监管沙箱推动金融科技创新	Timo于2016年成立，是越南第一家数字银行。Timo提供了一套全面的工具，可通过银行服务要素满足客户的财务需求。用户可以通过Timo移动应用程序轻松便捷地管理其银行账户，也可以仅通过电话号码向朋友汇款。Timo在越南的银行合作伙伴是VP Bank

续表

国家/地区	政策及监管	代表产品及服务类型
泰国	目前泰国关于数字银行的法律框架尚未健全。官方表示，数字银行的出现取决于泰国官方需要数字银行满足哪些领域的需求，这将是监管指引、政策制定方向以及市场参与者面貌的指标	传统运营商大华银行（UOB）于2019年在泰国推出了TMRW数字银行，该银行采用移动优先的方式，提供全套银行解决方案。TTMRW在泰国迅速走红，从2019年8月到2020年2月其客户群增加了2倍
印尼	目前而言，印尼并无专用于数字银行的牌照类型。而主要的监管机构则是印尼银行和印尼金管局（OJK），要想进入数字银行领域，需要先拿到印尼央行批准的银行牌照，而线上相关的服务则需要得到OJK的许可。对于国外投资者而言，在印尼开展数字银行业务的最佳选择就是收购现有的商业银行	目前印尼的数字银行主要分为三类： （1）由印尼国内大型银行或者农村地区小型银行支持的数字银行，例如中亚银行（BCA）旗下的BCA Digital、国家退休储蓄银行（BTPN）旗下的Jenius。 （2）由东南亚区域银行支持的数字银行，例如星展银行旗下的DBS DigiBank以及大华银行旗下的TMRW。 （3）由科技互联网企业支持的数字银行，例如Gojek和新加坡政府投资公司（GIC）都投资了Bank Jago
菲律宾	2021年8月菲律宾央行意外宣布，将从9月开始暂停接收数字银行牌照的申请，申请窗口将关闭至少3年，这展现出监管机构对这个新兴行业更为谨慎的态度。此前菲律宾央行已经批准了5张数字银行牌照，其中有两家为传统银行，将现有牌照转换为数字牌照	UNObank是第一个获得数字银行牌照的菲律宾金融科技公司，完全受菲律宾数字银行牌照框架的监管。Uno银行平台Cognito以人工智能为核心，采用创新的方式将先进的机器视觉和学习模式应用于交易授权、基于数据的备用信用评分、产品和界面个性化
马来西亚	马来西亚央行于2020年12月31日发布了《数字银行许可框架政策文件》。该文件的发布，表明其已开始接受许可证申请。马来西亚央行可能会在2022年第一季度之前颁发多达5个数字银行牌照	目前马来西亚正式获得牌照的数字银行只有两家：2019年中国建设银行纳闽分行获得了马来西亚首块数字银行牌照。2020年马来西亚纳闽金融服务管理局（纳闽FSA）正式向亚洲数字银行（Asia Digital Bank）（纳闽投资银行）颁发数字银行金融许可证

数据来源：海投全球整理

6.2 印度数字银行研究

综述

近十年来印度 GDP 持续增长，2019 年实现 GDP 总量 2.85 万亿美元，成为世界第五大经济体。作为新兴的发展中国家，印度的 GDP 增速高于世界平均水平。印度经济增长的主要原因来自对出口的依赖、年轻的人口结构以及不断壮大的中产阶级。

就全球金融科技采用率而言，印度以 52% 的比例仅次于中国的 69%。根据安永《2017 年金融科技采用指数》，在 20 个研究国当中，有 33% 的国家已经是金融科技的采用者。印度金融科技的采用程度远远超过了全球平均水平，领先于美国、英国和新加坡等发达市场。根据印度国家投资促进局公布的数据，印度金融科技市场规模预计到 2023 年将达到 1 400 亿美元，金融科技在印度的增长潜力不容小觑。

印度宏观经济基本面仍然强劲，国家正处于数字化革命之中，印度正在进行一场“颠覆性”的变革。虽然变革仍处于发展阶段，但印度已开始出现一个数字化、包容性强、可互动操作的金融服务市场。目前印尼的数字银行主要分为三类：

（1）由印尼国内大型银行或者农村地区小型银行支持的数字银行，例如印度国家银行（SBI）推出了自己的数字银行——SBI Digi Bank。SBI Digi Bank 使用由印度唯一身份认证机构（UIDAI）创建的 Aadhaar 基础设施，向客户提供在线服务。

（2）由东南亚区域银行支持的数字银行。例如：科塔克银行推出的 811、星展银行推出的 Digibank 等。虽然这些数字银行的市场份额还很小，但这类服务的用户采用曲线类似于指数型函数，相信不久就将呈现爆发式增长。

（3）由科技互联网企业支持的数字银行。例如印度最大移动支付公司Paytm正式获印度储备银行批准，推出数字银行。

6.2.1 宏观环境

印度，是印度共和国（Republic of India，India）的简称，位于亚洲南部，是南亚次大陆最大的国家，也是世界第二人口大国，总人口达13.93亿。印度与孟加拉国、缅甸、中国、不丹、尼泊尔和巴基斯坦等国家接壤。印度是世界上发展最快的国家之一，经济增长速度引人注目，但也是社会财富分配极度不平衡的发展中国家，种族等级制度问题较为严重。印度在软件业出口方面表现突出，金融、研究、技术服务等行业也有快速发展态势。印度是金砖国家之一，农业由严重缺粮逐渐实现基本自给，工业形成较为完整的体系，自给能力较强。

（1）经济增长迅速

①GDP持续增长。

近十年来印度GDP持续增长，2019年实现GDP总量2.85万亿美元，成为世界第五大经济体。作为新兴的发展中国家，印度GDP增速高于世界平均水平。印度经济增长的主要原因来自对出口的依赖、年轻人口的结构以及不断壮大的中产阶级。

但印度的经济增长率呈“N”字形，从2010年的10.3%下降至2012年的5.5%，随后小幅回升后又略微放缓。进入2020年，印度经济受疫情影响下滑严重，降到近40年“最差”的水平。主要原因在于印度以密集型经济产业为主，一旦疫情来袭，面对严格的封锁政策，大批企业濒临倒闭。根据印度国家统计局发布的相关消息，2021年印度的经济持续复苏，经济预计增长了1.6%（见图6.2.1）。

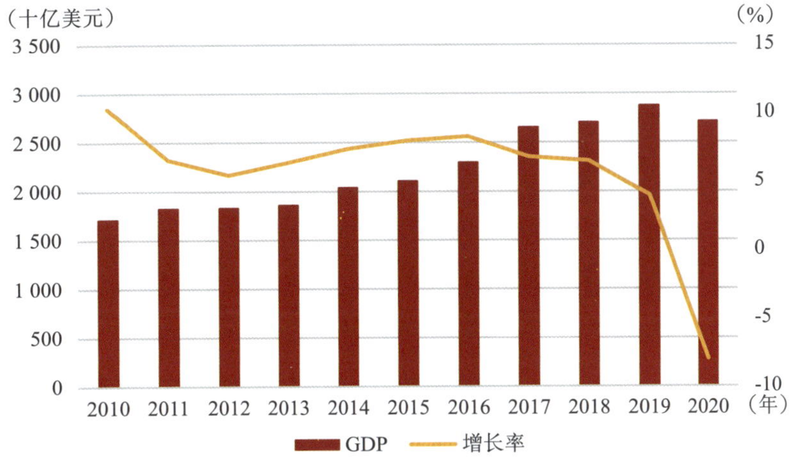

资料来源：IMF

图 6.2.1　印度 GDP 总量及其增长率

②通货膨胀上升趋势。

印度的通胀数据一直处在较高水平，自 2005 年通胀水平持续高于全球水平，并于 2010 年达到 10.5% 的高点。在一系列政策刺激下，2010 年至 2018 年来通胀水平持续回落，趋于平稳，直至 2019 年、2020 年明显反弹（见图 6.2.2）。印度 2021 年 6 月报告零售通胀率为 6.3%，首次高于 2021 年央行设定的 6% 的目标，原因是食品和燃料成本上涨推动消费者物价指数（CPI）。而受疫情影响，随着全球通货膨胀的加剧，物价仍有可能继续上涨。

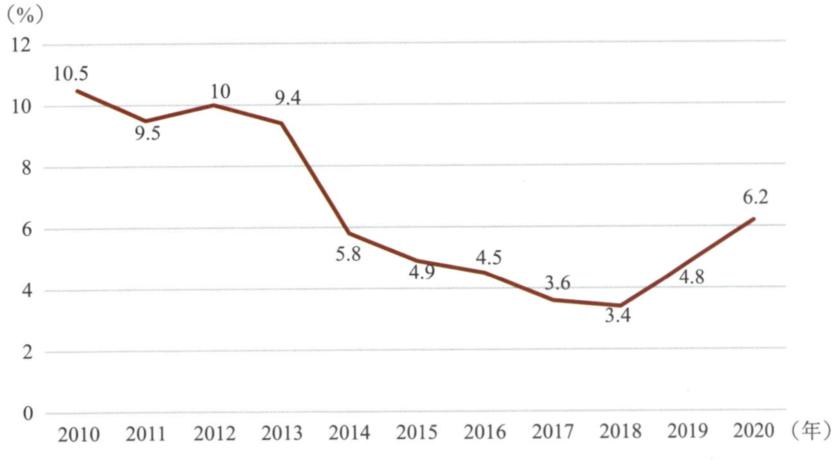

资料来源：IMF

图 6.2.2　2010—2020 年印度通货膨胀趋势

③宽松的外商投资环境。

印度丰富的自然资源和蓬勃发展的国内环境对外国投资者具有很强的吸引力，其中人口基数、市场潜力巨大是主要原因。宏观政策上，印度政府十分鼓励外资进入，吸引外资是印度莫迪政府重振经济的关键。为了吸引外资的进入，印度政府已将企业税降至亚洲最低之列，同时全面修订了破产规则，放宽了外国直接投资规范，以提高经商的便利程度。21 世纪初，印度每年外商流入金额仅为 30 亿美元左右，近几年已经达到每年 400 亿美元的水平，2020 年达到 540 亿美元的峰值，外商进入的资金量提升显著（见图 6.2.3）。

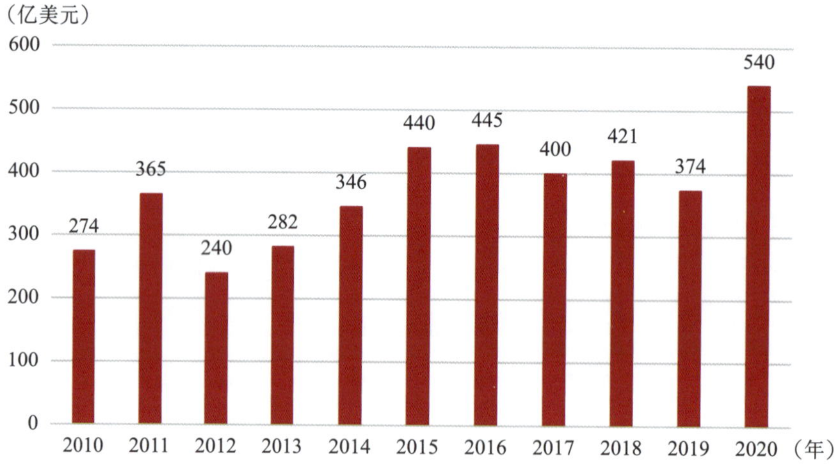

资料来源：世界银行

图 6.2.3　2010—2020 年印度外商直接投资资金流入金额

2020 年上半年，印度经济活动因全国范围的封锁而陷入停滞，其外国投资一直在低位徘徊，却在 8 月份出现激增，这在很大程度上归功于科技巨头 Jio Platforms 获得的股本注入。而这一时期，流向美国、英国和其他主要经济体的外国直接投资均出现了下滑。印度、中国、日本和沙特是 2020 年外国直接投资出现增长的少数几个 G20 国家。

（2）年轻人口持续增长

作为目前世界上人口第二大国家，印度近些年来的人口增速维持在 1%

以上。根据联合国对世界人口的预测，2027 年，印度人口就会超过中国，登顶世界第一。印度劳动力人口为 5.13 亿，0—14 岁人口占比最高，比例达到 26.22%（见图 6.2.4）。

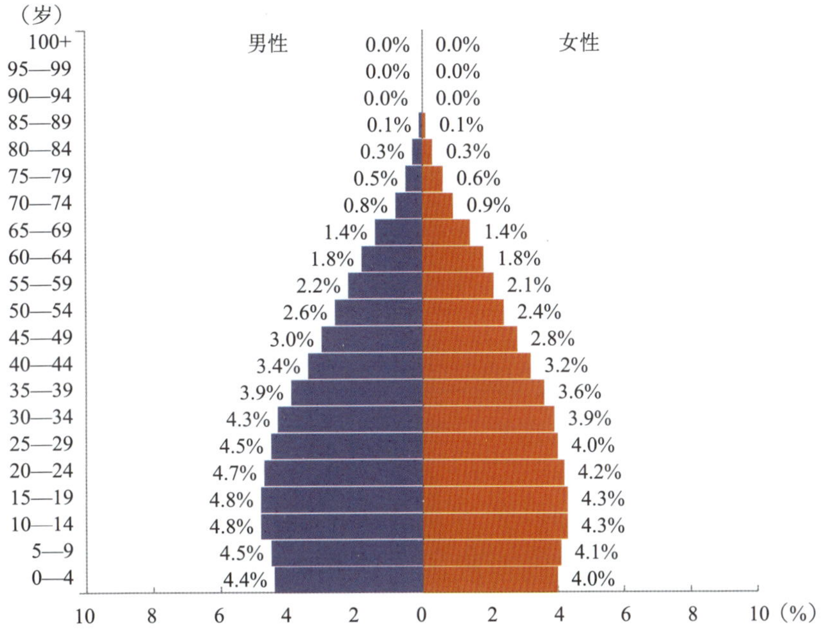

资料来源：PopulationPyramid

图 6.2.4　2020 年印度人口金字塔示意图

印度是一个拥有 13 亿人口的人口大国，中位数年龄仅为 27.6 岁，人口结构十分年轻，呈金字塔形，且劳工人口的平均年龄持续趋于年轻化（见图 6.2.5）。这一庞大的年轻群体正在努力推动印度的崛起，充足的劳动力、较低的人力成本和强烈的消费欲望，使得印度的消费市场存在巨大机会。

同时，由于早年印度对基础教育的重视程度较低，人口的整体教育素质较低，文盲率高达 30%，虽然有大量年轻的劳动力，但是部分人口不能满足基本的就业要求。在知识经济时代的今天，人口红利并非取决于数量这一单一因素，如果目不识丁，人口基数再大也注定无法成为高效率的劳动力资源。

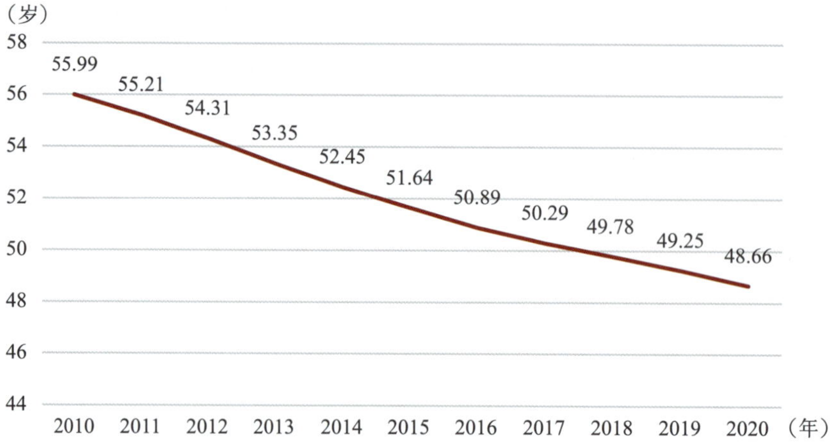

资料来源：the World Bank

图 6.2.5　印度劳动人口平均年龄变化趋势

（3） ESG

在政治稳定性上，自 1947 年印度脱离英国的殖民统治后，就确立了以英国的议会民主制为基础的基本政治制度。在结合了英国议会民主制以及美国联邦制后，印度逐渐形成了一个带有印度特色的资本主义制度。此外，印度政党一个显著的特点就是数量多，变化快。据统计，2014 年大选时期，印度正式登记的大小政党超过 750 个，各个政党之间也在不断分裂、变化、重组，政治阵线变化莫测。

在社会问题上，印度在解决贫困、降低贫富差距、减少女性不平等以及提高医疗保障上均面临长期挑战。虽然印度经济增长迅速，但发展并不均衡。截至 2020 年，印度仍有 9% 的人口生活在极度贫困中，而 1% 最富有的人群占有 73% 的财富。在女性问题上，印度在 2020 年世界经济论坛发布的《全球性别差距报告》中排名为 112/153。在医疗上，印度政府在公共医疗保健方面的支出位列世界最低，每年有 6 300 万人因病而贫。在教育问题上，教育水平很难跟上人口的增长。据联合国公布的数据，印度的教育在全球 128 个国家和地区中排名第 105 位，甚至其排名每年都在持续下降。更直观的数据显示，印度是全球文盲较多的国家之一，成人识字率至今仍不足 80%。

在环境问题上，根据耶鲁大学 2020 年的环境保护绩效指数，印度以 27.6 分（满分 100 分）在 180 个国家中排名第 168 名，表现落后。突出问题表现在空气质量、饮水安全、生态环境与废物排放方面的困境。其中，水资源短缺尤其严重。2020 年共有 21 个主要城市的地下水进入匮乏状态。

6.2.2 金融科技环境

（1） 互联网使用情况

Atlas VPN 互联网研究小组近日发布的研究数据显示，到 2025 年，预计印度地区互联网用户总量将达 10 亿，目前互联网用户超过 6.768 亿（见图 6.2.6）。2015—2020 年，印度的互联网用户总量平均以每年 24% 的速度保持增长。该预测显示，截至 2025 年，印度互联网用户总量平均将以每年 9.18% 的速度保持增长，这意味着印度无疑已成为目前世界上最有前途的互联网经济体，势必引起各大互联网公司的投资兴趣。

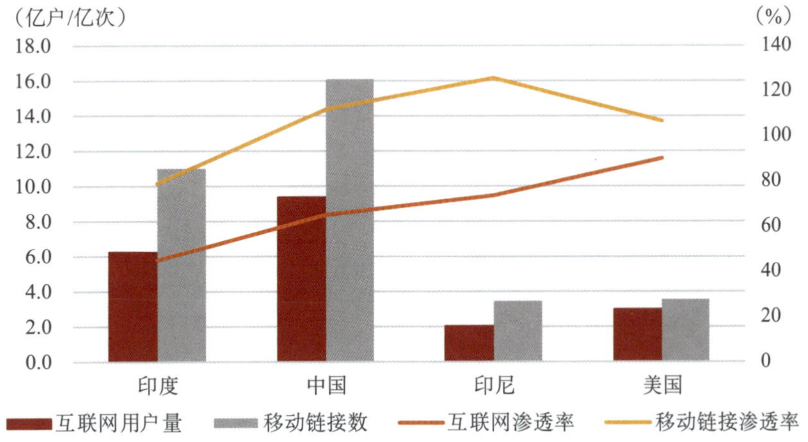

资料来源：DataReportal

图 6.2.6 2021 年 1 月各国互联网使用情况对比

在2020年初，印度的互联网用户数达7.43亿，普及率已达到50%（见图6.2.7）。可见，印度已有接近一半的人口定期访问互联网。与2018年仅有35%的印度人积极使用互联网相比，印度互联网用户正在经历一个相对较快的增长时期。印度已成为世界第二大互联网用户群，互联网用户数量仅次于中国。中国和印度这两个国家人口几乎相同。如果印度的互联网产业继续保持快速发展，印度的互联网用户总人数很有可能接近甚至超过中国。

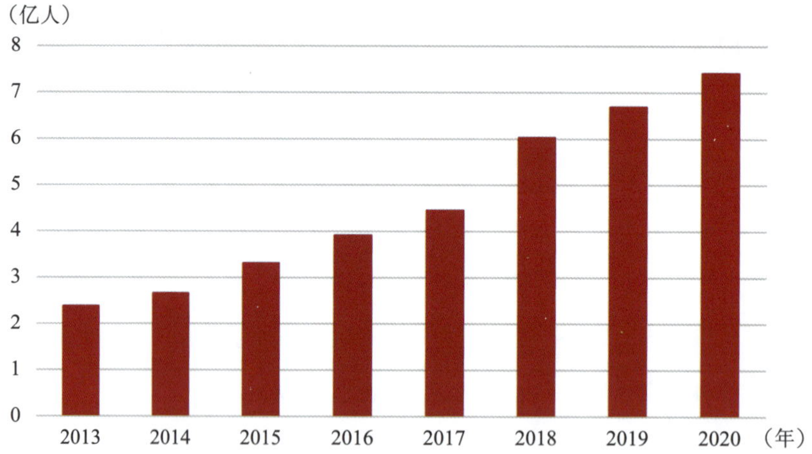

资料来源：Fastdata

图6.2.7　2013—2020年印度互联网用户数

根据华为发布的2021年全球联接指数（Global Connectivity Index，GCI），2020年印度GCI在79个国家中排名第63位，在网络安全意识、移动宽带支付能力等方面远高于平均水平（见图6.2.8）。

（2）智能手机使用情况

根据调研机构Canalys发布的2021年第1季度笔记本市场报告显示，印度PC出货量（包括平板电脑）同比增长72%，达到400万台，包括51.7万台台式机、250万台笔记本电脑、93万台平板电脑和4.3万台工作站（见图6.2.9）。几乎所有类别都增长良好，主要是由于2020年同期受疫情影响供应链受挫，整体表现不佳，基数较低。笔记本电脑（包括移动工作站）

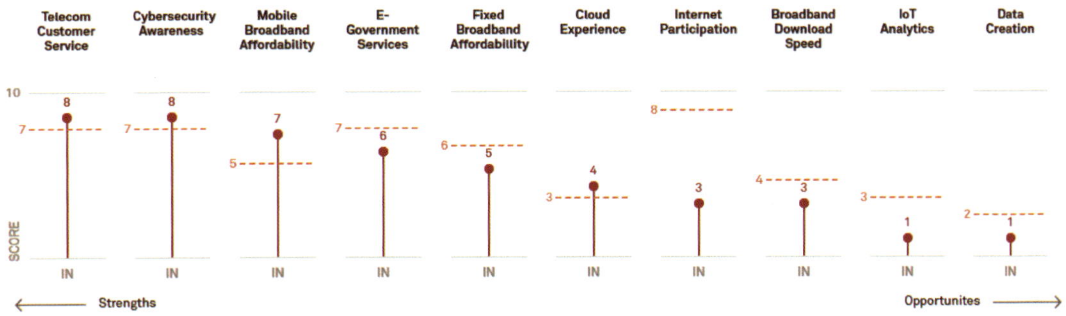

资料来源：华为《2021 年全球联接指数》

图 6.2.8　2020 年印度数字经济优势和机遇

是增长的主要类别，翻了一番多，同比增长 119%。

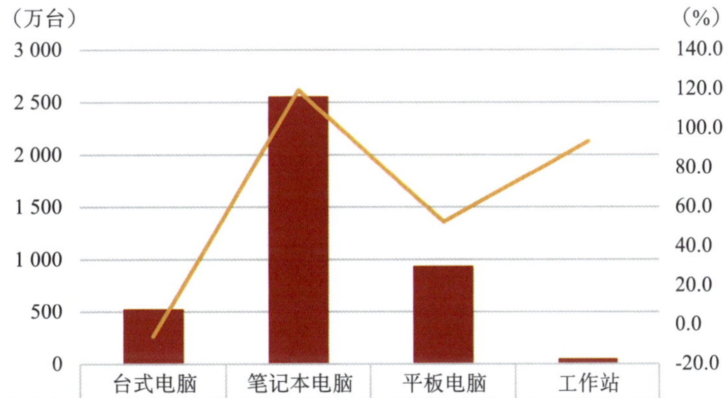

	台式电脑	笔记本电脑	平板电脑	工作站
出货量（万台）	517	2548	928	43
年增长率（%）	-5.9	119.4	52.2	93.3

资料来源：Canalys

图 6.2.9　2021 年第一季度印度移动设备出货量

据爱立信最新的流动性报告显示，印度在 2020 年的智能手机用户数量为 8.1 亿，且预计将以 7% 的年均复合增长率继续增长。在 2020 年，印度每位智能手机用户每月所使用的流量平均已增至 14.6GB。

此外，Canalys 发布的智能手机市场出货量报告显示，2021 年第一季度印度市场的智能手机出货量增长 11%，达到 3 710 万台。小米继续保持其市场领先地位，以 1 050 万台的出货量占据 28% 的市场份额。三星以 700 万的出货量和19%的份额居于第二，Vivo以670万的出货量和18%的份额名列第三。

（3）金融包容性

①金融创新利好政策。

就全球金融科技采用率而言，印度以52%的比例仅次于中国的69%。根据安永《2017年金融科技采用指数》，在20个研究国当中，有33%的国家已经是金融科技的采用者。印度金融科技的采用程度远远超过了全球平均水平，领先于美国、英国和新加坡等发达市场。根据印度国家投资促进局公布的数据，印度金融科技市场规模预计到2023年将达到1 400亿美元，金融科技在印度的增长潜力不容小觑。近年来，印度政府也大力支持金融环境创新，相关的利好政策包括：

Ⅰ. 印度储备银行推进数字支付。早期，印度官方启动的“废钞运动”和“数字印度”计划等活动为印度的金融科技浪潮奠定了基础。印度总理纳伦德拉·莫迪在2015年7月1日启动的“数字印度”计划是希望通过统一支付行业和电子商务系统，从而实现数字化交易。在2016年11月9日莫迪宣布实施“废钞运动”，实施迫使印度居民将现金存入银行，减少了纸币的流通量，为印度的现代支付体系铺下基石。此外，Mastercard团队在印度发起的“无现金印度”计划，提升了商家数字化支付的接受程度，提高了金融科技覆盖率。之后，为将数字支付全面覆盖印度农村地区，进一步建设数字支付行业，印度储备银行宣布设立承兑发展基金，使得更多的金融科技公司建立起金融科技平台，数字支付的方式开始被商家和消费者所采纳。

Ⅱ. 印度储备银行对非银行金融机构放宽信贷门槛。为了提高非银行金融机构（Non-Banking Financial Company，NBFC）的信贷额度，印度储备银行决定将银行对单个非银行金融机构的敞口限额提高到银行一级资本的20%。此外，由于非银行金融机构在向提供信贷方面发挥了重要作用，印度储备银行自2019年8月13日起在一定的限制条件下向已注册的非银行金融机构（小额信贷机构除外）提供银行信贷，并以优先部门贷款的形式转贷给农业和微小型企业，成为印度消费金融和现金贷公司的重要资金池。

Ⅲ. 印度制定国家普惠金融战略。印度储备银行在金融普惠咨询委员会的主持下启动了 2019—2024 年国家普惠金融战略的制定，与所有利益相关者进行了专门研究讨论。根据收到的意见反馈，国家普惠金融战略已获得金融稳定发展委员会的批准，旨在通过广泛融合利益相关者的行动来扩大金融影响范围，推动金融科技进一步发展（见图 6.2.10）。

图 6.2.10　2020 年印度金融科技行业图谱

②金融渗透率潜力巨大。

1997—2016 年，印度经济的年平均增长率为 7%，但这并没有从根本上解决印度的贫穷问题。时至今日，仍有大量印度公民尚未开立银行账户，现金依然是日常交易的主流手段。世界银行发布的 2017 年全球 Findex 报告指出，印度的无银行人口为 1.9 亿人，仅次于中国。随着政府相继出台反欺诈、禁止工人参与地下经济以及积极推进数字效率等一系列举措，目前这一现状已经有所改观。2011—2015 年，印度新增首次银行账户持有人近 3 亿，无银行账户的人数减少了一半之多。

根据 Research and Markets 的数据显示，印度仍然是世界上金融渗透率最低的市场之一，消费信贷渗透率最低，只有不到 3% 的成年人使用信用卡。渗透率低的原因之一是传统渠道下金融服务的分销和运营成本很高。如果可以采用金融科技改善此问题，还可以提供更小额的产品。印度人口基数大，未被传统银行覆盖的比例接近一半，而信用卡渗透率预计在未来几年也不会超过 5%。对比其他亚洲国家，潜在需要金融科技拥抱的人群基数更大。

6.2.3 数字银行市场

（1）发展背景

①发展历程。

印度银行业的数字化历程主要经历了以下三个阶段：

第一阶段：废钞令的颁布。2016 年 11 月 8 日，印度政府宣布自次日起废止原 500、1 000 面值的卢比纸币，同时发行 500、2 000 面值的新卢比纸币，银行为民众以新钞兑换旧钞。废钞令规定：居民将价值 25 万卢比（约合 2.5 万元人民币）以下的旧币存入银行，不会受到追查，而一旦超过此限，如其存储与合理收入不符，则将面临高达 60% 的惩罚性税收。“废钞”迫使腐败集团“瘦身”，极大震慑了既得利益集团。同时，“废钞”迫使民众将现金存入银行，推进金融的数字化、系统化，为发展现代支付体系打下“地基”，有利于全国商业贸易长远的发展。

第二阶段：面临挑战。印度银行业目前面临的最主要的挑战是不良贷款激增。根据印度储备银行（RBI）的数据，截至 2016 年 4 月，印度银行业不良资产总额（GNPA）和重组资产价值合计达到 1 500 亿美元。自 2013 年以来，这一数据每年同比增长近 25%。目前，印度国有银行的资产占银行总资产的 3/4 以上，这一资产规模远远高于其净资产。但由于印度国有银行只持有 28% 的不良资产总额和重组资产价值，因而其并不能提供足够的资金，这导致金融系统资产和准备金之间存在着近 1 100 亿美元的缺口。

传统银行持续面临着资产和贷款增长停滞的压力，但这也意味着印度银行业仍存在着诸多机遇。在过去几年里，银行价值已经稳步向私营机构转移。近十年中，印度私人银行的资产份额已经从21%上升到25%，而剩下5%的资产份额为外资银行。在2006—2016年银行所创造的价值中，这一变化表现得更为明显：私人银行的增长速度更快，为股东带来了更多的价值。因此印度政府在这一时期颁布法规，允许新的国内投资者设立支付银行，即小额信贷银行，为服务不足的经济部门提供基本服务。新银行类别的出现，在有效促进普惠金融交流的同时，促进了行业的良性竞争。与此同时，印度还进一步放宽了标准，例如允许银行设立全资子公司，方便外国银行更容易地进入印度的银行业等，这意味着，他们可以像印度所有的银行一样运作，其分行的发展或筹集国内资本的行为均不会受到限制。

第三阶段：潜在机会。随着印度公民对数字交易模式的接受程度不断提升，政府和印度储备银行也在不断推进和完善国内的数字基础设施，深化数字货币生态系统。为了推动数字资金流动，印度储备银行在其发展和监管政策声明中表示，自2019年7月1日起，将免除对实时结算系统和国家电子资金转账系统征收的在线资金转账费用，并要求银行将这一利益转让给客户。2019年12月，印度储备银行宣布国家电子资金转账系统升级为24×7的全天候服务平台。现在，客户可以随时在线汇款，且无需支付交易费用，大大降低了企业的运营成本，有助于进一步推动数字化转型。

印度宏观经济基本面仍然强劲，国家正处于数字化革命之中，印度正在进行一场“颠覆性”的变革。虽然变革仍处于发展阶段，但印度已开始形成一个数字化、包容性强、可互动操作的金融服务市场。

②发展现状。

目前印度的纯数字银行还处于初期阶段。数字银行业务主要由传统银行通过运营数字化来开展，或者由金融科技企业在细分市场提供服务，即所谓的“银行分拆业务”。毫无疑问，印度市场的金融科技企业不愿意停留在目前的阶段，而是希望快速演变成为更加复杂、更加多元且能够盈利的综合金融服务商。印度银行业数字化转型同时受到来自传统银行、企业、政府各方需求的推动，主要表现在以下方面：

Ⅰ. 传统银行较低的服务普及率催生印度金融市场的多元化需求。印度银行业的服务普及率一直很低，主要因为传统银行业采用的是实体模式。这种模式有着繁琐的等级制度，庞大的员工数量和设备成本、公用设施及其他成本。为了保证自身利润率水平，传统银行业会将这些成本转嫁给消费者。为了平衡这些成本结构，除了国有银行外，其他银行都尽可能地服务于可以提供丰厚利润的客户。因此，印度银行未来发展的核心是提高传统银行的服务普及率，让市场决定最合适的价格，银行再根据这一价格调整其产品或解决方案。数字银行的运营结果表明，金融科技公司完全有可能以低廉的价格，为客户提供定制的、优质的产品和解决方案。

Ⅱ. 随着印度金融科技初创公司的出现，微中小型企业（MSME）能够更有效的融资。MSME 的贷款需求少且缺乏抵押品，因此通常无法获得充足的金融服务。在发展中国家，这通常被视为商业障碍。印度金融科技公司已经发现了这一问题，并创建了几种创新有效的商业模式，以便 MSME 从金融科技公司轻松地获取营运资金或投资资金。

Ⅲ. 监管机构不断鼓励银行和金融科技公司创新。为了实现这一目标，印度储备银行（RBI）已经成立了一个工作组。印度储备银行作为银行系统的监管者，一直在推动金融科技创新。印度政府与印度储备银行一起积极推动金融普惠性举措，例如“Jan - Dhan Yojana”，基于生物特征的独特身份证“Aadhaar”和统一支付接口（UPI），金融科技公司已从政府的有利初创政策和灵活的监管条件中受益。假以时日，一些企业就能整合多个供应商的应用程序接口，投资构建金融服务生态系统，从而打造全面的数字银行服务。

面对各界对金融服务的多元化需求变革，如何让客户获得更好的服务体验、与银行进行互动的基本理念，正受到挑战，并接受重新定义。

③发展前景。

《金融科技趋势》（Fintech Trends 201710）报告称，印度中小企业规模约占 GDP 的 37%，但信贷额度的供应却不成比例。截至 2016 年 10 月，印度中小型企业通过金融科技公司获得了 1.99 亿美元的贷款，几乎是 2015 年 1.03 亿美元贷款金额的 2 倍。银行正在与金融科技公司合作，而不再视它们为破坏者。印度中小型企业（SME）和微中小型企业（MSME）越来越多地采用金融科技初创公司的产品（微金融、贷款和信用承销）。因此，数字银行的发展趋势在数字贷款市场上将有巨大市场潜力。根据波士顿咨询集团的估计，到2023年，印度数字贷款预计将增加2倍，达到3 500亿美元，并在2019年以来的5年内累计达到1万亿美元。

巨大市场机会吸引着一些科技巨头纷纷入场，例如在新冠肺炎疫情期间，印度在线交易激增，传统银行在坏账增加后变得谨慎，印度消费者等待更合适的数字体验。2021年8月亚马逊在印度理财领域进行了首笔投资，参与了金融科技初创公司 Smallcase Technologies 的4 000万美元融资。Alphabet旗下的谷歌也在印度互联网金融市场积极扩张。继在其广受欢迎的谷歌支付平台上提供数字黄金、共同基金等理财产品后，该公司与印度小型银行合作为后者的客户开立定期存款。Facebook也表示，印度将成为该公司在全球首个推出小企业贷款计划的国家。该计划通过合作伙伴向在其平台上做广告的公司提供贷款。与此同时，小米也计划与印度一些最大的银行和初创数字银行合作，提供贷款、信用卡和保险产品。

（2）政策及牌照

①监管机制。

Ⅰ. 监管机构：

➢ Reserve Bank of India（RBI）：监管传统银行、NBFC、支付、P2P等领域。

➢ Securities and Exchange Board of India（SEBI）：监管上市公司。

➢ Telecom Regulatory Authority of India（TRAI）：监管电信公司。

Ⅱ. 监管沙盒。2016年7月，印度储备银行成立了一个监管部门内部工作组，专门负责调查金融科技产业的各方面影响，为监管框架的搭建做好准备。2017年11月，印度储备银行设立了一个专门的金融科技和数字银行工作组，并在报告中提出建立"监管沙盒"机制。"监管沙盒"设计了完整的测试流程，以控制测试过程中的运行风险，保障项目的正常运行。测试流程包括初步筛选、测试设计、应用评估、实际测试和最终评估五个阶段。

②相关牌照。

“非银行金融公司”（NBFC）是根据印度1956年《公司法》注册的“主营业务为金融活动”的公司。这类公司从事贷款和垫款业务，收购政府或地方当局发行的股票/债券/证券或其他类似性质的有价证券，或从事租赁、租购、保险业务，但不包括任何主要业务是农业活动，工业活动，出售/建造不动产，购买或出售任何货物（证券除外）或提供任何服务和销售的机构。当公司金融资产占总资产50%以上，或金融资产收入占总收入50%以上时，可以说“公司的主营业务为金融活动”。符合这些条件的公司将必须通过印度储备银行（RBI）申请NBFC执照后才能开展业务。

Ⅰ. 注册成为NBFC的基本条件。根据1956年《公司法》成立的公司，若希望按照1934年《RBI法案》第45条I（a）所定义的非银行金融机构业务开展业务，则应遵守以下规定：

➢ 根据1956年《公司法》第3条注册为公司。

➢ 拥有2 000万印度卢比（约等于200万元人民币）的最低净资产。部分类型的NBFC的最低净资产要求有所不同。

Ⅱ. 注册NBFC的基本程序：

➢ 需要申请成为NBFC的公司首先要进行在线申请，提交必要的文件材料；

➢ 之后需要将申请材料的纸质版提交给印度储备银行（RBI）区域办事处；

➢ RBI负责对申请进行尽职调查并出具审核意见；

➢ 公司根据审核意见进行补正以取得许可；

➢ 整个过程通常需要6—8个月完成。

（3）主要玩家及竞争环境

目前印度数字银行主要分为三类：

Ⅰ. 由印度国内大型银行或者农村地区小型银行支持的数字银行，例如印度国家银行（SBI）推出了自己的数字银行——SBI Digi Bank。SBI Digi Bank使用由印度唯一身份认证机构（UIDAI）创建的Aadhaar基础设施，向客户提供在线服务。

Ⅱ. 由东南亚区域银行支持的数字银行，例如：科塔克银行推出的811、星展银行推出的Digibank等数字银行。虽然这些数字银行的市场份额还很小，但这类服务的用户采用曲线类似于指数型函数，未来将呈现爆发式增长。

Ⅲ. 由科技互联网企业支持的数字银行，例如印度最大移动支付公司Paytm正式获印度储备银行批准，推出数字银行。

此外，还有一些平台型数字银行以不同的业务承接数字银行服务，推动印度的数字银行发展进程（见表6.2.1）。

表6.2.1　印度数字银行概览

产品	产品及服务类型
InstantPay	InstantPay成立于2013年，是一个数字银行平台，为个人和企业提供银行和金融服务，包括储蓄或活期账户，国内汇款服务，保险和投资选择以及针对企业和个人需求的快速贷款
NiYO	NiYO成立于2015年，目前拥有两大业务线，其中包括面向蓝领工人的工资账户和面向国际旅行者的全球卡。这些账户可以通过手机应用直接管理，并与Visa卡相连
Open	Open是面向中小型企业和初创企业的数字银行平台，它将银行、发票、自动订票等所有功能集于一处，使小型企业能够有效地实现自动化和运行其财务。Open的银行合作伙伴是ICICI银行
Payzello	印度的第一个数字银行平台，Payzello提供全面的功能和服务，包括一张用于借记卡，信用卡和外汇交易的卡，供用户轻松存钱的子账户，端到端费用管理和Bharat QR
Yelo	Yelo是一家只提供移动服务的数字银行，专注于为大众市场的消费者提供量身定制的金融产品，以满足他们的生活需求。Yelo的银行合作伙伴是印度工业信贷投资银行和联邦银行

数据来源：海投全球整理

6.2.4 案例分析

（1） Open

Open公司成立于2017年，总部位于印度班加罗尔，是一家专注于小型企业和初创型企业的数字银行，其为用户提供在线银行账户和信用卡，将银行业务、发票、支付和会计业务结合在一起，致力于解决企业在印度当前银行体系中遇到的难题。Open 于 2021 年以 500 万美元收购了 Optotax。Optotax 是一家提供端对端金融自动化解决方案的公司，包括应收应付账款、会计服务、税务及中小企业对账等。

通过在 Open 上注册，企业可以在两分钟内获得一个在线银行账户、一张商业信用卡和一个银行账户，并开始收款。该账户使中小企业能够立即开始收款业务，而不受任何限制，同时可以生成发票，向客户发送付款链接。此外，Open 的支付网关 API 可以与企业网站集成，客户可以在结账过程中支付，这使得各电子商务平台可以将 Open 的插件集成到他们的网站上进行收款。

Open 于 2019 年 6 月完成了一笔 3 000 万美元的 B 轮融资，由老虎全球领投，Tanglin Venture Partners 和现有投资者 3one4 Capital、Speedinvest 等也参与了本轮融资。截至最新，Open 共进行了 5 轮融资，共募得 3 740 万美元，估值暂未披露。

（2） NiYO

NiYO 公司成立于 2015 年，总部位于印度班加罗尔，是一家数字银行服务商。在新冠肺炎疫情期间，印度市场对数字银行服务需求显著增加，主要是为用户提供资金转账、保险以及其他数字银行产品和服务解决方案。目前 NiYO 公司已经在印度拥有 110 万用户，业务覆盖全球 160 个国家/地区，而且拥有 9 000 多家企业客户。此外，该公司于 2020 年收购了共同基金投资平台 Goalwise。

NiYO 主要提供两种产品：一是薪酬解决方案“NiYO Bharat”，主要面向蓝领工人提供储蓄、支付、投资和保险产品；二是 NiYO Global Card，主要提供外汇解决方案，服务国际旅游市场用户。

NiYO 于 2019 年 7 月获得最新一轮 B 轮融资，共募得 3 500 万美元，由 Horizons Ventures 和腾讯领投，现有投资者 JS Capital 跟投。截至最新，NiYO 共募得 4 920 万美元，估值暂未披露。

（3） YONO

印度国家银行（SBI）推出了自己的数字银行——SBI Digi Bank，随后推出一款名为“YONO”的生活综合及金融服务平台。现在，所有金融服务都可以在一个平台上完成。印度国家银行是最大的国有银行，他们希望利用这个全新的“一体化”综合移动应用来吸引年轻客户。据悉，该应用已经在上周由印度财政部部长阿伦·贾特利（Arun Jaitley）亲自发布。“YONO”为移动端和门户网站端用户提供服务，印度国家银行还将使用 YONO 平台销售他们的银行卡、人寿保险、普通保险以及共同基金等金融产品，未来甚至会计划通过移动应用端推出零售贷款服务。根据谷歌应用商店的数据统计，YONO 应用刚刚发布短短 24 小时内，下载量就已经突破了 5 万次。

（4） RazorpayX

RazorpayX 成立于 2018 年 11 月，是金融科技巨头 Razorpay 的数字银行平台，帮助新时代的企业从根本上改变组织内的资金流动，现已经为超过 10 000 家企业提供服务。通过 Opfin 处理工资单，通过公司卡支付费用，并通过企业供应商实时支付，通过基础支付层支付数十亿美元。

RazorpayX 上的全功能活期账户可由客户开立并运营。RazorpayX 活期账户具有标准银行功能，如支票簿、借记卡和账户对账单。使用 RazorpayX，电子商务企业可以即时退还信用卡、银行账户和 UPI ID。此外，企业可以通过 API 或仪表板创建退款请求来自动实现退款流程自动化。RazorpayX 通过支付链接自动退还交货现金（CoD）订单。支付链接有助于在几分钟内自动向客户退款。

2020 年 10 月 12 日，印度支付解决方案提供商 Razorpay 宣布获得 1 亿美元融资。本次融资由 GIC、红杉资本领投，Ribbit Capital、Tiger Global、Y - Combinator 和 Matrix Partners 等现有投资者参投。本次融资完成后，Razorpay 估值突破 10 亿美元，跻身“独角兽”创企行列。自 2014 年成立以来，Razorpay 已经累计融资 2.065 亿美元，主要提供支付和贷款业务。Facebook、Flipkart、Zomato、Yatra 等大型科技企业均使用了 Razorpay 的服务。

第 7 章

澳大利亚数字银行报告

C H A P T E R 7

综述

作为南半球经济最发达的国家和全球第 12 大经济体，澳大利亚经济连续 26 年实现扩张，在 2007—2008 年金融危机期间也未曾陷入衰退，创下发达国家经济增长持续时间最长的纪录。2020 年新冠肺炎疫情席卷全球，澳大利亚亦未能幸免，但其经济复苏表现好于预期，全年实现 GDP 总量约为 13 600 亿美元，同比下降 2.4%；人均 GDP 达到52 824.82美元，为高收入经济体成员之一。其通胀数据一直处在较低水平，且呈现波动向下的发展态势，2020 年降至 0.9%。

澳大利亚作为移民大国，受益于技术移民的不断涌入，近年来人口持续飙升，2020 年疫情的暴发使得其首次出现净移民为负的情况，仅增长 0.5% 至 25 694 393 人，位居世界第 55 位。澳大利亚人口聚集在东海岸，是世界上城市化程度最高的国家之一，主要集中在悉尼（463 万人）、墨尔本（425 万人）、布里斯班（219 万人）、珀斯（190 万人）和阿德莱德（123 万人）。澳大利亚的人口年龄分布仍以青壮年为主，但与许多发达国家一样，人口老龄化问题推动其中位数年龄提高至 37.9 岁。

澳大利亚是一个消费主义国家，4/5 的澳大利亚人表示其消费总额已明显超过实际需要，其电子商务市场位居全球第 11 位。2020 年 COVID－19 危机的暴发迫使澳大利亚实施第一次强制封锁，出于对疫情的担忧，澳大利亚消费者态度发生转变，从先前的过度消费、及时享乐转向削减开支和计划性购物，储蓄率攀升至 23.92%，为近十年来新高。消费数据则在经历最初的骤降后随着经济的重新开放实现了强劲反弹，全年仅略微下降 0.52%，占 GDP 的比重略降至 73.93%。在线消费则受益于消费者行为的变化实现了大幅扩张，增长 57%。

互联网普及度方面，截至 2021 年 1 月，澳大利亚互联网用户达到 2 282 万，互联网渗透率则始终稳定在 89% 左右；拥有移动连接数 3 247 万，略微下降 0.6%，相当于总人口的 126.6%。金融服务支撑方面，澳大利亚作为全球普惠金融执行度最好的七个国家之一，99.5%的成年人拥有银行账户，70%的澳大利亚人拥有信用卡账户，驱动澳大利亚迅速从纸币支付向无现金社会过渡。

澳大利亚拥有成熟、富有竞争力且利润丰厚的金融部门和强大的监管体系，银行业占澳大利亚国民经济比重较大且规模逐年增长，目前以四大银行澳大利亚联邦银行（CBA）、西太平洋银行公司（WBC）、澳大利亚和新西兰银行集团（ANZ）以及澳大利亚国民银行（NAB）为主导，市场高度集中。直到2018年澳大利亚审慎监管局（APRA）放松了银行业准入，推出了限制性授权存款机构（RADI）这一阶段性牌照，才使得新的竞争者进入成为可能，此后一批数字银行如雨后春笋般出现在澳大利亚，并获得迅猛发展，其中Judo Bank、86400、Up Bank、Volt Bank、Xinja是数字银行业的佼佼者。2019年8月《消费者数据权利（CDR）法案》的通过使得银行业的数字化进程提速，推动开放银行和子行业数据开发成为金融科技领域前沿。

整体来看，澳大利亚数字银行业发展势头稳健，投资者不断的追捧以及不断升高的估值也反映出业界对于数字银行发展前景的肯定。但从2020年12月Xinja停止提供其银行业务以及86 400也在2021年初被收购可以看出，数字银行想要撼动现有的以传统四大行为主导的银行业格局还有很长的路要走，聚焦探索持续性盈利和维持高估值的商业模型将成为以后发展的重点。

7.1 宏观环境

澳大利亚联邦，简称澳大利亚，位于南太平洋和印度洋之间，四面环海，其领土面积769.2万平方公里，居世界第六位，也是世界上唯一一个国土覆盖一整个大陆的国家。澳大利亚为联邦议会君主立宪制国家，全国划分为6个州和2个领地，首都为堪培拉。澳大利亚是一个工业化国家，农牧业发达，自然资源丰富，盛产羊、牛、小麦和蔗糖，同时也是世界重要的矿产品生产和出口国。农牧业、采矿业为澳大利亚的传统产业，制造业和高科技产业发展迅速，服务业已成为国民经济主导产业。

7.1.1 经济

（1） GDP

作为南半球经济最发达的国家和全球第12大经济体，澳大利亚经济受益于2009—2010年的矿业繁荣在金融危机期间和之后的全球经济衰退中实现了逆势扩张，于2014年达到最高点；随后又经受住了繁荣结束后矿业持续低迷带来的考验，实现完美转弯，经济增速稳定在2.5%—3%，展现出了较强的经济韧性和稳定性，延续其创下的发达国家持续时间最长的GDP增长纪录。进入2020年，受新冠肺炎疫情影响，澳大利亚经济陷入了近30年来的首次衰退（连续两个季度出现负增长），但其经济复苏表现好于预期，全年实现GDP总量约为13 600亿美元，同比下降2.4%（见图7.1.1）。

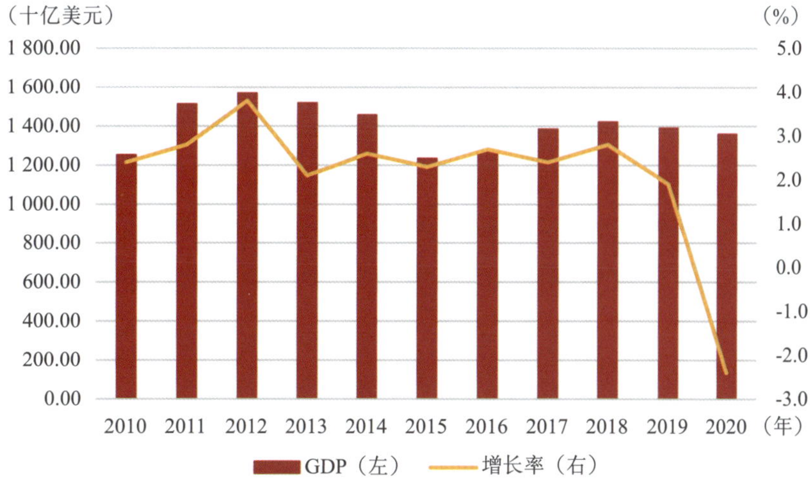

资料来源：IMF

图7.1.1 澳大利亚GDP总量及其增长率

澳大利亚是高收入经济体成员之一，且自该名单发布伊始就位列其中。截至 2020 年，澳大利亚人均 GDP 达到 52 824.82 美元，位居世界第 11 位，高出发达经济体的平均水平 5 773.00 美元（见图 7.1.2）。

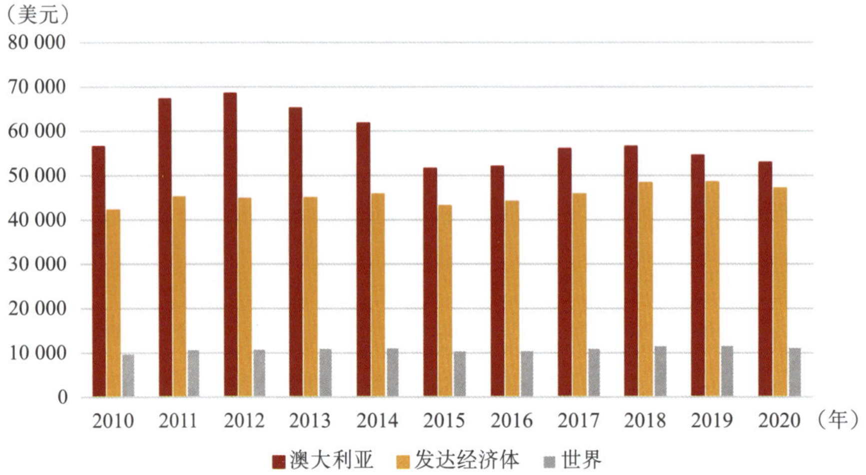

资料来源：IMF

图 7.1.2　澳大利亚人均 GDP 情况

（2）货币

澳大利亚的通胀数据一直处在较低水平，且呈现波动向下的发展态势。2020 年，为帮助家庭度过新冠疫情危机，澳大利亚政府于 4—7 月提供暂时免费的托儿服务，使得其通货膨胀率于 6 月出现了 72 年来历史上最大季度跌幅，也是自 1998 年以来的首次负值。随后由于托儿成本回归、烟草消费税增加、国内假期旅行恢复等因素影响，2020 年通货膨胀率略微上涨了 0.9%（见图 7.1.3）。

澳大利亚是大宗商品出口大国，其贸易平衡主要依赖于矿产和农产品等商品的出口，这使得大宗商品价格成为澳元价格波动的主要驱动力，澳元也因此具备较强的周期性。在全球繁荣时期，澳元随着澳大利亚出口原材料而升值，在衰退时期因矿产价格暴跌或国内支出掩盖出口收益前景而贬值。自 2012 年以来，受累于全球经济放缓，澳元开始进入下跌通道，持

资料来源：IMF

图 7.1.3　澳大利亚通货膨胀率变化情况

续向下的通胀数据也给澳元带来了较大的压力。

进入 2020 年，受益于大宗商品价格上涨，叠加澳大利亚疫情控制得力、经济企稳的有力支撑，澳元汇率节节攀升，从年初的 0.7017 美元一路挺进至年末的 0.7689 美元，涨幅接近 10%（见图 7.1.4）。

资料来源：Yahoo

图 7.1.4　澳元（AUD）兑美元（USD）历史汇率走势

（3）外资

澳大利亚是经合组织成员国中对外国直接投资（FDI）最为开放的国家之一，FDI 占 GDP 的比重超过 1/3。在 2008 年金融危机导致全球经济放缓之后，大量外资涌入澳大利亚，能源行业成为炙手可热的新星，随后 2015 年矿业繁荣的终结使得澳大利亚外资流入骤缩，接近腰斩（见图 7.1.5）。2020 年 6 月，澳大利亚宣布对外商投资制度进行重大改革，新立法旨在确保对外国投资进行适当评估，并适当考虑国家利益因素。根据联合国贸发会议公布的《2021 年世界投资报告》，受 COVID－19 导致的经济停摆影响，2020 年澳大利亚外资流入下降 49% 至 200 亿美元，美国和英国是其最大的投资者，其次为比利时、日本和中国香港。[①]

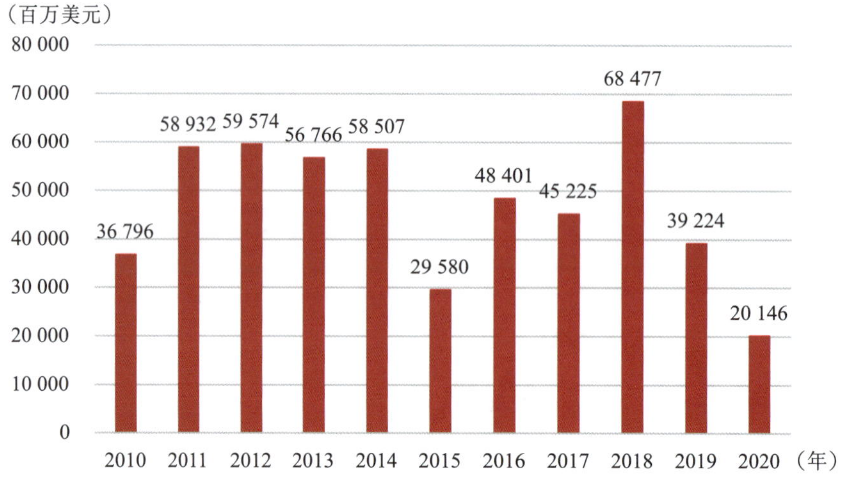

资料来源：UNCTAD

图 7.1.5　澳大利亚外国直接投资情况

就外商投资行业结构而言，吸引外国直接投资最多的行业为采矿、制造业、金融、房地产和贸易，其中，2020 年流入澳大利亚采矿行业的外国直接投资下降 4.1% 至 3 600 亿澳元（约合 2 675 亿美元），约占总投资额的 35%；房地产和金融行业吸引外资数额相当，均占总投资额的 11% 左右；批发零售行业获得了 615 亿澳元（约合 456 亿美元），占比 6.0%；制造业

① 数据来源：澳大利亚外交与贸易部。

流入金额虽未披露，但居外资流入行业第二位（见图 7.1.6）。

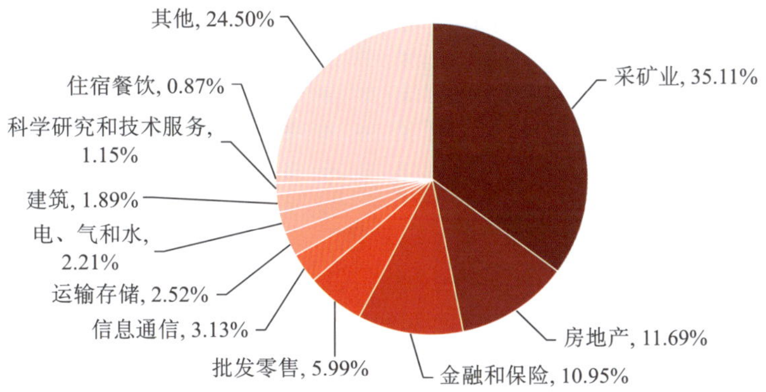

资料来源：Australian Government DFAT

图 7.1.6　澳大利亚外商投资行业结构

国际贸易方面，澳大利亚作为全球贸易自由度最高的经济体之一，对外贸易占其 GDP 的比重近年来持续增长，截至 2019 年达到 45.7%。澳大利亚主要出口商品包括铁矿石和精矿（约占出口总额的 25%）、煤炭和类似固体燃料（16.6%）、黄金（6.1%）、牛肉（1.8%）和铜矿石和铜精矿（1.6%）；主要进口包括石油（占进口总额的 12.1%）、汽车（6.9%）、无线电话电气设备（3.7%）和自动数据处理机器和装置（3.1%）。澳大利亚对外贸易情况见表 7.1.10。

表 7.1.1　澳大利亚对外贸易情况　（单位：百万美元）

类别	2015 年	2016 年	2017 年	2018 年	2019 年	2020 年
商品进口总额	208 501	196 270	228 780	235 386	221 564	208 446
货物出口总额	187 684	192 505	231 131	257 098	271 005	250 352
商业服务进口	62 818	61 450	67 313	72 186	70 725	37 225*
商业服务出口	54 090	57 218	64 271	68 524	70 148	47 877*

资料来源：世界贸易组织（WTO）

中国是澳大利亚最大的贸易合作伙伴，占澳大利亚出口的 38.7%。其中，由于大量基建需求推升的铁矿石消耗使得铁矿石成为澳大利亚对华出口的最大单一商品，约 90% 的铁矿石销往中国，旅游、留学也是中国从澳大利亚购买的关键商品和服务。欧盟则是澳大利亚的第二大贸易合作伙伴，双方于2018年启动了自由贸易协定谈判，但尚未签署任何协议。澳大利亚还在积极与海湾合作委员会、印度、秘鲁、印度尼西亚和中国香港谈判贸易协定。2020年11月，澳大利亚与其他14个印太国家签署了区域全面经济伙伴关系协定（RCEP），这是全球规模最大的自由贸易协定，总人口、经济体量、贸易总额均占全球总量约30%。RCEP涵盖商品、服务、投资、经济和技术合作，还为电子商务、知识产权、政府采购、竞争和中小企业创造了新规则。

7.1.2 人口

（1）人口基数

澳大利亚作为移民大国，受益于技术移民的不断涌入，近年来人口持续飙升。2020年新冠疫情的暴发以及随之而来的经济衰退和移民限制措施实施，使得澳大利亚首次出现净移民为负的情况，叠加大量人口因新冠病毒死亡，其人口增长率降至第一次世界大战以来最低水平，仅增加136 261人，增幅为0.5%。截至2020年12月31日，澳大利亚的人口总量为25 694 393人，位居世界第55位，也是大洋洲人口最多的国家（见图7.1.7）。

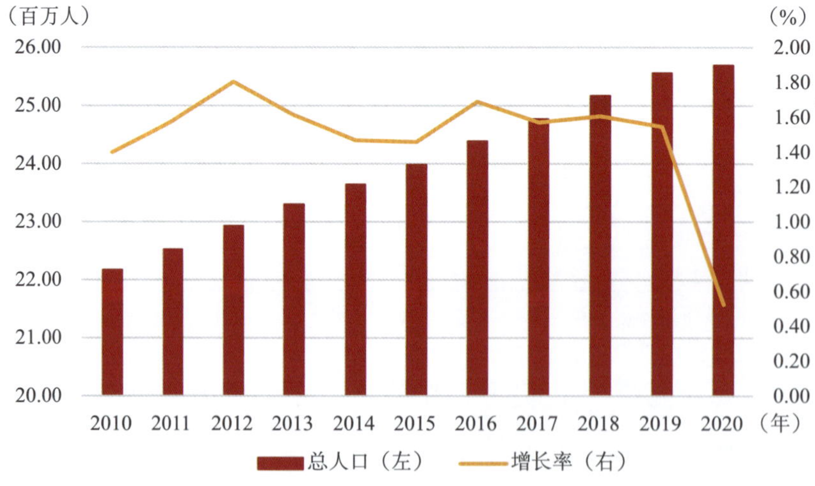

资料来源：澳大利亚统计局

图7.1.7 澳大利亚人口基数及其增长率

（2）人口结构

澳大利亚作为世界面积第六大国，每平方公里仅有 3 人，是世界人口密度最低的国家之一。由于中西部的沙漠、旱热区不适宜人类生存，澳大利亚人口主要集中在东海岸，85.9% 的人口居住在各州、领地首府城市及西部沿海城市珀斯附近，是世界上城市化程度最高的国家之一。人口超过 100 万人的大都市区包括悉尼、墨尔本、布里斯班、珀斯和阿德莱德，分别占澳大利亚人口总量的 18.15%、16.65%、8.95%、7.44% 和 4.80%。

目前，澳大利亚的年龄分布仍以青壮年为主，工作年龄人口占比为 64.17%。但与许多发达国家一样，澳大利亚正在经历人口老龄化的转变，预期寿命延长至 83.9 年、退休人员增多，工作年龄人口减少，中位数年龄增至 37.9 岁。

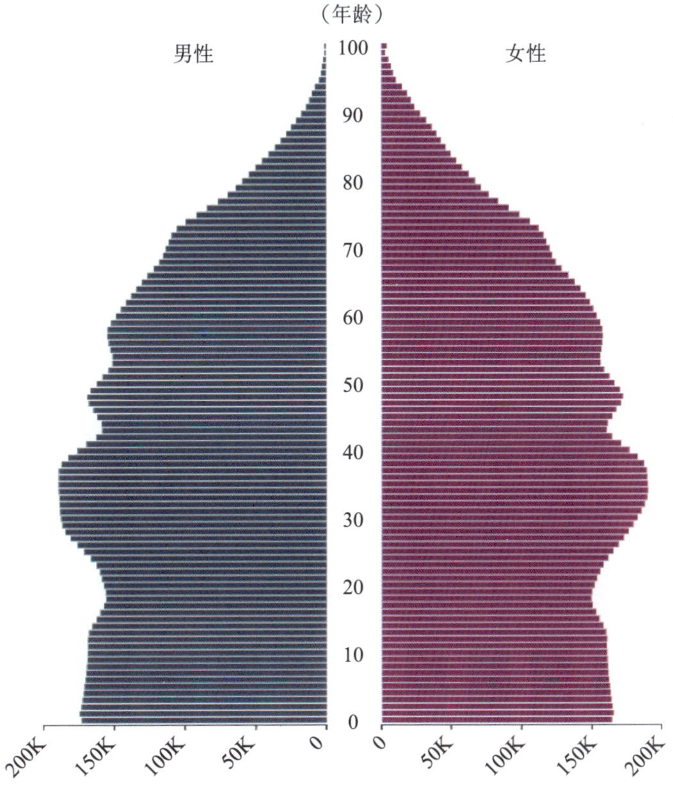

资料来源：World Population Review

图 7.1.8　澳大利亚人口金字塔

7.1.3 ESG

（1）政治稳定性

澳大利亚为联邦议会君主立宪制国家，是世界上第六古老的民主国家，融合了英国（集权、君主立宪制和强大的政党纪律）和美国（联邦制，成文宪法和强大的两院制）政治体制的元素，同时保留了其鲜明的本土特色。澳大利亚的政治体系以其透明的监管体系、健全的治理框架和政治环境稳定著称。根据世界银行治理指标（WBGI），澳大利亚得分 93.4 分，充分反映了其长期稳定和平的政治交接、强大的机构能力、高效的法律规定和较低的腐败水平。现任总理为斯科特·莫里森（Scott Morrison），于 2019 年 5 月连任。

（2）社会因素

澳大利亚政局总体稳定，但近年来恐怖袭击或恐怖袭击阴谋难以杜绝。社会治安整体情况良好，部分区域治安情况稍差。治安问题主要集中在大城市，且按照经济地位区分的集聚地界限较为明显。

7.2 金融科技环境

7.2.1 金融环境

（1）金融监管

澳大利亚拥有成熟、富有竞争力且利润丰厚的金融部门和强大的监管体系，银行业占澳大利亚国民经济比重较大且规模逐年增长。澳大利亚拥有 50 多家银行，市场高度集中，由四大银行澳大利亚联邦银行（CBA）、西太平洋银行公司（WBC）、澳大利亚和新西兰银行集团（ANZ）以及澳大利亚国民银行（NAB）主导，一些规模相对较小的银行散布在全国各地，如托普美特威银行（Suncorp - Metway）、本迪戈阿德莱德银行（Bendigo Adelaide Bank）、昆士兰银行（Queensland Bank）等。四大行资产总额占总体的 73.8%（约 3.8 万亿澳元），均在 2020 年度全球银行 100 强中名列前茅，且是世界上评级最高的银行之一。澳大利亚还拥数量众多的其他金融机构，如信用合作社、房屋互助协会和互助银行，它们提供有限的银行类服务，被称为授权存款机构（ADI）。过去 5 年受澳大利亚强劲经济增长的吸引，外资银行在澳大利亚市场发展迅速，在澳的外国银行子公司有 7 家，外资银行分行超过 40 家。[①]

澳大利亚的新金融监管体制自 1998 年开始实行，由澳大利亚储备银行（RBA）、澳大利亚审慎监管局（APRA）和澳大利亚证券与投资委员会（ASIC）组成，共同维持金融体系的高效性、竞争性与稳定性。

- RBA 履行中央银行职能，包括制订货币政策、保持支付系统效率、促进汇率稳定等。
- APRA 负责对授权存款机构（ADI）、人寿和一般保险公司以及养老金进行审慎监管和监督。
- ASIC 是企业、市场和金融服务监管机构，负责市场行为和投资者保护。

根据《公司法》，除非获得豁免，在澳大利亚经营“金融服务业务”（包括 ADI）的人须持有 ASIC 颁发的澳大利亚金融服务许可证（AFSL）。如果面向零售客户提供金融服务或产品，《公司法》明确了相应的披露要求和更繁重的合规义务。

（2）金融包容性

①储蓄。

① 数据来源：Theaufinance. com。

近年来，澳大利亚总储蓄额围绕在 3 000 亿美元上下波动，整体呈现出“N”形走势，其占 GDP 的比重也随之变化（见图 7.2.1）。澳大利亚家庭负债率位居全球第二位，仅次于瑞士，2020 年 4 季度债务总额占 GDP 的 123.5%①，这使得澳大利亚的年轻人对自己未来的财务状况感到焦虑，进而促使他们养成储蓄习惯。在债务水平已经很高的背景下，2020 年新冠肺炎疫情使得澳大利亚家庭面临更高的失业率、持续积攒的工作不安全感、房价下跌以及对 COVID－19 二次暴发的担忧，推动居民家庭储蓄率明显攀升至 23.92%，为近十年来新高，总储蓄达到 3 183 亿美元。

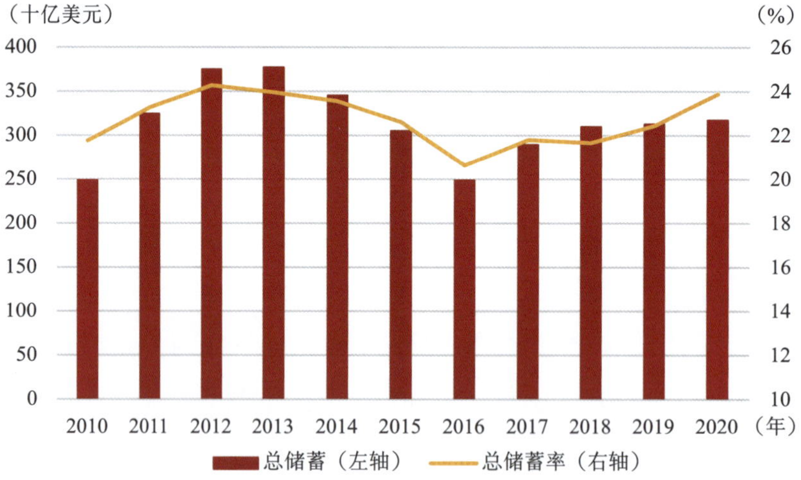

资料来源：World Bank

图 7.2.1　澳大利亚总储蓄情况

②普惠金融指标。

作为全球普惠金融执行度最好的七个国家之一，澳大利亚在担任 G20 主席期间承诺国家普惠金融行动计划和联合国的可持续发展目标（SDGs），其中一部分包括任命 Good Shepherd Microfinance 制定金融包容性行动计划（FIAP），以帮助所有组织实现更好的金融包容性。

2018 年，Australian Unity 启动了金融包容性行动计划，与 Good Shepherd Microfinance 和社会影响中心通力合作，重点开发支持弱势群体的产品

① 数据来源：国际清算银行。

和服务，旨在改善300万面临经济困难的澳大利亚人的财务状况。目前，已帮助来自企业、政府、学术界和社区部门的30个组织（FIAP开拓者）采取行动，为其客户、员工、供应商和社区合作伙伴中的弱势群体提供了更多的金融包容性和弹性，进而为17个可持续发展目标中的12个做出了卓越贡献，特别是部分与减少不平等和实现包容性经济增长相关的目标。

世界银行全球Findex数据库最新数据显示，截至2017年，澳大利亚99.5%的成年人拥有银行账户，这意味着几乎全部的澳大利亚人能够获得适合且负担得起的金融产品和服务。

③信用卡/借记卡渗透率。

截至2020年12月，70%的澳大利亚人拥有信用卡账户①，叠加高水平的银行账户渗透率，为澳大利亚支付方式的转变提供了强有力的支撑，驱动澳大利亚迅速从纸币支付向无现金社会过渡。2019年，银行卡支付成为支付方式的主流，份额达到63%，三年前这一比例为52%（见图7.2.2）。卡片的日益普及反映了消费者偏好的变化和商家对电子支付的广泛接受。②

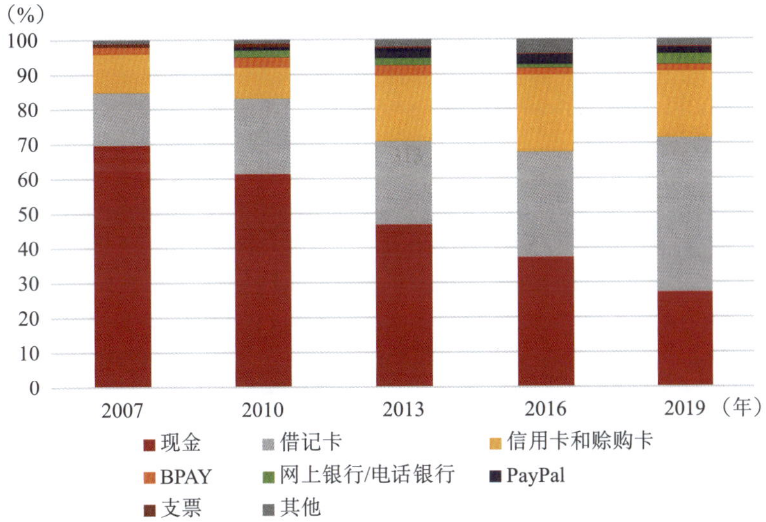

注：不包括超过9 999美元的付款、转账（向家人和朋友付款）、交通卡和自动付款。

资料来源：澳大利亚储备银行

图7.2.2 澳大利亚消费者支付方式结构（按付款次数）

① 数据来源：Finder。

② 数据来源：澳大利亚储备银行每三年进行一次的消费者支付调查（CPS）。

在选择使用银行卡支付时，澳大利亚消费者越来越多地使用借记卡。2019 年，借记卡首次超越现金成为最常用的支付方式，占比达到 44%。即便以交易金额（而非数量）进行衡量，借记卡也超过信用卡成为最常用的支付方式，占支付周账单价值的 36%，而信用卡为 25%。相比之下，信用卡的使用频率略低于三年前，其占比下降了 3 个百分点。导致这一变化的可能原因包括：国际计划借记卡的引入，信用卡慷慨奖励计划的减少，人们尤其是年轻人对这类债务积累的态度发生改变，以及其他替代方案如先买后付（BNPL）的出现。

而近年来数字钱包的出现也正在缓慢取代传统的实体塑料卡片，大多数面对面的卡片支付现在使用非接触式功能进行，而不是通过将卡片插入终端（然后输入 PIN）。目前，约 1/5 的澳大利亚人将银行卡关联到智能手机或手表并定期使用，另外 11% 的人虽设置了数字钱包但使用频率不高。

7.2.2 移动互联网

（1）数字包容性

为了确保所有澳大利亚人能够尽快以最低成本和普惠的价格获得网络服务，澳大利亚政府于 2009 年成立了 NBN Co Limited，负责建设和运营国家宽带网络（NBN），建成后将为全国 90% 以上的地区提供有线宽带连接。随后澳大利亚互联网基础设施在此后十年间迎来了迅猛发展时期，互联网用户也在快速增长，目前已处于较为饱和的状态；手机则受益于移动终端和通讯技术的持续升级，已成为网络连接的最重要载体，其连接数在近 5 年来稳步攀升。

截至 2021 年 1 月，澳大利亚互联网用户达到 2 282 万，同比增长 2.3%，互联网渗透率则自 2015 年以来始终稳定在 89% 左右；手机连接数略微下降 0.6% 至 3 247 万个，相当于人口总量的 126.6%（见图 7.2.3），其中智能手机渗透率超过 95%。可见，对于澳大利亚人来说，互联网无论是在工作还是生活中都占有重要地位。

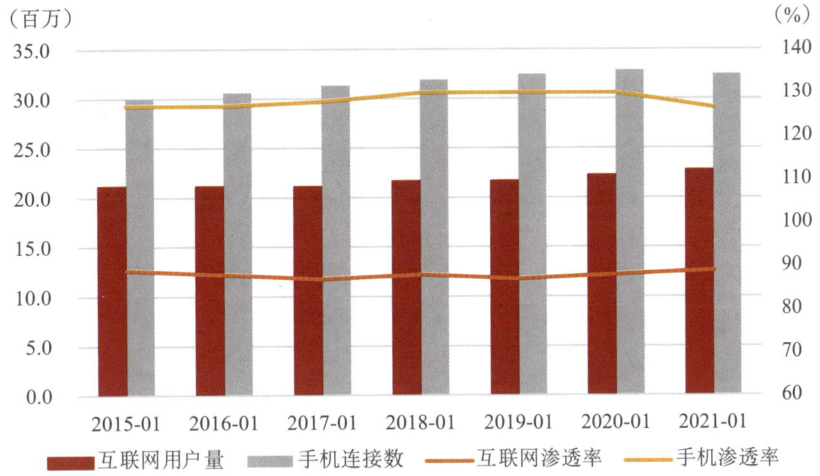

资料来源：DataReportal

图 7.2.3　澳大利亚科技支撑情况

（2）互联网经济

目前数字经济已成为全球经济增长的核心动力，根据联合国统计，2019年全球数字经济规模占 GDP 比重达到 15.5%，但澳大利亚的数字经济发展速度却相对落后。根据塔夫茨大学（Tufts University）发布的最新数字智能指数报告（Digital Intelligence Index），在研究 90 个国家中，澳大利亚数字化演进进程虽位居前列，居全球第 17 位，但其演进速度却十分缓慢，排在末尾，仅优于匈牙利和尼日利亚。根据澳大利亚统计局（ABS）最新数据显示，2018—2019 年数字活动增加值同比增长 1.9%，但由于采矿业等非数字活动的强劲增长，使得其占总增加值的比重略微下降 0.3 个百分点至 5.5%（见图 7.2.4）。

从全行业增加值占比情况来看，2018—2019 年，澳大利亚数字活动占总增加值的比重高于 12 个行业，但低于传统经济动能，如采矿业、金融和保险服务业、建筑业占比分别为 10.6%、9.0% 和 7.9%（见图 7.2.5）。从数字经济内部构成来看，澳大利亚数字活动以支持服务、电信和电子商务为主，合计占比近九成。其中，受益于计算机系统开发相关服务以及数据

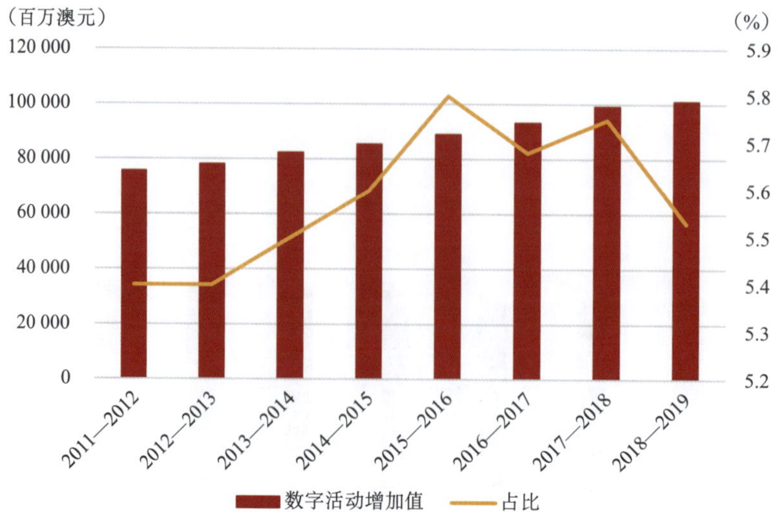

资料来源：澳大利亚统计局

图 7.2.4　澳大利亚数字活动增加值及其占比情况

处理存储服务的强劲需求推动，支持服务实现了持续增长，2018—2019 年增长 2 个百分点至 44%。

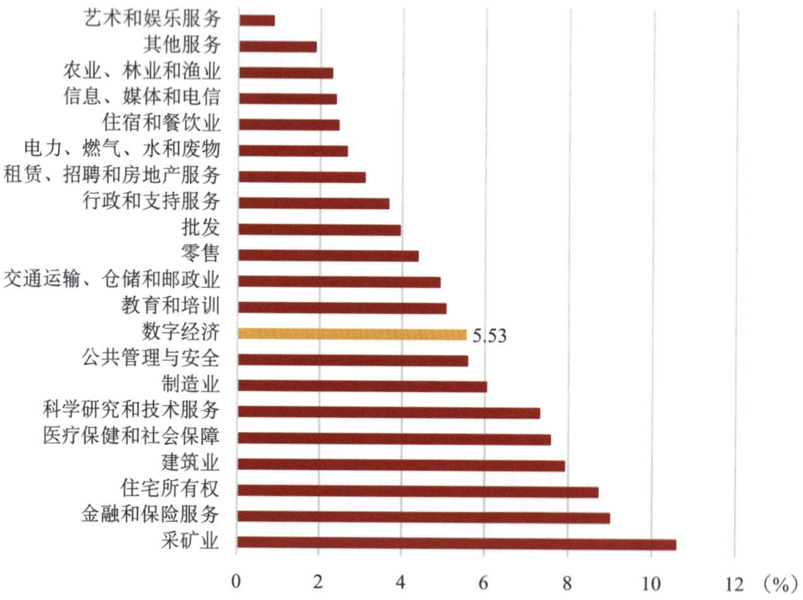

资料来源：澳大利亚统计局

图 7.2.5　澳大利亚全产业增加值占比情况

2020 年 12 月，澳大利亚与新加坡就数字经济协定达成了协议（DEA），为两国企业提供更多的数字贸易机会。2021 年 5 月，澳大利亚政府宣布 2021—2022 年预算，通过总投资额 12 亿澳元（约合 8.91 亿美元）的数字经济战略，以释放数据价值、推动新兴技术的投资和应用、培养人们的数字技能以及加强政府数字服务供给，以期到 2030 年发展成为领先的数字经济和社会。预计未来十年，数字化将为澳大利亚经济带来的潜在收益将高达3 150亿澳元（约合 2 343 亿美元）。

7.2.3 消费环境

（1）消费市场

近年来，澳大利亚消费市场规模始终稳定在 1 000 亿美元附近，其增长率走出了“M”形。2020 年为控制新冠肺炎疫情而采取的严格封锁措施和社交疏离策略使得澳大利亚经济几近停摆，餐厅、酒吧、旅行等大型娱乐活动基本归零，消费场景有限，同时出于对自身财务状况以及疫情的担忧，除必需品外的家庭消费意愿下降并转向储蓄，居民消费数据骤降。随着疫情得到控制以及经济的重新开放，澳大利亚最终消费支出实现了强劲反弹，截至 2020 年末为 9 840 亿美元，基本恢复至上年水平，同比仅略微下降 0.52%（见图 7.2.6）。

从 GDP 占比来看，澳大利亚最终消费支出占 GDP 比重较为稳定，自 2016 年达到顶点后逐步回落，2020 年进一步下滑至 73.93%（见图 7.2.7）。

澳大利亚是一个消费主义国家，4/5 的澳大利亚人表示其消费总额已明显超过实际需要，3/5 的人已经意识到这种过度消费的习惯正在对个人的经济状况、身体乃至情感生活产生负面影响，但又无法否认购物带给他们的愉悦和满足感，这种感觉令人上瘾并促使他们进行更多消费。[①] 澳大利亚消

① McCrindle，Why Australians are Caught up in Consumerism。

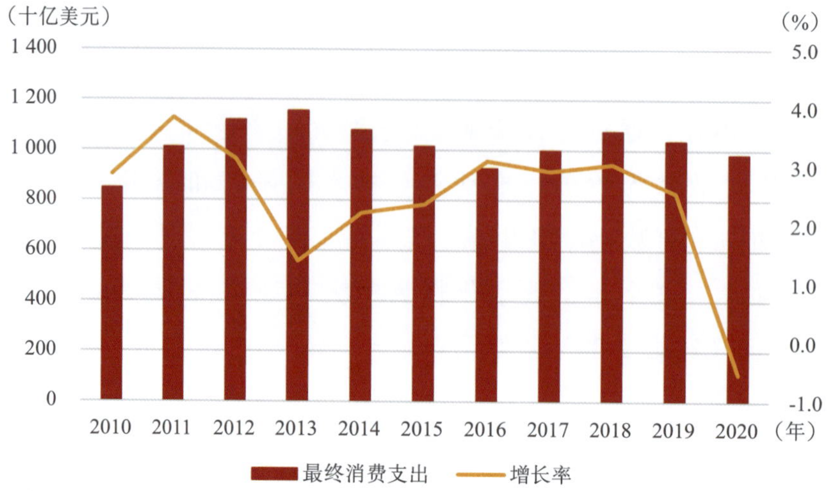

资料来源：World Bank

图 7.2.6 澳大利亚最终消费支出及其增长情况

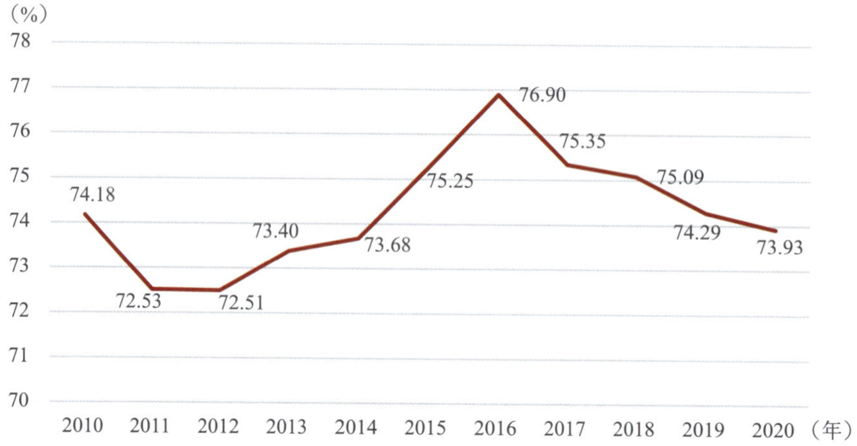

资料来源：World Bank

图 7.2.7 澳大利亚最终消费支出占 GDP 比重

费者在作出购物决定时主要考虑性价比，质量、品牌形象和受欢迎程度也有一定影响。澳大利亚人的消费方式则反映在他们如何利用时间上，超过 1/3 的澳大利亚人平均每周花费 10 小时或更长时间在屏幕上，进行娱乐、购物或登录社交媒体平台，只有 23% 的人愿意花相同时间与朋友或家人待在一起。

2020 年 COVID－19 危机的暴发迫使澳大利亚进入第一次强制封锁，出于对拥挤购物空间、下降的收入来源、身体健康状况等因素的担忧，消费者行为和态度发生转变，从先前的过度消费、及时享乐转向削减开支和计划性购物的谨慎心态，同时更加关注健康类产品，寻求购买更多促销产品，出于支撑当地经济的愿望而表现出对本地品牌的更大偏好。[①] 目前，澳大利亚经济秩序已逐渐恢复常态，许多消费者已经恢复了其店内购物习惯，但疫情塑造的新消费者行为也将留下永久痕迹。

（2）电商市场

澳大利亚是全球第十一大电子商务市场，于 2018 年引入“黑色星期五”和“网络星期一”的促销活动，并成为该国历史上规模最大的网购周。澳大利亚人的购买量在五周内疯狂飙升，期间销售额占全年电商交易总额的近 15%，2018 年也因此被称为“销售年”。2019 年，澳大利亚电商市场规模已超过 360 亿美元，其中在线销售商品 320 亿澳元（约合 234 亿美元），同比增长 17.5%，约占零售总额的 11.3%。

在 COVID－19 全球大流行的背景下，消费者被迫宅在家里，日常生活发生了巨大变化，消费行为亦随之改变，4/5（82%）的澳大利亚人在 2020 年均涉足过在线购物，2019 年该数据占比为 75%，在 2019 年和 2020 年均进行过网络消费的人则增加了其购物频率。与 2019 年相比，2020 年每个月平均新增 100 万个网购用户。许多线下零售商为了迎合日益增长的在线购物需求也转向线上、拥抱数字化以寻求新的业务增长点。

截至 2020 年末，澳大利亚网上消费额同比增长 57% 至 504.6 亿澳元（约合 368.4 亿美元），仅 8 个月的销售额就超过了 2019 年全年的网络消费总额。同期，澳大利亚零售总额（不包括咖啡馆、餐厅和外卖食品消费）为 3 103 亿澳元（约合 2 265.4 亿美元），网络销售占比较 2019 年明显上升 5.0 个百分点至 16.3%（见图 7.2.8）。

澳大利亚电商市场较为成熟且竞争激烈，以美国电商巨头 eBay、亚马逊为主，本土品牌也开始逐步崭露头角，如 Kogan、Coles、Chemist Warehouse

---

① BCG，Australian Consumer Sentiment Snapshot #4。

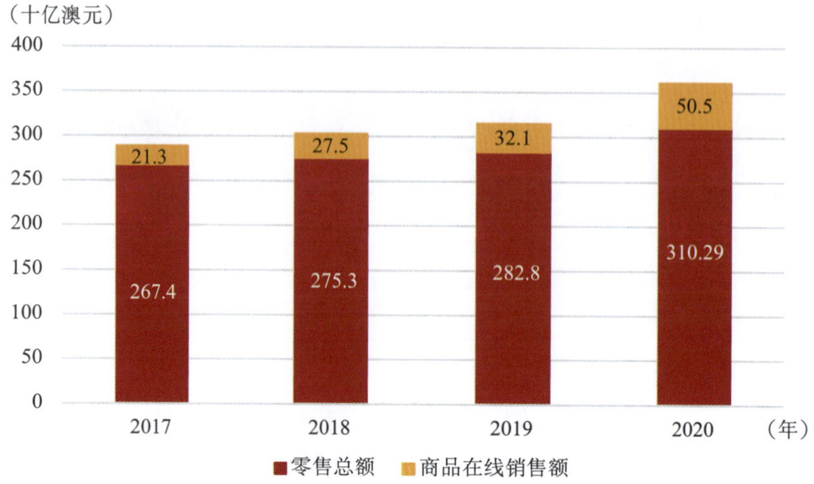

资料来源：澳大利亚邮政局

图 7.2.8　澳大利亚电子商务市场情况

和 Catch。中国互联网巨头也已入场，在澳大利亚测试其“新零售”概念。

澳大利亚人对社交媒体的热爱也成为促进 B2C 交易的重要推动力。截至 2021 年 1 月，澳大利亚有 1 800 万社交媒体用户，社交媒体渗透率为 71%，每天平均花费时间为 2 个小时，已成为各个年龄段日常生活的一部分，最流行的社交媒体平台有 Facebook、YouTube 和 Instagram。零售电商和广告商已经意识到通过这些社交渠道与客户建立联系的重要性，加大力度布局社交渠道获取流量入口，利用社交平台的广泛影响力，通过付费广告、赞助帖子和影响者营销来宣传其最畅销的产品，从而为购物者提供多渠道体验。

跨境电商也在澳大利亚颇受欢迎。相对于亚太地区的平均水平 50%，截至 2019 年有 61% 的澳大利亚网购用户进行过海淘，这与其孤立的地理位置有关。中国由于更近的距离、优惠的价格以及品种多样的产品成为最受欢迎的海淘目的地，占比 41%；美国和英国紧随其后，分列第二位、第三位，占比分别为 24% 和 13%。[①]

① J. P. Morgan，2020 E－commerce Payments Trends Report：Australia。

7.3 数字银行市场

7.3.1 发展背景

（1）发展历程

近几年，大数据分析、云计算、区块链等金融科技名词炙手可热，推动了银行业的技术革新，澳大利亚的传统银行纷纷推进数字化改革，但其于二十世纪七八十年代创建的 IT 系统已经明显跟不上时代步伐，而彻底更新换代导致的高昂成本使得绝大部分传统银行难以负担，中后台基础建设、风险模型甚至人力结构也难以有根本性的转变。虽然传统银行数字前端的搭建较为新潮，但其体系弊端和痛点使得越来越多的个人及中小企业对其服务失去信心，数字银行在此背景下应运而生，节省时间和精力也是促使数字银行火热的必要驱动力。

相比之下，数字银行完全摆脱了传统模式下老旧 IT 系统和实体营业网点，另起炉灶，依托先进的数字技术重新构建自己的 IT 系统，不仅将储蓄、借贷、理财等传统业务转移至线上，还采用了数字化后台运营流程，节省了大量的房产开支、人员配备和传统 IT 维护的费用。

相较于英美的数字银行产业规模初具，澳大利亚起步较晚但取得了长足的进步，整个银行业的颠覆速度、规模和广度令人吃惊，主要原因在于：一是持续提高的城市化水平、富裕的消费者和稳定性的人口结构为澳大利亚银行业蓬勃发展提供了优越的条件，为了迎合高度科技化的时代潮流并服务澳大利亚历史上最富有的一代，银行已经意识到其服务应以客户为中心，持续优化其服务，尽可能提高舒适感和交互体验。二是银行的客户忠诚度具有较高的波动性，先进、开放和安全的数字银行平台使得在线交易变得更加省时省力，审批慢、监管丑闻等传统银行业的诸多积弊使得越来越多的人选择数字化的银行模式。三是银行业是受到严格管制的行业，为了确保澳大利亚银行业生态系统的安全，根据不断变化的技术环境制定严格的合规和监管规则十分必要，进而促进银行业效率的提升以及客户满意度的保持。四是澳大利亚政府也和其他国家一样，希望打破传统银行的垄断格局，实行开放银行政策来降低市场准入门槛，以优化市场竞争环境。

（2）发展现状

自 2018 年立法迎来有利转变后，2019 年一批数字银行如雨后春笋般出现在澳大利亚，并获得迅猛发展（见图 7.3.1）。目前，澳大利亚共有 733 家活跃的金融科技公司，较 2019 年 9 月新增了 104 家。其中，数字支付仍在金融科技行业占据领导地位，增至 151 家；其次为贷款公司，增长了 33.7% 至 103 家；数字银行业务虽然规模较小，但同比增长了一倍，达到 10 家。①

资料来源：毕马威（KPMG）：澳大利亚《金融科技格局 2020》

图 7.3.1　澳大利亚数字银行主要玩家

资金流入方面，受投资者对“立即购买，以后付款”（BNPL）或分期付款金融部门的兴趣日益浓厚，政府的支持和政策的加强使得区块链、数字货币等领域受益，数字银行产业的持续演进等因素影响，2020 年澳大利亚在金融科技投资方面表现非常强劲，尤其四季度交易投资额达到 10.4 亿

① 毕马威（KPWG），Australian Fintech Landscape 2020。

美元，其中包括美国公司 WEX 以 5.77 亿美元收购 B2B 支付公司 eNett 以及数字银行 Judo Bank 的 2.09 亿美元融资（见图 7.3.2）。

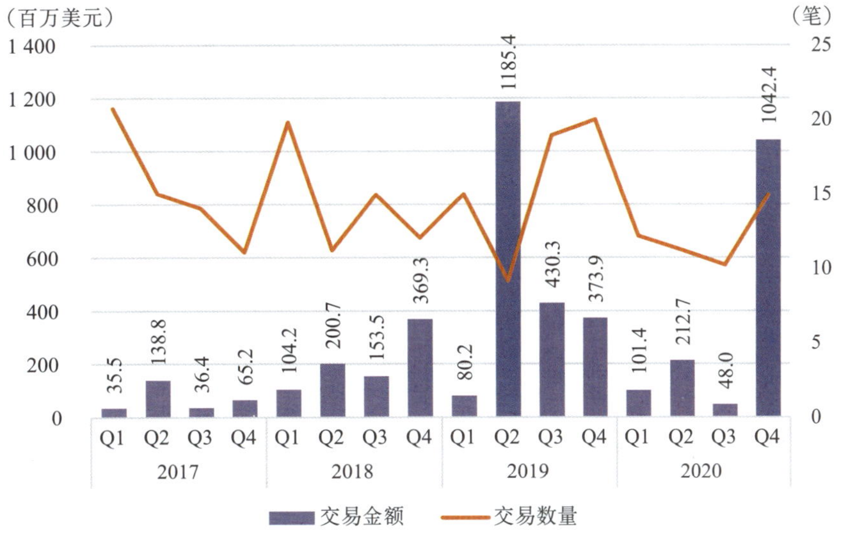

注：数据截至 2020 年 12 月 31 日

资料来源：毕马威（KPMG）：2020 年下半年金融科技脉搏，数据由 Pitchbook 提供

图 7.3.2　澳大利亚金融科技投资活动情况

（3）发展前景

整体来看，澳大利亚数字银行业发展势头稳健，投资市场不断的追捧以及不断升高的估值也反映出业界对数字银行发展前景的肯定。但就当前的市场竞争环境而言，数字银行想要撼动现有的以四大行为主导的银行业格局还有很长的路要走，因此其主要目标仍应聚焦探索持续性盈利和维持高估值的商业模型。

2020 年 COVID-19 的暴发以及与疫情长期共存的局面迫使许多银行重新考虑其数字转型计划和战略。随着数字化转型势头的再次加速，银行对客户参与度的关注超过了实体分支机构和客户呼叫中心，以客户为中心、平台为导向，采用人工智能（AI）、机器学习（ML）等新兴技术洞悉客户财务生活中的习惯、需求、痛点，深化与客户的关系，进而赢得新业务。澳大利亚银行正在更新数字优先策略，构建一个开放、可扩展和高效的架构，使其能够聚合客户数据以设计、开发和协调超个性化的客户体验。

根据 Backbase 预测，到 2025 年，澳大利亚将通过移动设备实现 20% 的客户零售交易，90% 的客户对移动交易持开放态度。人工智能等新兴技术在客户管理的应用，预计将使零售银行的收入增加 20%，财富管理业务增加 15%。由于数字银行先前在市场份额上的胜利并未持续，对传统银行的撼动力度有所减弱，澳大利亚超过 70% 的银行资产仍将由四大行主导。未来，双方将专注于存款和贷款等核心业务功能的增强和拓展，通过精简开户、贷款审批等冗长复杂流程，引入人工智能等新兴技术进行客户数据聚合、分析和预测，增加与金融科技和其他第三方合作，为客户提供超个性化的使用体验并融入其日常生活，加深与客户的关系纽带，进而赢得新增长。①

7.3.2 政策及牌照

（1）政策环境

银行是受到严格监管的金融机构，与传统银行一样，数字银行也受到澳大利亚审慎监管局（APRA）和澳大利亚证券与投资委员会（ASIC）的监管。

澳大利亚数字银行产业起步较晚，与监管机构设立了严苛的准入条件、不允许新的竞争者进入银行业有关，没有监管的许可其业务开展将寸步难行。直到 2018 年 APRA 放松了银行业准入，推出了限制性授权存款机构（RADI）这一阶段性牌照，新进入者在获得完全许可前可在有限的范围内开展业务。② 这在限制新进入者经营范围的同时，也降低了市场的准入门槛，让更多小型的金融机构可以提前测试自身的存款吸纳能力和运营模式。

2019 年 8 月，澳大利亚政府通过了《消费者数据权利（CDR）法案》，把银行业作为实施消费者数据权的首个部门，为开放银行（Open Banking）的监管奠定了法律基础。该法案规定了诸多隐私和信息安全条款，以保证消费者数据安全，同时使得消费者在与第三方金融科技平台或数字银行分

---

① BackBase. Banks pick up digital pace as over half of Royal Banking Commission recommendations not yet implemented。

② 资料来源：APRA。

享个人数据方面拥有更多自由。这一法案的推出将加速银行业的数字化进程，推动开放银行和子行业数据开发成为金融科技领域前沿。

在 2020 年末 Xinja 倒闭以及 2021 年初澳大利亚国民银行（NAB）收购 86400 后，APRA 认为有必要针对授权存款机构（ADI）牌照申请设立更加严格的要求，并于 2021 年 3 月 18 日发布了相关意见征询文件，强调应更加关注申请机构的长期可持续性，而不是获得许可的短期决心。该修订后的文件将有助于确保新进入者能够在一个资本密集型且由部分资源最丰富的公司主导的行业中立足并取得成功。

货币应用程序和金融科技公司面临的监管略有不同，它们需要拥有由 ASIC 颁发的澳大利亚金融服务许可证（ASFL）或与拥有该许可证的人合作才能提供预付借记卡等产品。AFSL 允许企业做任何事情，从提供投资建议到发布特定类型的产品，但为此申请机构必须向 ASIC 证明他们拥有从事该特定金融服务领域的工作能力和经验。

为了促进澳大利亚的金融创新，2020 年 9 月澳大利亚政府还引入了增强型监管沙箱（ERS），取代了之前由 ASIC 管理的监管沙箱（2016 年 12 月）。该沙箱允许符合条件的金融科技公司无需 AFSL 或信用许可，可在更长的时间内测试更广泛的金融服务和信贷活动（见表 7.3.1）。

表 7.3.1　　澳大利亚新旧监管沙箱对比

类别	ASIC 监管沙箱	澳大利亚政府增强型监管沙箱（ERS）
进入沙箱资质		
申请资质	（1）未授权的澳大利亚企业； （2）当地注册的外企	（1）未授权的澳大利亚企业； （2）当地注册的未授权外企； （3）许可企业测试其尚未获得授权的新服务
进入条件	（1）测试前通知 ASIC； （2）ASIC 可以通知企业，由于行为不端、不符合条件不能获得许可豁免； （3）企业只能使用一次监管沙箱	（1）以规定的通知形式通知 ASIC； （2）ASIC 将审查并确认是否满足所有标准，包括两项新测试：净公益测试和创新测试； （3）ASIC 可以通知企业，由于行为不端、不符合条件不能获得许可豁免； （4）每种特定的金融服务或信贷活动只能使用一次 ERS，但可以多次使用来测试不同的未经许可的服务和活动

续表 1

类别	ASIC 监管沙箱	澳大利亚政府增强型监管沙箱（ERS）
	测试参数标准	
时间限制	（1）最多 12 个月； （2）向 ASIC 申请延期的选项	（1）最多 24 个月； （2）没有向 ASIC 申请延期或暂停测试的规定
客户限额	（1）机构客户无限制； （2）零售客户不超过 100 位	均无限制
客户风险总敞口	机构和零售客户风险敞口合计低于 500 万美元	机构和零售客户风险敞口合计低于 500 万美元，包括普通保险和人寿保险的书面保费总额、退休金、其他金融产品的保证金以及信贷合同的价值
单一客户风险敞口	（1）机构客户无限制； （2）零售客户： ①每个客户 10 000 美元的存款产品、简单管理投资计划、证券、政府债券和支付产品； ②每份普通保险合同的保额为 50 000 美元； ③2 000—25 000 美元的信贷合同	（1）机构客户无限制； （2）零售客户： ①每个客户 10 000 美元的限额，包括简单管理投资计划、联邦债券、国债、股票、境内外获批上市的证券、股权众筹的股权； ②对处于 APRA 监管下的实体发行的特定产品无限制（一般和人寿保险、养老金、存款和非现金支付）； ③2 000—25 000 美元的信贷合同
机构客户服务	就下列产品提供建议、交易或分销：存款产品、支付产品、普通保险、短期投资、消费信贷合同	提供与除衍生品和融资融券以外的所有金融产品相关的服务（包括咨询、交易和发行）
零售客户服务	就下列产品提供建议、交易或分销：存款产品、由 ADI 发行的支付产品、一般保险（不包括消费信用保险）、上市或报价的澳大利亚证券、澳大利亚政府发行或拟发行的股票或债券、简单管理投资计划、具有某些功能的消费者信贷合同	（1）就下列产品提供建议、交易或分销：ADI 发行的存款和非现金支付产品、一般保险（不包括消费信用保险）和寿险、退休金产品、简单管理投资计划、联邦债券、国债、股票、在规定的场所或经批准的外国市场发行的股票和债券、股权众筹的股权； （2）发放信贷/提供信贷咨询或中介服务； （3）作为保险代理人发行普通保险或寿险； （4）上线非现金支付工具； （5）提供众筹服务

续表 2

类别	ASIC 监管沙箱	澳大利亚政府增强型监管沙箱（ERS）
	消费者保护	
消费者保护－豁免条件适用	（1）适当的补偿安排（如专业赔偿（PI）保险），最低为 100 万美元； （2）内外部争议解决安排； （3）披露的行为和要求	（1）适当的补偿安排［如专业赔偿（PI）保险］，最低为 100 万美元； （2）内外部争议解决安排； （3）披露的行为和要求，包括在发生重大事项时通知客户和/或 ASIC； （4）ASIC 有权向符合条件的人发出整改命令，要求在通知后 30 天内完成
其他保护条款	（1）最高利益责任——财务建议； （2）冲突报酬条款； （3）负责任的借贷合约	（1）最高利益责任——财务建议； （2）冲突报酬条款； （3）负责任的借贷合约、不公平合同条款保护以及消费者信贷法下的其他保护条款； （4）众筹资金（CSF）中介义务，包括看门人和披露义务
披露	（1）企业必须通知客户和潜在客户其处于无照经营状态； （2）企业须向客户和潜在客户提供金融服务指南（FSG）、建议声明（SOA）、信用指南、产品披露声明（PDS）	（1）企业必须通知客户和潜在客户其处于无照经营状态； （2）企业须向客户和潜在客户提供金融服务指南（FSG）、建议声明（SOA）、信用指南、产品披露声明（PDS）； （3）须在以下情况进行客户通知：公司经过测试的金融服务、产品或信贷活动发生重大变化或不再提供、业务停止运营、业务停止在 ERS 中进行测试或业务获得正在测试的服务或产品的许可
	测试后	
报告和评价	（1）企业应在测试后立即向 ASIC 发送一份简短的报告（非强制）； （2）ASIC 在 12—18 个月后审查沙箱	（1）企业应在测试后立即向 ASIC 发送一份简短的报告（非强制）； （2）立法要求财政部在加强监管沙箱实施 12 个月后，安排对沙箱进行审查

资料来源：ASIC

（2）牌照申请

希望开展银行业务的新进入者可向澳大利亚审慎监管局（APRA）申请授权，目前有“直接”和“受限”两种申请途径，获得 APRA 许可的实体称为授权存款机构（ADI）。直接途径允许申请人从牌照发放开始经营其预期的银行业务，但须推出至少一款创收型资产产品，较为适合那些拥有可以立即设立ADI的资源和能力，并且从一开始就追求更加复杂、更大规模、非传统或高风险商业模式的公司。受限途径则为那些想要进入银行业，但目前不满足相应资源和能力审慎要求，需要一定时间发展的金融科技公司提供了便利。该途径可以帮助申请人在完全满足审慎监管框架之前，开展有限、低风险或传统的银行业务，期间须推出至少一款创收型资产产品和一款存款产品，以测试其商业模式，为其获取完整许可并满足全面审慎监管要求做准备。该过渡期最长为2年，最终以获得完整许可或彻底退出告终，在某些情况下APRA可能会考虑延长该期限。

鉴于个体的独特性和创新性，APRA将逐案确定申请限制性ADI的资质，申请人须提供一份可在两年内满足完整ADI牌照要求的可操作性计划和一份或许会用到的可信和全面的退出计划。整个申请流程可分为三个阶段（见图7.3.3）。

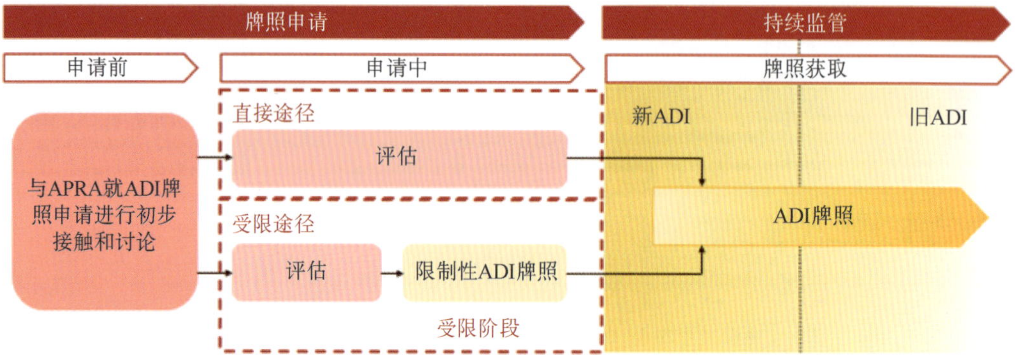

资料来源：APRA，海投全球整理

图7.3.3 澳大利亚ADI牌照申请流程

• 初步咨询：APRA与潜在申请人就其在澳大利亚开展银行业务的计划进行初步讨论，选取最为适合的申请途径。

• 申请与审查：申请人向APRA提交申请和商业企划书，APRA受理并对申请进行高级别审查。根据申请人的准备情况和业务的复杂程度，整个过程可能需要9—18个月不等。

● 牌照获取：APRA 根据审查结果和申请途径决定是否进行授权，授权后申请人将作为新 ADI 接受持续监管。

基于可持续发展的原则，受限 ADI 须始终满足最低流动性指标和以下两者中较高的最低资本要求：一是 300 万澳元（约合 221 万美元）加上处置准备金（resolution reserve，通常为 100 万澳元即 73.6 万美元）；二是调整后资产的 20%。在开展存款业务时，受限 ADI 只能吸收合计不超过 200 万澳元（约合 147.3 万美元）的存款，其中个人账户吸收存款总额不得超过 25 万澳元（约合 18.4 万美元）。同时，根据金融索赔计划（FCS），澳大利亚政府为个人在 ADI 的存款提供最高 250 000 美元的担保。具体要求见表 7.3.2。

表 7.3.2　澳大利亚各类 ADI 主要审慎监管要求对比

类别	受限 ADI	新 ADI	旧 ADI
初始资本要求	持续资本要求 +3 个月运营费用	1 500 万澳元或 9 个月的运营费用的较高值	根据 APRA 标准，按照风险加权基础计算
持续资本要求	300 万澳元 + 100 万澳元的处置准备金	1 000 万澳元，6 个月滚动的运营费用或 2.5% 的风险加权资产的较高值	—
资本留存缓冲要求	—	250 万澳元，6 个月滚动运营费用的 25% 或 2.5% 的风险加权资产的较高值	风险加权资产的 2.5%
退出策略	存款返还	存款返还选项	依赖成熟实体的处理能力，可能涉及业务转移（合并、收购等）
存款上限要求	吸收存款总额不超过 200 万澳元	可能对存款增长速度施加控制	—

资料来源：APRA

自政策实行以来，截至 2021 年 7 月 7 日，已经有五家数字银行获得了完整的 ADI 牌照，分别是 Volt Bank、Xinja、86 400、Judo Bank 和 Tyro。[①] 其中 Xinja 受疫情影响经营受困，于 2020 年 12 月归还牌照，撤销交易和储蓄账户产品，退还用户资金，与银行业告别。Alex Bank 和 In1Bank 获得了

① 资料来源：APRA。

限制性 ADI 牌照。

其他数字银行则通过与拥有 ADI 牌照的机构合作开展银行业务，如 Up Bank 和 Douugh。其中，与 Macquarie Bank 合作提供提供卡、账户和应用程序的 Hay 已递交 ADI 牌照申请，DayTek Capital 也在为限制性 ADI 申请做准备以成为一家数字银行。

（3）主要玩家及竞争环境

如英国和美国，数字银行业务在澳大利亚正在兴起，许多新式银行不断涌现，以改进澳大利亚采用的传统银行业务方式，推动银行业的有序竞争。一些机构决定获取自己的银行牌照，成为挑战者银行，如 Volt Bank、Judo Bank、86400；其他机构则与传统银行建立了合作关系，利用其牌照提供银行服务，被称为 Neobank，如 Up Bank、Hay、Douugh、Pelikin。其中，Judo Bank、86400、Up Bank、Volt Bank、Xinja 是澳大利亚数字银行业的佼佼者。不幸的是 Xinja 于 2020 年 12 月停止提供其银行业务，86400 也在 2021 年初被收购，说明新进入者在试图颠覆澳大利亚银行业格局时面临的巨大困难，这一困难主要在于四大行规模庞大且竞争优势根深蒂固。

与此同时，数字银行的到来使得澳大利亚传统银行数字化转型加快，纷纷推出在线银行如 UBank，以捍卫其超过 70% 的市场份额。其中，澳大利亚联邦银行（CBA）斥资 50 亿澳元更新其信息基础设施以成为澳大利亚数字银行的领导者。本迪戈阿德莱德银行（Bendigo Adelaide Bank）则与软件开发公司 Ferocia 合作建立了 100% 数字化的 Up Bank，目前拥有超过 200 000名客户。其他银行则将与本土数字银行 App 合作作为进入新市场的一种方式，如：澳大利亚地区银行（Regional Australia Bank）已与 Douugh 形成合作伙伴关系，Douugh 近年又向美国市场拓展，与 Choice Bank 展开合作。

此外，外国数字银行也将目光转向澳大利亚市场，以寻求海外增长。总部位于英国的挑战者银行 Revolut 在经历了 9 个月测试后，于 2020 年 8 月在澳大利亚全面上线其基于订阅的选择性财富管理 App，提供加密货币交易、大宗商品交易、App 购买奖励计划以及针对青少年的“初级账户”等服务。

澳大利亚大部分数字银行都是针对个人消费者，只有 Judo Bank 和 Tyro 两家是针对中小企业，因此个人消费者市场虽然庞大，但也是最激烈的竞争市场。对于 B2C 模式下的数字银行来说，获得 ADI 牌照的数字银行提供的金融产品和服务同质化程度较高，除了储蓄和交易账户、个人和房屋贷款以外，新型花销查询和分类系统可以说是行业标配，86400 等部分机构还提供账单检测和提醒功能，其余一些银行还提供未来预测，以帮助客户规划其支出和储蓄行为。未获得 ADI 牌照的数字银行则专注于某一领域进行深耕，如：Pelikin 专注于旅游金融市场，允许用户以多达五种货币进行消费、转账和拆分资金，并提供旅行保险产品，旨在为澳大利亚年轻人提供与众不同的旅行理财体验。QPay 则主要针对学生这一客户群，提供学生专用折扣和消费洞察等功能，最初是作为大学社团收取会员费、票务或活动费用平台推出，并随 QPay 万事达卡的推出瞄准了更加广泛的学生客群。

7.4 案例分析

7.4.1 Judo Bank

（1）银行简介

Judo Bank 成立于 2016 年，总部位于墨尔本，由澳大利亚国民银行（NAB）两名前高管 David Hornery 和 Joseph Healy 共同创立，于 2019 年 4 月获得了完整的 ADI 牌照，并从“Judo Capital”更名为“Judo Bank”，成为澳大利亚首家面向中小企业的数字银行。公司名称来源于其战略原则——柔道策略（Judo Strategy），即利用体型和敏捷性来智取强大的对手，更快速、更灵活、更专注地为客户提供优质的服务。

作为一家数字银行，Judo Bank 并未将重心完全放到金融科技上面，而是回归传统的关系型借贷（Relationship Banking），将人与科技融合，利用科技维护与客户的长期合作关系，为客户提供“人性化 + 数字化”的服务。“人性化”指公司强调重点关注客户关系以及准确理解客户需求的高接触服务，客户可以直接接触授信过程中的每一个决策者，并与专属客户经理建立深入、定期的联系，以获取个性化的贷款解决方案。公司以“4C”原则作为授信基础，主要考察企业经营者的能力与经验（Character）、未来现金流情况（Cash Flow）和贷款用途（Capital），抵押品价值（Collateral）则相对次要，只有在授信不足的情况下才予以补充。“数字化”指公司建立云平台，支持实时有效的信息分发、透明的通信和及时的方案使客户获得无与伦比的快速、便捷、安全的服务体验。

（2）主要产品和服务

Judo Bank 专注于中小企业（SME）市场，主要服务年营业额在 2 000 万澳元以下的中小型企业，为其提供移动优先的数字化金融解决方案，包括支付和汇款工具以及一系列商业贷款、小额信贷、设备贷款、融资租赁和房屋贷款额度，贷款利率“与大银行相当”，旨在重塑中小企业银行业务的市场格局，弥补中小企业在传统银行贷款中面临的资金缺口，从而帮助其更便捷地获得所需要的信贷支持以及其他金融服务。2020 年，在新冠肺炎疫情带来的经济衰退背景下，Judo Bank 的贷款额度实现了巨幅增长达到 18 亿澳元，2019 年为 2.4 亿澳元，主要源于 Judo Bank 有能力为中小企业的贷款需求提供持续支撑。

同时，Judo Bank 还针对个人客户推出了定期存款业务，可选 3 个月、6 个月、9 个月、1 年、2 年、3 年、4 年、5 年八档存款期限，最低存款额度为 1 000 澳元，超过 100 万澳元则需联系人工客服。账户无其他隐性费用，并设立了特色的“忠诚奖励”，即定期转存后可多获得 0.10% 的红利。截至 2020 年 6 月，Judo Bank 吸引了超过 9 000 位个人储户，吸收存款金额增至

13.9 亿澳元，同比增长 1 228%，为其最大的资金来源。①

（3）融资情况

自成立以来，Judo Bank 获得了政府、银行和海内外投资者的重点关注与资金支持（见表 7.4.1）。2018 年 8 月，Judo Bank 募资 1.4 亿澳元，为当年最大的初创公司股权融资额；随后 2019 年 7 月其 4 亿澳元融资额刷新了澳大利亚资本市场上创业公司单笔融资金额的最高纪录。2020 年 5 月，Judo Bank 宣布完成 2.3 亿澳元巨额融资，跻身独角兽金融科技创企，也成为首个获得此项成绩的澳大利亚数字银行。随后于 2020 年底又完成 2.84 亿澳元的募资活动，成长为更大的独角兽，估值达到 16 亿澳元（约合 11.85 亿美元）。2021 年 6 月，Judo Bank 从现有投资者那里获得了 1.24 亿澳元的开发资金以支持小型企业从 COVID－19 和经济衰退中“突围”，推动公司估值接近 20 亿澳元（约合 14.6 亿美元）。据路透社报道，Judo Bank 正在考虑年底前启动 IPO 计划，募集约 3.5 亿澳元（约合 2.58 亿美元）的资金。

表 7.4.1　　Judo Bank 融资情况

时间	交易类型	交易金额	主要投资者
2021 年 6 月 21 日	成长性股权投资	12 400 万澳元（约合 9 534 万美元）	—
2020 年 12 月 23 日	成长性股权投资	28 400 万澳元（约合 21 201 万美元）	UniSuper Management, Magnetar Capital and Moore Strategic Ventures
2020 年 5 月 7 日	成长性股权投资	23 000 万澳元（约合 14 660 万美元）	Ironbridge Capital, Abu Dhabi Capital Group, Bain Capital Credit and Myer Family Investments
—	债务融资	80 000 万澳元（约合 54 481 万美元）	Citigroup, Credit Suisse and The Goldman Sachs Group
2019 年 7 月 29 日	成长性股权投资	40 000 万澳元（约合 27 959 万美元）	Cambooya, Ironbridge Capital and Abu Dhabi Capital Group
2018 年 8 月 1 日	早期风险投资	14 000 万澳元（约合 10 369 万美元）	Cambooya, Ironbridge Capital and Abu Dhabi Capital Group

资料来源：PitchBook

① Judo Bank 2020 年度回顾。

7.4.2 Volt Bank

（1）银行简介

Volt Bank 成立于 2017 年 10 月，总部位于悉尼，是澳大利亚数字银行领域的先驱之一。2018 年 5 月，它成为第一家获得澳大利亚审慎监管局（APRA）颁发的限制性存款授权机构（RADI）许可证的澳大利亚数字银行，并于 2019 年 1 月率先获得了完整许可。

（2）主要产品和服务

Volt Bank 的目标客户群体是个人消费者，以储蓄业务为起点，凭借每年 0.9% 的“无附加条件”持续利率、最高限额 245 000 澳元和零月费吸引了大量储户的注意，随后逐步扩展，包括消费账户、转账汇款、账单支付、现金提取、支持 NFC 的在线和离线购物借记卡、个人贷款、住房贷款等，寻求为投资者建立“一站式服务”。

①储蓄挑战。

Volt Bank 在其应用程序中引入的首批功能之一是 Volt Savings Challenge 功能。旨在帮助用户养成持续的储蓄习惯，用户可以在应用程序中设置储蓄目标（例如每周 100 澳元）以及频率（每周、每两周或每月），然后定期收到来自银行的推送通知，提醒为账户充值。Volt Bank 表示，对于积极习惯的养成，“6”是个神奇的数字，因此该挑战在应用程序中以 6 个“储蓄圈”的形式展示，“储蓄圈”是否被完全、部分或无填充取决于其是否完成以及完成的情况。

②BaaS 平台。

2020 年 9 月，Volt Bank 与微软、Lab3 工程师合作，基于云计算服务 Microsoft Azure 开发具有数据存储和分析能力的银行即服务（BaaS）平台，即 Volt 2.0。该平台作为银行现有合作伙伴网络的延伸，允许其业务合作伙伴直接向自己的客户提供全方位服务的银行业务和支付服务，并提供一个无障碍的环境“加速”他们自身的服务创新。Volt 2.0 的发展预示着向消费者提供和使用银行服务的方式可能将发生变革，非银行业务将成为银行服务拓展的最前线，银行产品可以直接提供给合作公司自己的客户群，或用于增强现有服务如忠诚度计划。

2021 年 3 月，Volt Bank 与嵌入式金融平台 Railsbank 建立了合作伙伴关系，计划与 Railsbank 的全球合作伙伴和客户合作，在澳大利亚启用更广泛的 BaaS 解决方案，使公司能够在自己的客户体验中构建、推出和扩展金融产品的原型。

6 月，Volt Bank 与当地抵押贷款经纪集团澳大利亚金融集团（AFG）成立战略联盟，合作内容包括：AFG 向银行投资 1 500 万澳元（约合 1 160 万美元）以获得其 7.6% 的股份，AFG 向其超过 2 975 家经纪人的网络提供银行旗下的数字抵押贷款产品，共同开发和分销更多银行白标产品包括个人和商业贷款给 AFG 经纪人等。预计该产品将在 2021 年第四季度进行试点，并于 2022 年第一季度推广至所有经纪人进行发行。

7 月，Volt 宣布收购新贷款平台 Australian Mortgage，为其新产品——数字抵押贷款产品提供支持，针对约 60% 的澳大利亚抵押贷款由经纪人介绍并且审批缓慢的痛点，将需耗时超过两周的审批时长压缩至不到 15 分钟，并可在 24 小时内结清资金，以帮助抵押贷款经纪人能够专注于个性化的客户服务，进而提高转化率并增强客户体验。

收购 Australian Mortgage 以及与 AFG 的战略联盟为 Volt Bank 的 BaaS 平台引入了贷款组件，帮助其完成了从一家金融科技初创公司到一家拥有多渠道收入、快速扩张贷款业务量的全方位服务挑战者银行的转变。

（3） 融资情况

2018 年 5 月，Volt Bank 获得澳大利亚审慎监管局（APRA）授权为限制性 ADI，并筹集了 1 570 万澳元的股权用于研究和平台测试。在完成 7 000 万澳元的 C 轮融资后，2020 年 1 月，为了满足监管资本需求，并为推出新产品提供资金，Volt Bank 计划以 2.85 亿澳元的估值启动 5 000 万澳元 D 轮融资，但受到新冠疫情的影响被迫取消，其原定于2020年末的IPO计划也被推迟。2021年6月，Volt Bank获得Australian Finance Group的战略投资1 500万澳元，将E轮融资总额推高至3 770万澳元，该轮融资的目标金额已扩大至8 500万澳元（6 570万美元）（见表7.4.2）。

表7.4.2　Volt Bank融资情况

时间	交易类型	交易金额	主要投资者
2021年6月2日	E轮（进行中）	3 770万澳元（约合2 910万美元）	Australian Finance Group
2020年1月20日	D轮（取消）	5 000万澳元（约合3 462万美元）	未披露
2020年1月20日	C轮	7 000万澳元（约合4 810万美元）	Collection House，Seed Space Venture Capital and Rajahblue Capital
2018年5月7日	早期风险投资	1 570万澳元（约合1 155万美元）	未披露

资料来源：PitchBook

第 8 章

非洲数字银行报告

C H A P T E R 8

8.1 非洲经济与数字银行环境

综述

非洲是世界上人口最多但经济最不发达的大陆之一。截至2020年，非洲的人口总量约为12.96亿，仅次于亚洲，居世界第二位，且保持平均每年2.3%的高水平增长，平均年龄不到20岁。受历史遗留因素、政府的腐败、教育落后、疾病流行、战争与动乱等因素影响，非洲经济发展十分落后，2020年全年实现GDP总量约23 500亿美元，人均GDP为1 812.92美元，区域间分化较为明显。其中，尼日利亚由于其庞大的人口和经济，经常被称为“非洲的巨人”。

目前，非洲大陆的绝大多数消费支出集中在非正规的路边市场。随着非洲消费者从非正规消费转向更正式的消费形式，以及在新冠肺炎疫情的外部压力下，非洲的消费市场将会从线下转移至线上，进而发挥出更大的市场潜力，其中尼日利亚、埃及和南非占据领跑地位。互联网支撑方面，非洲互联网市场在过去十年实现了迅猛增长，累计上网人数已超过5.2亿，约占总人口的40%，其中60%的人通过移动设备访问互联网。

由于地域广阔人口基数庞大，包括银行在内的基于实体的金融服务覆盖面有限，约66%的非洲成年人没有银行账户，95%的交易通过现金支付，薄弱的金融基础设施和较低的金融服务接受度已推动非洲成为“金融科技发展的下一个热点”，越来越多的国际资本将目光投向了这片土地。自2015年以来，涌入非洲金融科技领域的资金保持增长态势，共筹集了约9亿美元，其中大部分资金流向了尼日利亚、南非、肯尼亚和埃及的初创公司，合计占非洲总融资额的93.0%。

随着消费者对便捷化访问银行记录和在网点外完成金融交易的需求越

来越大，“数字银行”应运而生，并成为金融科技四大核心领域之一，非洲对数字银行解决方案的热情使得该地区成为世界其他地区的灵感来源。虽然目前非洲仍然落后于其他地区，处于初级发展阶段，全球300多家数字银行中只有不到20家位于非洲，其中以尼日利亚的Kuda和南非的TymeBank最为出名，但高手机普及率、大量游离在传统银行服务体系之外的消费者以及数量稀少的银行分支机构，已成为非洲金融科技和数字银行业务增长的关键驱动力。

8.1.1 宏观环境

阿非利加洲（Africa），简称“非洲”，位于东半球西部，欧洲以南，亚洲之西，东濒印度洋，西临大西洋，纵跨赤道南北，土地面积为30 221 532万平方公里，占全球总陆地面积的20.4%，是世界第二大洲。整体可划分为北非和撒哈拉以南非洲两大地区，撒哈拉以南非洲又分为中非、东非、南非、西非，共有54个公认的独立国家，是世界上国家数量最多的大洲。2002年7月，非洲联盟（African Union，AU），简称非盟，在南非成立，前身是于1963年成立的非洲统一组织（Organization of African Unity），是继欧盟之后成立的第二个重要的地区国家联盟，是集政治、经济、军事等为一体的全洲性政治实体。

非洲拥有丰富的自然资源，森林面积占非洲总面积的21%，植物种类在40 000种以上，大型野生动物的种类和数量均居世界各洲首位，金刚石、黄金、铬铁矿、磷酸盐等的储量和产量也位于世界前列，农业、采矿业和轻工业成为非洲经济发展的重要支柱。尽管自然资源禀赋，非洲仍然是世界上除南极洲外最贫穷、落后的大陆，历史遗留因素、政府的腐败、落后的教育、疾病的流行、战争与动乱均是拖累非洲经济发展的主因。2020年，非洲的经济活动受到新冠肺炎疫情广泛传播导致的经济封锁的负面影响，同比下降1.9%，实现GDP总量约23 500亿美元（见图8.1.1）；人均GDP从2019年的1 922.52美元下降至1 812.92美元。非洲整体地区跨度较大，各个国家的发展情况分化较为明显。尼日利亚、埃及、南非的 GDP 总量超过了 3 000 亿美元，其中尼日利亚由于其庞大的人口和经济，经常被称为“非洲的巨人”；经济体量较小的国家如南苏丹、科摩罗、塞舌尔在 10 亿美元左右，圣多美和普林西比经济体量最小，不足 5 亿美元。

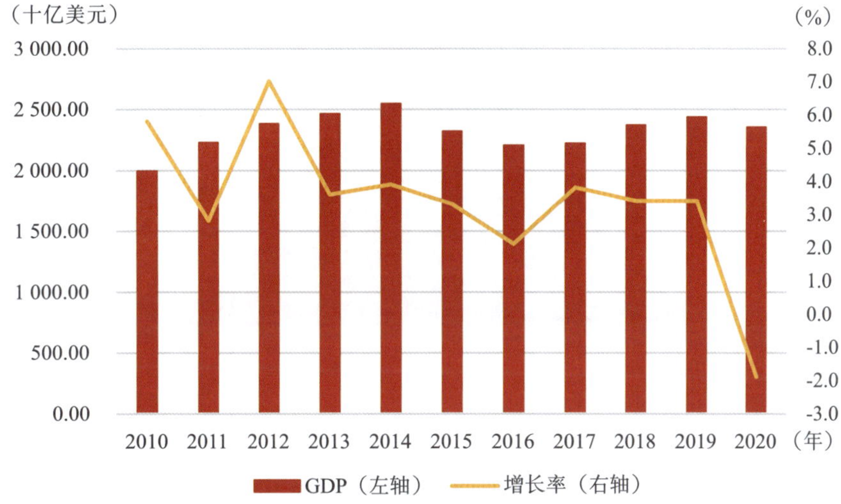

数据来源：IMF

图 8.1.1　非洲 GDP 总量及其增长率

截至 2020 年，非洲的人口总量约为 12.96 亿人，仅次于亚洲，居世界第二位。其增速仍保持平均每年 2.3% 的高水平增长，远高于亚洲 1% 的增速，其中撒哈拉以南非洲人口增长率又高于北非，尼日尔、乌干达和赤道几内亚等部分国家的人口增长率甚至达到了 3%。4.44% 的高出生率使得非洲成为世界上最年轻的大陆，整体平均年龄不到 20 岁（见图 8.1.2）。

根据联合国人口司的预测，世界上有 28 个城市 2020—2025 年的年均经济增长率将超过 5%，其中 22 个位于非洲；86 个城市将以 4%—5% 的速度增长，其中 58 个城市位于非洲。成长最快的城市为尼日利亚首都阿布贾的卫星城市瓜瓦拉达，其次为刚果共和国的卡宾达。由于非洲的经济增长以及城市发展速度跟不上部分城市的增长速度，非洲的快速城市化带来了诸如贫民窟不断扩大、道路拥堵、污染等问题。

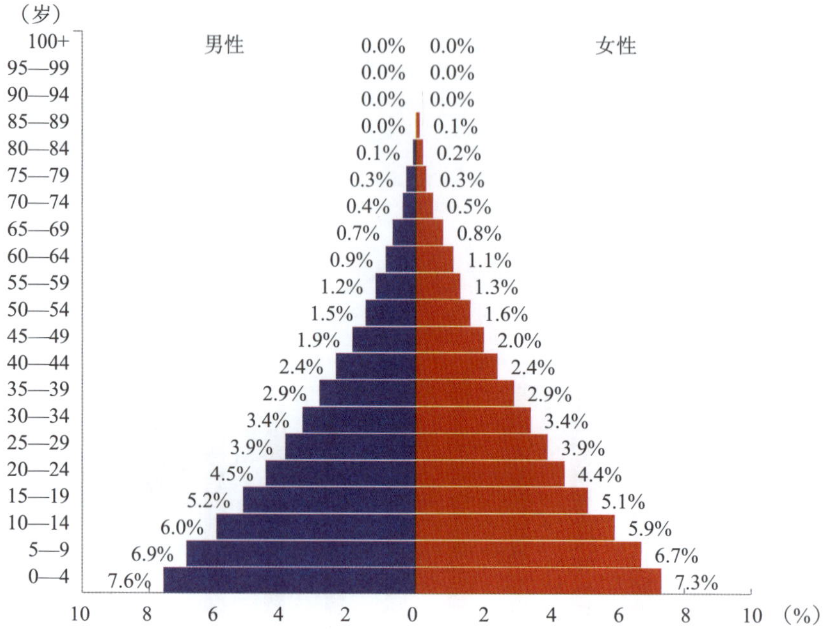

数据来源：PopulationPyramid

图 8.1.2　非洲人口金字塔

8.1.2　金融科技环境

（1）数字包容性

互联网市场在非洲大陆实现了迅猛增长，在过去十年间，超过 3 亿非洲人接入互联网，新增智能手机连接近 5 亿；累计上网人数已超过 5.2 亿，约占总人口的 40%，其中 60% 的人通过移动设备访问互联网。根据《经济学人》（The Economist）杂志发布的“2021 包容性互联网指数”（Inclusive Internet Index 2021）排名（见表 8.1.1），南非是非洲互联网自由度最高的国家，摩洛哥、肯尼亚、埃及和尼日利亚互联网市场也较为发达。预计到 2025 年，撒哈拉以南非洲将有 1.67 亿人订阅移动服务，智能手机连接数翻一番；未来十年，非洲互联网用户数量将以 11% 的速度增长，届时占全球总量的 16%。

表 8.1.1　　　　非洲主要国家互联网指数

综合排名	国家	可获性	可购性	相关性	就绪度
47	南非	68.6	73.4	82.9	76.3
67	摩洛哥	68.5	64.5	76.1	55.9
71	肯尼亚	56.4	65.8	85.4	69.4
73	埃及	62.4	64.5	69.9	61.7
75	尼日利亚	46.3	70.0	83.6	70.5
86	阿尔及利亚	58.0	61.3	56.3	53.7
89	加纳	55.2	55.1	58.1	65.5
93	乌干达	39.4	56.8	76.1	71.1
95	卢旺达	44.5	50.3	64.4	73.7
97	科特迪瓦	49.9	57.1	57.0	43.6
98	坦桑尼亚	32.5	72.4	57.0	65.7
108	埃塞俄比亚	34.4	48.1	53.7	45.3

资料来源：经济学人（The Economist）

（2）消费环境

目前，非洲绝大多数消费支出集中在非正规的路边市场，即使在零售和分销市场最发达的国家也是如此。随着非洲消费者从非正规消费转向更正式的消费形式（包括购物中心、超市、电子商务等），非洲的消费市场将会酝酿更大的市场潜力。预计到2030年，尼日利亚、埃及和南非将保持其最大的消费市场地位，肯尼亚、摩洛哥、阿尔及利亚、埃塞俄比亚、加纳、安哥拉、苏丹、突尼斯和坦桑尼亚等国家也将取得惊人的发展。

2020年新冠肺炎疫情的快速传播给非洲的零售业造成严重冲击，但也成为在线销售的催化剂，促使非洲的购物者比以往任何时候都更频繁地在线购物，而处于郊区的购物者更是进行了首次尝试。尼日利亚和南非是非洲电子商务的早期开拓者，目前已成为非洲电子商务增长的主要力量；埃及拥有中东和北非地区（MENA）最多的互联网用户，以此为基础叠加政策的大力支持，电商市场实现了蓬勃发展；随着互联网渗透率的提升，肯尼亚已准备好迎接电子商务的繁荣。

电子商务仅是非洲飞速发展的数字经济中的一个缩影，金融科技、健康科技、媒体与娱乐、本地交通、食品配送和B2B电子物流在内的多个行业正在引领非洲的数字化转型。根据谷歌和国际金融公司发布的《2020 年非洲数字经济报告》，到 2025 年，预计非洲的数字经济将为非洲大陆的 GDP 贡献 1 800 亿美元，占 GDP 的比重达到 5.2%（见表 8.1.2）；到 2050 年，预计的潜在贡献将达到 7 120 亿美元，占比上升至 8.5%。其中，尼日利亚、南非和埃及的数字经济贡献最多，到 2050 年均超过 1 000 亿美元（见表 8.1.3）。

表 8.1.2　非洲数字经济对非洲大陆 GDP 增长贡献预测

年度	年度 GDP（十亿美元）	年度 GDP 占 GDP 比重（%）	GDP（十亿美元）
2019	100	3.9	2 580
2020	115	4.5	2 554
2025	180	5.2	3 446
2050	712	8.5	8 342

数据来源：埃森哲（Accenture）

表 8.1.3　非洲主要国家数字经济对 GDP 增长贡献预测

国家	2020 年度		2025 年度		2050 年度	
	金额（十亿美元）	占比（%）	金额（十亿美元）	占比（%）	金额（十亿美元）	占比（%）
肯尼亚	7.42	7.70	12.84	9.24	51.07	15.17
摩洛哥	7.80	6.82	12.09	7.84	48.06	12.88
南非	21.55	6.51	31.45	7.86	125.08	12.92
塞内加尔	1.51	6.22	2.92	7.11	11.61	11.68
尼日利亚	24.59	5.68	36.53	6.86	145.28	11.27
阿尔及利亚	9.02	5.60	11.92	6.16	47.39	10.12
喀麦隆	2.06	5.39	3.27	6.19	13.00	10.16
科特迪瓦	3.18	5.27	5.53	6.04	21.98	9.92
埃及	15.41	4.98	25.97	5.99	103.29	9.83
卢旺达	0.52	4.98	0.97	5.96	3.85	9.79
加纳	3.01	4.42	5.01	5.31	19.94	8.73
坦桑尼亚	2.57	3.98	4.28	4.57	17.03	7.50
乌干达	1.36	3.82	2.26	4.18	8.97	6.87
莫桑比克	0.37	2.45	0.67	2.81	2.65	4.62
安哥拉	2.02	2.17	2.88	2.38	11.44	3.91
埃塞俄比亚	1.26	1.27	2.02	1.39	8.03	2.28

续表

国家	2020 年度		2025 年度		2050 年度	
	金额（十亿美元）	占比（%）	金额（十亿美元）	占比（%）	金额（十亿美元）	占比（%）
非洲其他地区	11.62	1.96	18.55	2.16	73.76	3.54
合计	115.00	4.50	180.00	5.20	712.00	8.50

资料来源：埃森哲（Accenture）

（3）创业环境

非洲是世界上人口最多但经济最不发达的地区之一，由于地域广阔人口基数庞大，包括银行在内的基于实体的金融服务覆盖面有限，约 66% 的非洲成年人没有银行账户，95% 的交易通过现金支付，薄弱的金融基础设施和较低的金融服务接受度反而促使非洲成为“金融科技发展的下一个热点”（见图 8.1.3）。

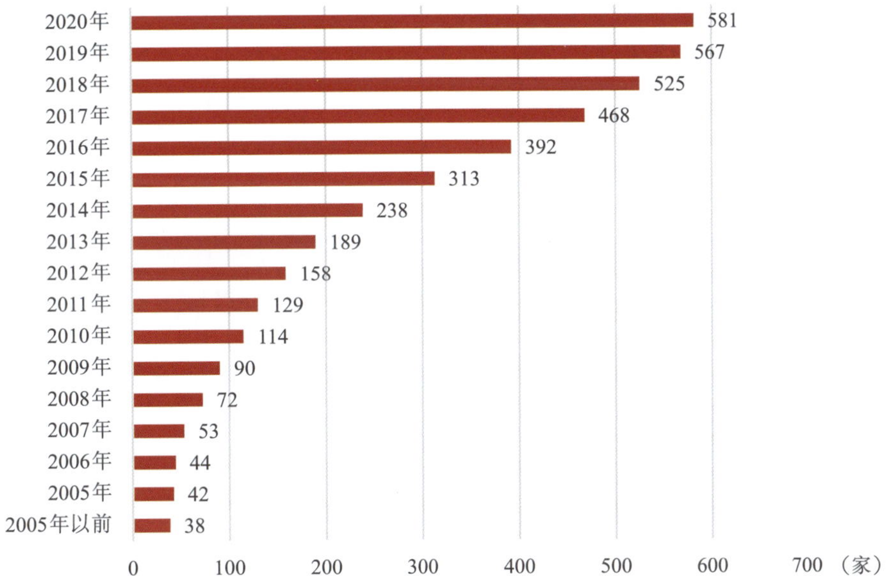

数据来源：Medici

图 8.1.3　非洲金融科技初创公司数量变动情况

随着非洲经济的发展，非洲的金融科技正在持续升温（见图 8.1.4）。

越来越多的非洲金融科技初创公司通过创新和创建数字系统和基础设施填补传统金融服务的空白，从专注于支付、贷款保险和投资等细分领域转向提供更广泛的补充服务来扩大规模。越来越多的国际资本将目光投向了这片大陆，各种自媒体开始大篇幅报导非洲科技创业信息。自 2015 年以来，涌入非洲金融科技领域的资金保持增长态势，共筹集了约 9 亿美元，是其他行业的 2 倍多，其中大部分资金流向了尼日利亚、南非、肯尼亚和埃及的初创公司，合计占非洲总融资额的 93.0%。

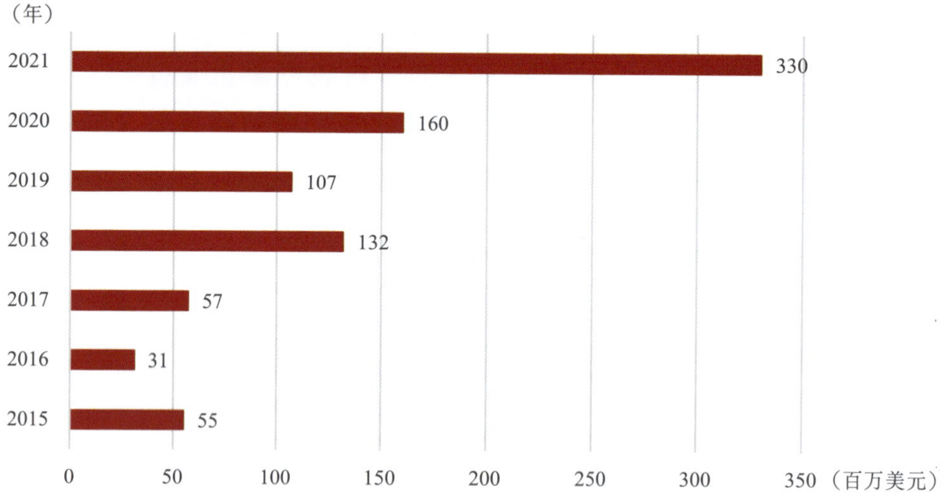

注：2021 年仅包含 1—6 月数据

数据来源：Disrupt Africa

图 8.1.4　非洲金融科技初创公司融资情况

（4）金融环境

金融科技是一种新兴且快速发展的全球趋势，导致多国政府不得不迅速采取行动来促进、拥抱和监管该行业。但对于非洲而言，金融科技在监管方面仍处于起步阶段。2020 年，南非、安哥拉和加纳等国家在监管和/或促进金融科技发展的多个方面都取得了进步；埃及的 2030 年愿景将金融服务领域囊括其中，并通过了新银行法以规范金融科技的发展；尼日利亚公布了其监管沙箱的框架，南非则与其他几个政府共同设立了一个新的金融科技创新中心，同时成立了政府间金融科技工作组（IFWG）。此外，非洲大陆自由贸易协定（AfCFTA）的启动将促使成员国之间的贸易和投资流动更加频繁，这将有助于金融科技的发展，以及更广泛的知识和技术的转移与合作。

8.1.3 数字银行市场

与发达国家和其他发展中国家类似，非洲的金融科技行业以支付为主导；信贷紧随其后，占非洲金融科技初创公司募资轮次的24% ；许多金融科技公司正朝着纯数字银行迈进，占比超过10% （见图8.1.5）。

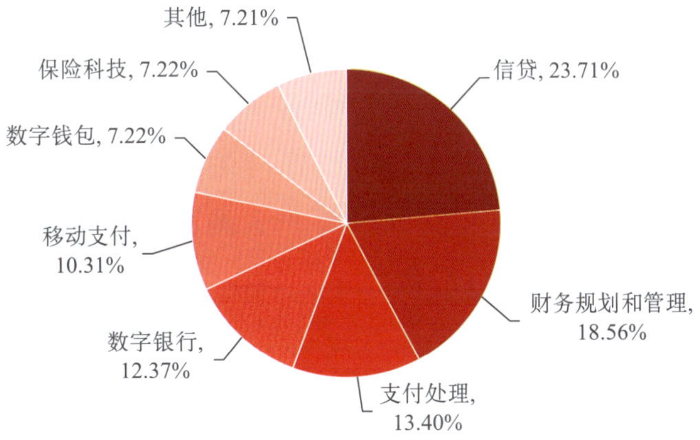

数据来源：AfriCo. io

图8.1.5 非洲金融科技融资细分行业分布情况（按融资轮次）

非洲数字革命起源于肯尼亚电信运营商Safaricom于2007年通过M－PESA系统推出的手机银行。该业务模式覆盖了绝大部分手机用户，替代了传统银行并迅速向非洲其他地区扩张。此前，除马格里布地区和南非外的非洲其他国家金融服务十分落后，银行及其网点十分稀少，电信运营商利用其与客户的近距离和移动终端提供了广泛的移动银行服务，包括但不限于手机充值、存款、取款、支付以及汇款等基本功能。随着数字技术的不断发展，移动钱包的发展已初具规模，并从交易性操作（现金进出、账单支付、转账等）向更高级的金融服务生态系统（保险、小额贷款等）演进。

目前非洲仍然落后于其他大陆，处于初级发展阶段，全球300多家数字银行中只有不到20家位于非洲，以尼日利亚的Kuda和南非的TymeBank最为出名，但高手机普及率、大量游离在传统银行服务体系之外的消费者以及数量稀少的银行分支机构，已成为非洲金融科技和数字银行业务增长的关键驱动力。与欧洲数字银行努力将现有传统银行客户转变为纯数字客户的重心不同，非洲数字银行则专注于吸引那些从未接触过主流金融服务的消费者首次尝试银行服务。根据GSMA发布的《2021年移动货币行业状况报告》(2021 State of the Industry Report on Mobile Money)，截至2020年非洲大陆已有5.62亿人使用移动货币服务，同比增长12%，其中1.61亿为活跃用户；交易量同比增长15%至275亿，交易额则增长了23%，达到4 950亿美元。

与此同时，近年来金融科技的兴起对传统银行造成了持续冲击，其通过尖端的技术和卓越的服务抢占了可观的市场份额，给本就激烈的市场竞争态势再添变数。尤其是数字银行在为客户提供创新和高效服务方面处于领先地位，吸引了大量投资，成为传统银行的有力竞争对手，也倒逼传统银行加强其数字化转型，与电信运营商和金融科技公司建立了合作伙伴关系，甚至推出自己的数字银行平台。

8.2 尼日利亚数字银行研究

综述

尼日利亚是西非地区的领头羊，在2013年超过南非一跃成为非洲第一大经济体。受2015年石油危机影响，尼日利亚经济增速下探，并出现25年来首现萎缩，下降1.6%。随后尼日利亚政府意识到降低石油依赖的必要性和紧迫性，大力发展经济多元化，经济增速稳步回暖直至COVID-19的暴发结束了其三连涨。2020年，尼日利亚实现GDP总量约为4 300亿美元，居世界第27位，同比下降1.8%；人均GDP达到2 083.16美元，在非洲处于中等偏上水平；其通胀数据一直处于高位，在11%的水平线上下剧烈波动，2020年为13.2%。

尼日利亚是非洲人口最多的国家，截至2020年人口总量约2.11亿，约占西非总人口的一半，位居世界第7位，早婚、高出生率和缺乏计划生育使得尼日利亚人口始终处于高速增长通道。尼日利亚大部分人口居住在南部和西南部近海地区，首都拉各斯是迄今为止最大的城市，人口达到900万，卡诺、伊巴丹、卡杜纳、哈科特港、贝宁城和迈杜古里均为人口超过100万的大都市。作为世界上人口最年轻的国家之一，尼日利亚年龄结构呈现正金字塔形，平均年龄为18.1岁，25岁以下的年轻人群超过总人口的60%，消费潜力巨大。

不断扩大的人口基数，消费者年轻且渴望尝试新产品并乐意为此买单，城镇化进程带来的民众收入的提高，以及越来越多女性外出工作，促使尼日利亚消费需求持续增长，成为非洲最繁荣的消费市场之一以及非洲电子商务的主要枢纽。2020年受新冠肺炎疫情的冲击，尼日利亚消费者开始控制支出，仅在线下购买生活必需品，可自由支配支出则转移至线上，全年尼日利亚实现最终消费支出3 387亿美元，占GDP的比重略降至78.34%；电子商务实现收入53.13亿美元。

互联网支撑方面，受益于《国家宽带发展计划》的出台，尼日利亚的互联网取得了长足的发展，成为非洲互联网自由度最高的国家之一，互联网渗透率保持在50%左右，手机渗透率在近三年实现了明显攀升。截至2021年1月手机连接数达到18 790万个，相当于人口总量的90%。金融服务支撑方面，尼日利亚作为非洲最大的经济体和金融中心，其金融普惠度、信用卡渗透率和移动金融业务的发展却不尽人意。截至2020年5月全国共开立1.6亿账户，活跃账户仅有1.1万户，人们仍以现金交易为主。

尼日利亚金融业是撒哈拉以南非洲最大的金融体系之一，目前共有106家银行，经过近年来大规模的并购重组，行业集中度得到了很大的提升，处于第一梯队的银行有尼日利亚第一银行（FirstBank）、非洲联合银行（UBA）、担保信托银行（GTBank）、Access Bank和Zenith Bank。随着金融科技在非洲崛起，尼日利亚一直在逐案应对由此引发的监管问题，但未出台纲领性的金融科技监管法案，小额信贷银行（MFB）许可因此成为一些希望提供基本银行服务但无法满足商业银行资质要求的金融科技公司的低成本、快速替代方案，如：Kuda、Rubies、Eyowo、Sparkle。传统银行也加大对新兴技术的投资甚至推出了自己的数字银行平台如：ALAT、Vbank、VULTe 等，以加强其数字服务来改善客户体验。

对于数字银行而言，想要在与传统银行的比拼中胜出，敏捷且以客户为中心的价值主张是毋庸置疑的制胜法宝。同时，随着尼日利亚金融科技市场的日趋成熟，数据驱动将成为价值链不可或缺的一部分。在信用记录和其他传统数据源有限的尼日利亚，汇集和挖掘非常规数据以创建新的评分和评估算法的能力将是开启下一波创新浪潮的核心。

8.2.1 宏观环境

尼日利亚联邦共和国，简称尼日利亚，位于西非东南部，东邻喀麦隆，东北隔乍得湖与乍得相望，西接贝宁，北界尼日尔，南濒大西洋几内亚湾。其领土面积 923 768 万平方公里，居世界第 32 位、非洲第 14 位。尼日利亚实行联邦制，全国划分为 1 个首都阿布贾（Abuja）所在的联邦首都区、36 个州以及 774 个地方政府。尼日利亚自然资源丰富，已探明有 30 多种矿藏，石油储量居非洲第二位、世界第十一位，天然气储量居非洲第一位、世界第十位，油气产业成为其国民经济的支柱，石油生产和出口量居非洲第一，2020 年石油产业占 GDP 的比重为 8.16%。长久以来尼日利亚的经济增长由石油原油出口主导，经济结构较为单一和脆弱，这也导致其经济因全球石油价格多次变动而遭受巨大打击。

（1）经济

①GDP。

尼日利亚是西非地区的领头羊，在整个非洲的地位亦举足轻重。2003

年至 2014 年间，尼日利亚经济年均增长率为 7%，实现了稳步扩张。2014 年，尼日利亚重新调整了其 GDP 计算基准年份（由 1990 年调至 2010 年），其 2013 年名义 GDP 规模向上修正多达 80%，从而超过南非一跃成为非洲第一大经济体。

2015 年受国际油价下跌等因素影响，尼日利亚出口减少一半，经济增速大幅下跌至 2.7%。在此背景下，2016 年尼日利亚重要的石油产区遭到武装分子袭击，主要的石油开采设备、运输管道被毁，导致其石油产量降至二十年来最低水平，石油产量较 2015 年萎缩了 14%。石油量价齐跌，加之奈拉贬值，尼日利亚经济 25 年来首现萎缩，下降 1.6%。

随后尼日利亚政府意识到降低石油依赖的必要性和紧迫性，于 2016 年出台的《经济复苏与增长计划》（Economic Recovery and Growth Plan），规划了 2017 年到 2020 年内的政策重点，大力促进经济多元化发展，减少外部因素和全球经济周期对尼日利亚经济的扰动。同时着力改善商业环境并与武装分子达成和平协议，经济受服务业尤其是信息和通信技术产业带动逐步回暖，直到 2020 年 COVID-19 的广泛传播结束了其经济的三连涨，全年创造 GDP 总量约为 4 300 亿美元，居世界第 27 位，同比下降 1.8%，为近三十年来的最大降幅（见图 8.2.1）。

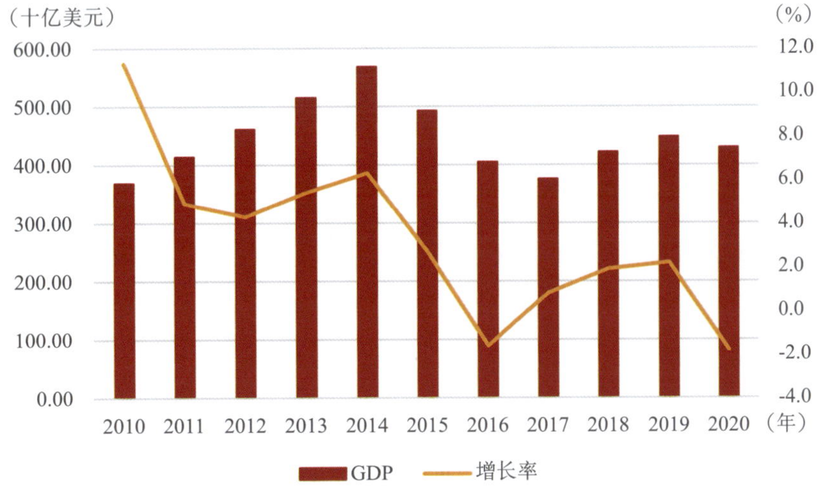

数据来源：IMF

图 8.2.1　尼日利亚 GDP 总量及其增长率

尼日利亚与其他发展中国家相比，属于中低收入国家，但与非洲整体水平相比，处于中等偏上水平。截至 2020 年，尼日利亚人均 GDP 达到 2 083.16 美元，分别较整个非洲和撒哈拉以南地区平均水平高出 270.24 美元和 561.37 美元（见图 8.2.2）。

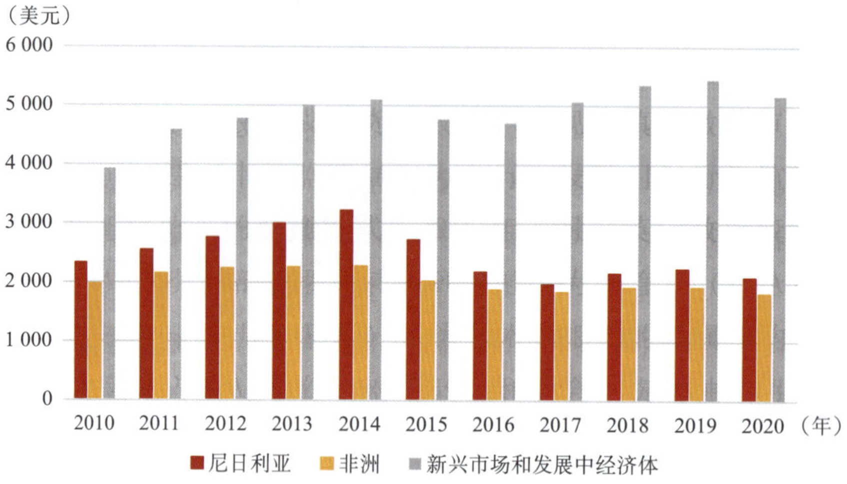

数据来源：IMF

图 8.2.2 尼日利亚人均 GDP 情况

②货币。

近十年来，尼日利亚的通胀数据一直处于高位，在 11% 的水平线上下剧烈波动。高通胀主要源于供应限制。世界银行表示，尼日利亚央行试图实现太多目标，包括控制物价上涨、促进经济增长和保持汇率稳定。严格的汇率管控和扩张性货币政策是价格增长的关键驱动因素，缺乏可靠的货币锚使得其通货膨胀率居高不下。2020 年，受谷物、蔬菜、水果、面包、肉等食品价格上涨推动，尼日利亚的通货膨胀率稳步上升，全年上涨了 13.2%（见图 8.2.3）。

汇率方面，此前尼日利亚政府一直拒绝奈拉贬值，认为货币贬值会对其进口依赖型经济造成不利影响，为此已经消耗了 20% 左右的外汇储备。2016 年 6 月，尼日利亚央行宣布放弃实施超过 6 年的固定汇率制度，转而实施了多重汇率制度，通过保持较高的官方交易固定汇率（官方市场：投

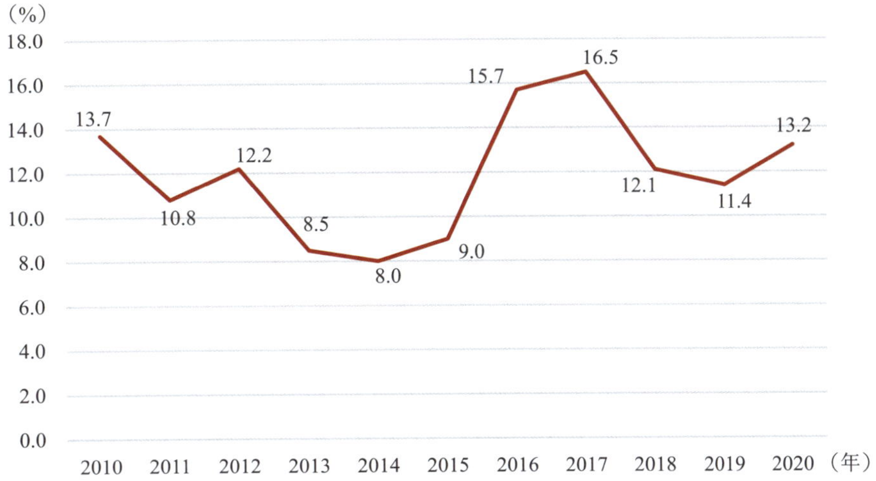

数据来源：IMF

图 8.2.3　尼日利亚通货膨胀率变化情况

资者与出口商外汇交易窗口，NAFEX）和较低的非官方交易汇率（平行市场）来避免奈拉的完全贬值，希望借此应对该国日渐紧缺的外汇储备和全球油价下跌的不利局面。未能如尼日利亚政府所愿，在巨大的贬值压力下，美元兑奈拉汇率开启了上升通道，其中 2020 年尼日利亚央行至少三次主动让奈拉贬值，截至年末收至 375.00（见图 8.2.4）。

数据来源：Yahoo

图 8.2.4　美元（USD）兑尼日利亚奈拉（NGN）历史汇率走势

③外资。

尼日利亚是非洲仅次于埃及的第二大外资流入国，受益于有利的税收制度、丰富的自然资源和低廉的劳动力成本，其碳氢化合物、能源、制造、建筑等行业吸引了众多投资者的目光。尼日利亚经济一向依赖于大宗商品贸易，经历过2015年石油危机后，尼日利亚正计划打造具有竞争力的制造业，特别关注整车装配、水泥、纺织和服装等领域，加快融入全球价值链并提高生产力；同时，在农业、采矿等行业推出了多项促进外国直接投资的计划，积极寻求经济多元化来降低石油产业的影响。根据联合国贸发会议公布的《2021年世界投资报告》，受油价下跌和COVID－19导致的严格封锁措施的双重影响，尼日利亚吸引外资能力减弱，2020年外资流入下降至24亿美元（见图8.2.5），主要投资国包括美国、中国、英国、荷兰和法国。

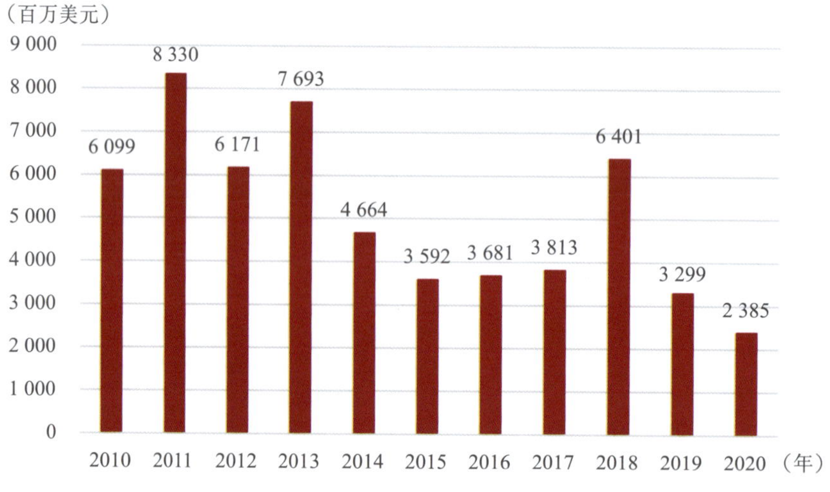

数据来源：UNCTAD

图8.2.5　尼日利亚外国直接投资情况

国际贸易方面，尼日利亚与31个国家签订了双边投资协定，其中15个国家已生效，其贸易政策的目标是通过加强国家竞争力和通过减少补贴鼓励自由化来促进其出口并使其多样化。尼日利亚主要出口产品为石油、可可、橡胶和棕榈仁，主要进口产品是机械设备、交通设施和消费品等，与印度、中国、美国、比利时、西班牙、荷兰、韩国、南非和法国建立了贸易伙伴关系。2015—2020年尼日利亚对外贸易情况见表8.2.1。

表8.2.1　　尼日利亚对外贸易情况　　（单位：百万美元）

类别	2015年	2016年	2017年	2018年	2019年	2020年
商品进口总额	44 700	35 532	31 273	43 007	55 257	56 613
货物出口总额	50 216	33 302	44 468	60 547	62 531	34 545
商业服务进口	18 286	11 345	18 003	30 625	38 452	19 598
商业服务出口	2 673	3 245	4 549	4 351	4 486	3 533

数据来源：世界贸易组织（WTO）

2020年12月，非洲联盟召开非洲大陆自由贸易区第13届首脑特别会议，通过了基于非洲大陆自由贸易区（AfCFTA）的贸易协定。非洲大陆自由贸易协定旨在建立一个拥有12.7亿消费者的非洲市场，累计GDP约为2.3万亿美元至3.4万亿美元。在非盟55个成员中，除厄立特里亚外，有54个成员签署了该自贸协定。随着尼日利亚于2020年12月将批准书上交非盟，目前已有34个国家正式批准了非洲自由贸易协定法律文书。AfCFTA将于2021年1月1日开始第一笔交易，标志着非洲经济一体化迈入里程碑式的新阶段。作为AfCFTA协议实施的一部分，尼日利亚将与西非国家经济共同体（ECOWAS）合作，制定统一的服务贸易具体承诺时间表。

（2）人口

①人口基数。

尼日利亚是非洲人口最多的国家，截至2020年，尼日利亚人口总量约2.11亿人，约占西非总人口的一半，位居世界第7位，早婚、高出生率和缺乏计划生育使得尼日利亚人口始终处于高速增长通道。近十年来，尼日利亚政府通过提供免费避孕、采取措施阻止大家庭的形成等方法在尽力抑制人口的扩张，人口增速虽然出现持续下降趋势但幅度有限，目前仍位于2.54的较高水平（见图8.2.6）。预计到2050年尼日利亚人口将增长到接近4亿人，超过美国，成为仅次于印度和中国的第三大人口大国。

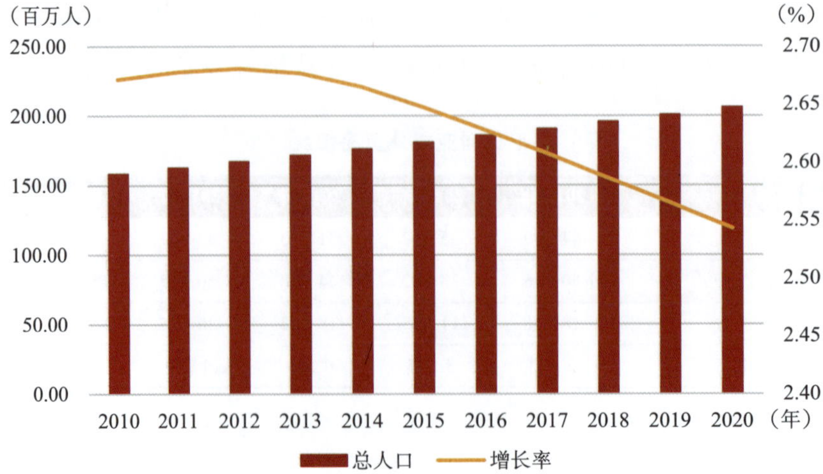

数据来源：世界银行

图 8.2.6　尼日利亚人口基数及其增长率

②人口结构。

尼日利亚大部分人口居住在南部和西南部近海地区，旧都拉各斯是迄今为止最大的城市，人口达到 900 万人，占总人口的 4.37%，卡诺、伊巴丹人口超过 300 万人，卡杜纳、哈科特港、贝宁城和迈杜古里人口则超过了 100 万人。尼日利亚经济发展并未跟上人口的快速增长，截至 2020 年城镇化率仅为 51.96%。

尼日利亚是世界上人口最年轻的国家之一，年龄结构呈现正金字塔形，平均年龄仅为 18.1 岁，25 岁以下的年轻人群超过总人口的 60%，成年人识字率高达 62%，每年有大量年轻人口涌向劳动力市场，也贡献了大量的消费潜力（见图 8.2.7）。

（3） ESG

①政治稳定性。

尼日利亚是一个多民族、多元文化的联邦制国家，由 36 个自治州和联邦首都区组成，设立联邦、州和地方三级政府，实行三权分立的政治体制，立法权、司法权和行政权相互独立、相互制衡。近年来，尼日利亚政局总体保持稳定，但仍存在较多不稳定因素。

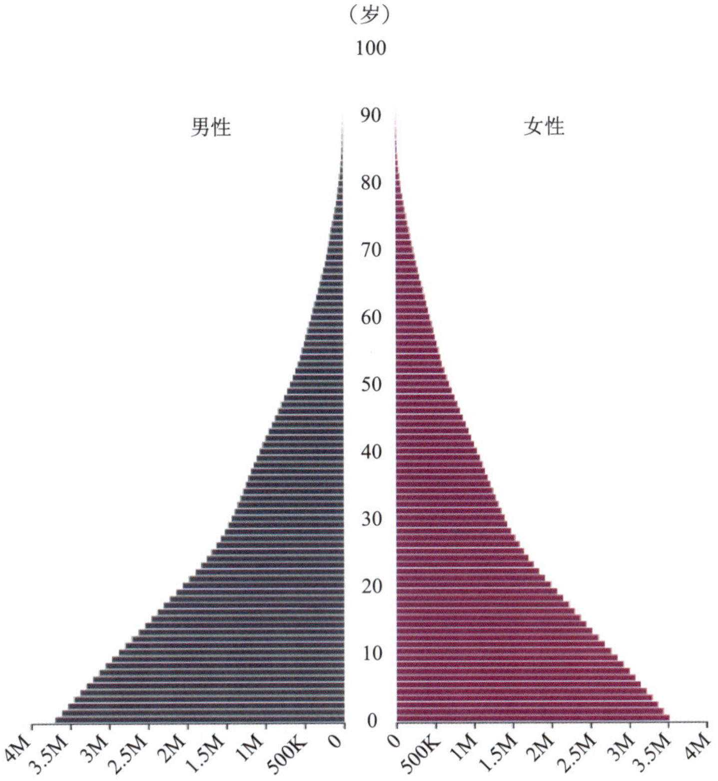

数据来源：World Population Review

图 8.2.7 尼日利亚人口金字塔

2015 年初，穆罕默杜·布哈里（Muhammadu Buhari）承诺打击腐败并铲除“博科圣地”（Boko Haram）等极端主义团体，和其政党全体进步大会党（All Progressives Congress，APC）赢得了选举，结束了人民民主党（People's Democratic Party，PDP）连续执政 16 年的局面。在布哈里执政期间，其在反腐败斗争中虽享有零容忍的声誉，但结果不尽人意。政府虽然重组了军队，针对极端组织“博科圣地”的打击取得阶段性成果，拔除了该组织在尼东北部的所有长期据点，使其活动范围受到极大限制，但化整为零后的“博科圣地”仍有能力频繁发动针对平民和军事目标的袭击。2019 年，布哈里成功连任，在其第二任期（2019—2023 年）内表示将继续加大在安全、经济结构调整和反腐败方面的努力，中短期内改革政策的延续性较高。

②社会因素。

尼日利亚宗教种族格局较为复杂，有 250 多个族群，近 50% 的人信奉伊斯兰教，主要居于北方地区，南方多信奉基督教。北部宗教极端主义组织“博科圣地”近年来活动频繁，极端反对西方文化，主张在北部地区推行严格的伊斯兰教法，2011—2017 年袭击村庄、掠夺村民、无差别屠杀等，有超过 17 000 人因其丧生。此外，尼日利亚还面临广泛的有组织犯罪、青年暴力和失业、民兵组织、民族主义和教派冲突等安全问题的挑战。经济与和平研究所（Institute for Economics & Peace）发布的《2020 年全球恐怖主义指数报告》指出，尼日利亚恐怖主义指数连续 6 年排名第 3 位。排前 2 位的国家分别为伊拉克、阿富汗，排第 4 位的为叙利亚。

在布哈里政府的大力打击下，“博科圣地”在尼日利亚东北部据点基本被清除，尼日利亚总体安全形势较以前有所改善。但“博科圣地”溃而未灭，仅 2020 年就发动袭击近百次，导致 8 000 多人死亡。南部产油区破坏活动不断，绑架、抢劫等治安案件较多，部分地区存在反政府武装活动，几内亚湾海盗袭扰不绝，尼日利亚安全形势仍复杂严峻。[①]

8.2.2　金融科技环境

（1）金融环境

①金融监管。

尼日利亚金融业是撒哈拉以南非洲地区最大的金融体系之一，尼日利亚中央银行（Central Bank of Nigeria，CBN）是其金融体系的最高管理机构，主要职能包括：负责货币发行，维持货币和物价稳定；制订金融政策，完善金融体系建设；充当联邦政府的银行业经营者和金融顾问；负责各类许可证的发放，以及管理和监督银行和其他金融机构。其他相关监管机构还

① 外交部：尼日利亚国家概况。

包括：货币政策委员会（MPC），负责尼日利亚金融体系货币和信贷政策的制定；尼日利亚存款保险公司（NDIC），负责为持牌银行和其他接受存款的金融机构提供存款保险；证券交易委员会（SEC），为尼日利亚证券和资本市场的监管机构。

由于近年来大规模的并购重组，尼日利亚银行业获得了长足的发展，目前共有 106 家银行，其中商业银行数量从 2010 年的 89 家锐减降至目前的 22 家[①]，行业集中度得到了很大的提升，为其适应并参与非洲地区乃至国际竞争迈出了重要一步。处于第一梯队的银行被简称为“FUGAZ”，分别为尼日利亚第一银行（FirstBank）、非洲联合银行（UBA）、担保信托银行（GT-Bank）、Access Bank 和 Zenith Bank。其余银行类型还包括：按揭银行、发展银行、小额信贷银行和非利息银行，分别有 35 家、6 家、940 家和 2 家。

随着金融科技在非洲崛起，尼日利亚一直在应对由此引发的监管问题，先后推出了支付服务提供商（Payment System Providers，PSP）、支付服务银行（Payment Service Banks，PSB）、小微金融银行（Microfinance Bank，MFB）等牌照以及数据保护、网络安全领域的政策。但和美国、南非一样，尼日利亚仍未出台纲领性的金融科技监管法案。

②金融包容性。

Ⅰ. 储蓄。近年来，尼日利亚总储蓄规模波动较为剧烈。在持续高水平通货膨胀和奈拉持续贬值的背景下，储蓄的价值大幅下降，同时企业和家庭预期为相同的商品和服务支付更高的价格，可支配收入受到侵蚀，储蓄能力受到削弱，即使出于对新冠肺炎疫情反复的担忧也未能推高 2020 年的总储蓄水平。2020 年，尼日利亚总储蓄为 988.8 亿美元，占 GDP 的比重为 22.87%，二者均较 2019 年略有降低（见图 8.2.8）。

Ⅱ. 银行账户渗透率。根据尼日利亚央行旗下的银行间结算系统机构（NIBSS）最新数据，截至 2020 年 5 月，全国共开立银行账户 1.6 亿户，其中活跃账户由 4 月的 9 749 万户增长至 11 154 万户，增幅达到 14.41%；储蓄账户增至12 991 万户，同比增长 13.8%；经常账户增长至2 517万户，同比

---

① 资料来源：尼日利亚央行。

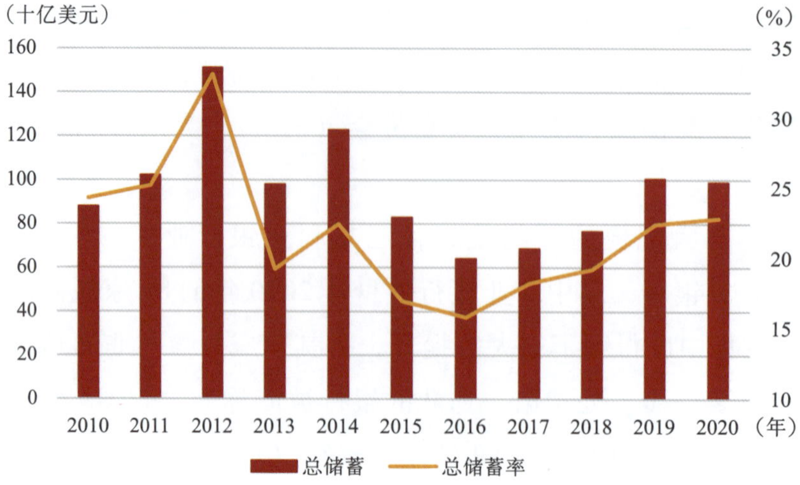

数据来源：世界银行

图 8.2.8　尼日利亚总储蓄情况

增长 3.59%（见图 8.2.9）。

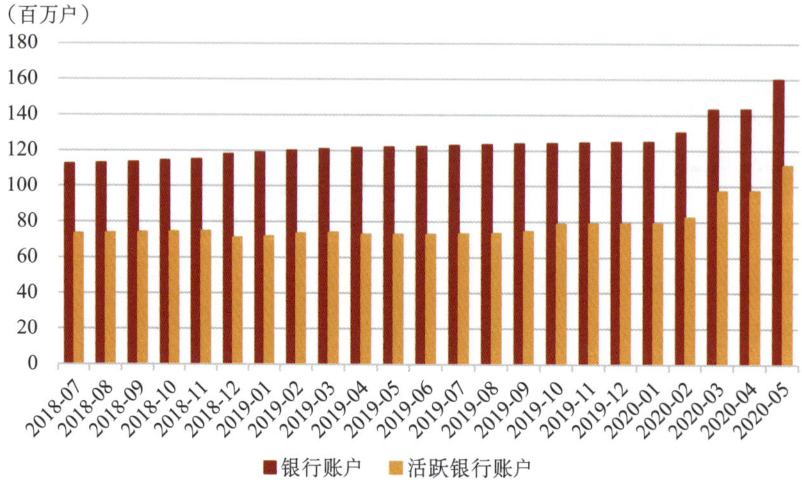

数据来源：NIBSS

图 8.2.9　尼日利亚银行账户变化情况

活跃账户、储蓄账户和经常账户的逆势增长，主要原因在于新冠肺炎疫情的出现，使得距离较近、方便且具有成本效益的代理行成为必不可少的金融服务的关键接入点，巩固了其作为金融生态系统重要组成部分的地位。2020 年 3 月，尼日利亚央行将超级代理商从政府封锁限制豁免的金融机构名单中排除，鼓励通过手机银行、移动钱包、POS 等非接触式支付方式替代现金的使用以降低传染的风险。此外，封锁期间缺乏更好的投资选择以及风险厌恶情绪的激增，使得人们倾向于将钱存放在安全可靠的银行账户中。

Ⅲ. 信用卡/借记卡渗透率。尽管采用了广泛的电子支付方式，信用卡渗透率对于尼日利亚这样大的经济体来说处于极低水平，人们仍以现金交易为主。现金是超市、商场、餐厅等类似场所最常用的支付方式。2020 年，销售点（POS）现金支付的占比受到新冠肺炎疫情的冲击从 2019 年的 91% 大幅下降至 69%，数字/移动钱包的采用率则在央行的号召下迅速攀升至 10%，银行卡的使用率也升至 10%（见图 8. 2. 10）。

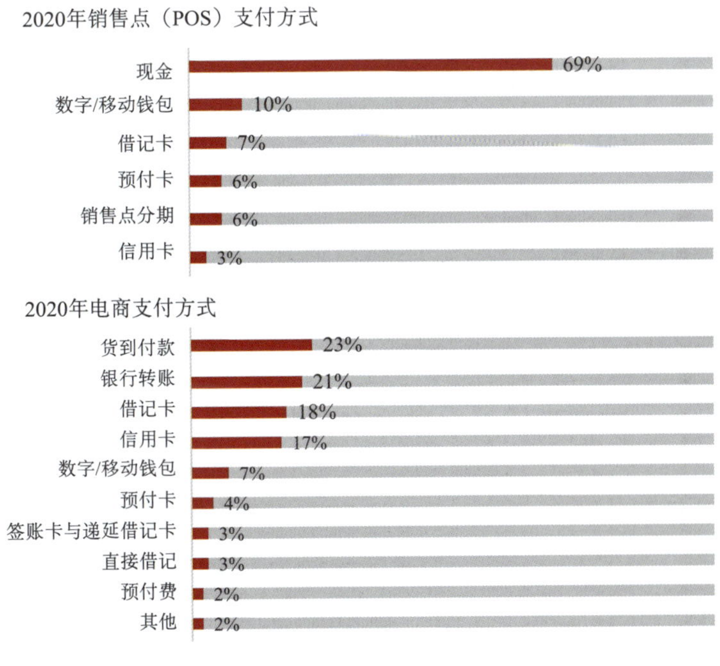

数据来源：WorldPay

图 8. 2. 10 尼日利亚支付方式分布

在线支付方面，传统和现代化的支付方式分布较为均衡。2020 年，尼日利亚消费者更青睐货到付款的支付方式，约占交易总额的 23%；紧随其后的是银行转账，市场占比与货到付款只相差 2 个百分点；借记卡和信用卡的使用率相当，分别为 18% 和 17%；数字/移动钱包的采用率则达到 7%，主要服务供应商为 KongaPay 和 PayPal。

Ⅳ. 普惠金融指标。尼日利亚作为非洲最大的经济体和金融中心，其普惠金融和移动金融业务的发展却不尽人意，已经落后于撒哈拉以南其他非洲国家。其实早在 2012 年，尼日利亚就与许多发展中国家一样，制定了国家普惠金融战略（NFIS），计划到 2020 年，将未被金融服务覆盖人口降低至 20%，明确了降低服务于被传统金融系统排除在外的社会成员带来的信用风险和交易成本的具体优先举措，包括提高数字金融服务的覆盖面、拓展代理银行网络、扩展无现金支付渠道等。

自该战略实施以来，尼日利亚取得了一定进展，获得传统银行账户和信贷的人数略有增长，非银服务的发展却停滞不前，农村家庭、女性以及位于西北地区的人们仍在很大程度上被排除在外。根据 2019 年国家普惠金融战略实施报告，截至 2018 年，尼日利亚普惠金融服务覆盖率为 63.2%，距离 80% 的目标仍有 16.8% 的差距。NFIS 实施结果不及预期的表现主要在于：一是政策效果评估间隔过长，NFIS 在 6 年后才进行了第一次审查和修订；二是衡量的进展指标有限，仅包含金融可获得性评估，缺乏金融产品的可负担性、质量、适配性等衡量指标；三是缺乏灵活性以及快速调整以适应飞速发展金融系统的能力，如金融监管政策出台后被召回或者修改的例子屡见不鲜，普惠金融计划也未与 COVID－19 社会救济等其他发展计划适当结合。

此外，尼日利亚央行 2009 年禁止移动运营商提供移动金融产品是造成这一困境的另一主因。非洲许多国家相较尼日利亚小很多而且贫穷很多的国家如肯尼亚、坦桑尼亚、加纳、莫桑比克等，都借助以电信运营商为主导的移动钱包（Mobile Money）实现了弯道超车，普惠金融率都达到了 70% 以上。出于对银行体系利益以及尼日利亚大型电信运营商多是外资的考量，尼日利亚只将许可证发给了零售银行和金融科技企业。但由于二者用户数量、可用基础设施和代理网络远远落后于运营商，效果十分有限。2018 年 10 月，尼日利亚央行发布支付服务银行许可和监管指引草案（Exposure Draft on the Guidelines for Licensing and Regulation of Payment Service Banks），专门为移动运营商订制了移动支付许可，目前已有 3 家机构获批，分别为

Hope PSB、Money Master PSB 和 9PSB。尼日利亚优先照顾本土企业的态度明显，但本土企业相关经验和团队欠缺，对国内普惠金融发展的促进作用尚待观测。

（2）移动互联网

①数字包容性。

2013 年，尼日利亚宽带互联网普及率仅为 6%，受益于当年《国家宽带发展计划（2013—2018）》（National Broadband Plan 2013—2018）的出台，尼日利亚的互联网取得了长足的发展，成为非洲互联网自由度最高的国家之一，互联网渗透率保持在 50% 左右，截至 2021 年 1 月互联网用户超过 1 亿。

尼日利亚手机渗透率也处于较高水平，其连接数在近三年更是实现了明显攀升，从 2019 年 1 月的 14 940 万个上升至 2021 年 1 月的 18 790 万个，相当于人口总量的 90%（见图 8.2.11）。较低的移动数据流量成本可能解释了尼日利亚手机普及度较高的现象。截至 2020 年 2 月，尼日利亚 1GB 移动互联网的平均成本为 1.39 美元，在全球 228 个国家/地区的列表中（从最便宜到最昂贵排序）排名第 58 位。[①]

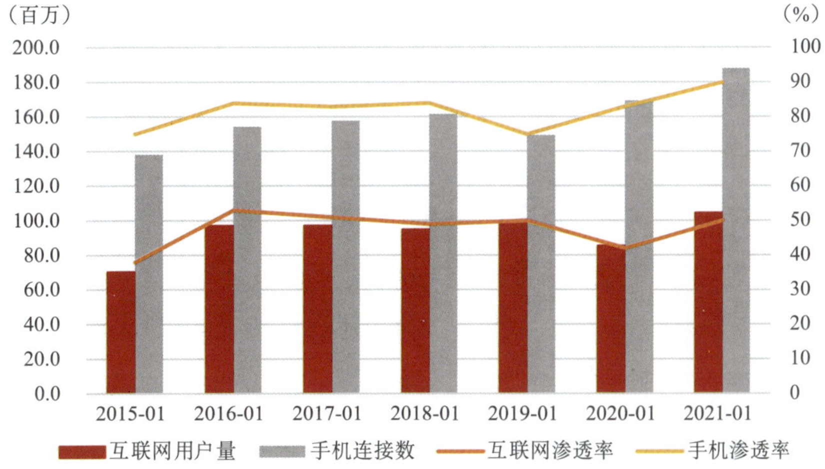

数据来源：DataReportal

图 8.2.11 尼日利亚科技支撑情况

① 资料来源：Statista。

尽管发达国家已经开始 5G 的广泛部署，尼日利亚却尚未实现 4G 的大范围覆盖和应用，此前出台的发展计划已经不能满足目前的发展需要，布哈里政府于 2019 年通过了《国家数字经济政策和战略（2020—2030）》（The National Digital Economy Policy and Strategy 2020—2030），随后在此基础上推出了《国家宽带计划（2020—2025）》。新的五年规划旨在建成至少覆盖 90% 人口的网络基础设施，到 2025 年能以每 1GB 数据不超过 390 奈拉（约合 1.06 美元，即收入中位数的 2% 或最低工资的 1%）的价格提供 4G/5G 服务，城市数据下载速度不低于 25Mbps 和农村不低于 10Mbps，宽带互联网普及率达到 70%。

②互联网经济。

信息和通讯技术（ICT）是推动数字经济发展的前提和跳板，尼日利亚政府已经意识到数字技术在实现经济增长和多元化中的作用，积极采取行动，出台了《国家数字经济政策和战略（2020—2030）》，并推出了通信和数字经济综合体（CDEC）、国家宽带计划（NBP）、紧急通信中心（ECC）、国家创新和创业培训计划共四个 ICT 领域的国家项目，加强与私营部门合作，进一步推动信息通信技术产业的自由化，以解决宽带渗透率不足的挑战，助力本国数字化转型。

尼日利亚 ICT 行业在过去 20 年间实现了蓬勃发展，从 2000 年的不到 1% 的实际 GDP 占比上升至 2019 年的 13.04%，已然超过石油部门成为支柱行业之一（见图 8.2.12）。石油部门同期对 GDP 的贡献率为 7.32%。2020 年，COVID－19 加速了数字技术在生活各个领域的应用，以数字技术为基础的公司如 Flutterwave、Jumia、Buypower 等都在封锁期间获得增长，ICT 对实际 GDP 的贡献上升至 15.05%，仅次于农业的 26.21%[①]。尼日利亚超过南非成为非洲主要的 ICT 投资目的地，拥有超过 55 个活跃的技术中心（Tech. Hub）。当地创新者正转向人工智能等第四次工业革命技术，以此作为尼日利亚 ICT 行业的未来发展路径。

① 资料来源：尼日利亚国家统计局。

数据来源：尼日利亚国家统计局

图 8.2.12　2016—2020 年尼日利亚 ICT 行业实际增速走势

（3） 消费环境

①消费市场。

作为非洲最大的经济体，尼日利亚也是非洲最繁荣的消费市场之一。不断扩大的人口基数，消费者年轻且渴望尝试新产品并乐意为此买单，城镇化进程带来的民众收入的提高，以及越来越多女性外出工作，促使尼日利亚消费需求的持续增长。产品功能是尼日利亚消费者购买时的主要考虑因素，同时他们对价格非常敏感，喜欢那些独特、时尚的产品。

2020 年在 COVID－19 导致的严格封锁背景下，消费者开始控制支出，仅在线下购买生活必需品，可自由支配支出转移至线上，更优惠的价格、促销活动以及易得性是出现这种向线上转移趋势的主要原因。随着封锁措施的放松以及经济的重新开放，尼日利亚最终消费支出已经恢复至 2018 年水平，截至 2020 年末为 3 387 亿美元（见图 8.2.13）。

从 GDP 占比来看，尼日利亚最终消费支出占 GDP 比重在 2012—2016 年呈现波动上升态势，随后逐渐回落，2020 年继续下降至 78.34%（见图 8.2.14）。

②电商市场。

尼日利亚是非洲电子商务的早期开拓者，2021 年 Jumia 于拉各斯成立，随后成为非洲最大的电子商务平台，在 12 个非洲国家开展业务，并于 2019

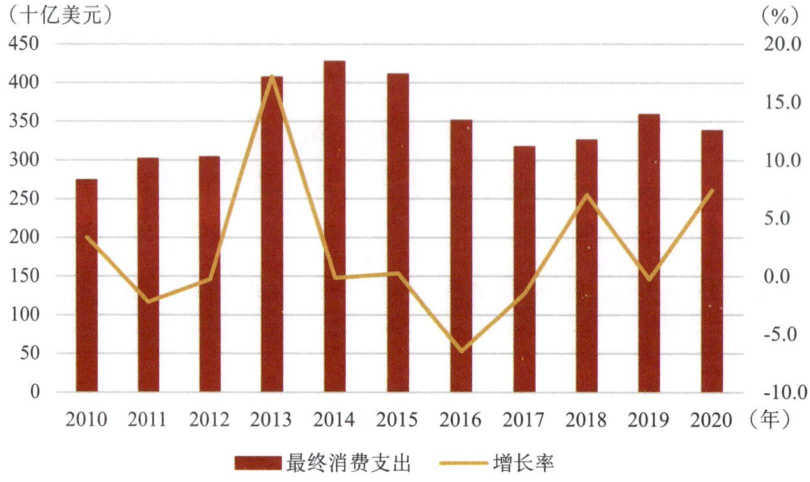

数据来源：世界银行

图 8.2.13　尼日利亚最终消费支出及其增长情况

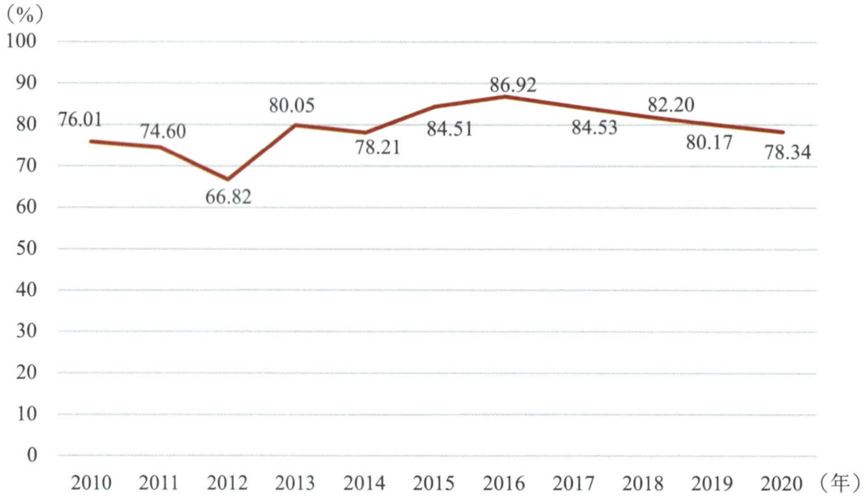

数据来源：世界银行

图 8.2.14　尼日利亚最终消费支出占 GDP 比重

年登陆纽交所。其他受欢迎的电商平台还包括 Konga、Jiji、PayPorte 等。电子产品和时尚产品是最受欢迎的在线产品类别，尤其受到年轻人的青睐。目前，尼日利亚已经成为非洲电子商务的主要枢纽，拥有近 8 000 万网购用户。[①] 对移动数据使用的强烈需求以及网络覆盖范围的扩大增加了尼日利亚

① Businessinsider Insider Africa，Nigeria is Africa's largest b2c e－commerce market in terms of number of shoppers and revenue－report。

电子商务市场的潜力。

2020 年是数字化转型的分水岭，新冠肺炎疫情导致的严格封锁，加速了数字解决方案在日常生活各方面的部署，其中电子商务的扩张尤为强劲，全年实现收入 53.13 亿美元。其中，移动电商主导了尼日利亚的在线零售市场，移动购物占电商总量的 53%。根据 Statista 的预测，尼日利亚的电子商务收入在 2021 年至 2025 年将以每年 11.78% 的增速增长，预计到 2050 年，其市场规模将超过 100 亿美元（见图 8.2.15）。

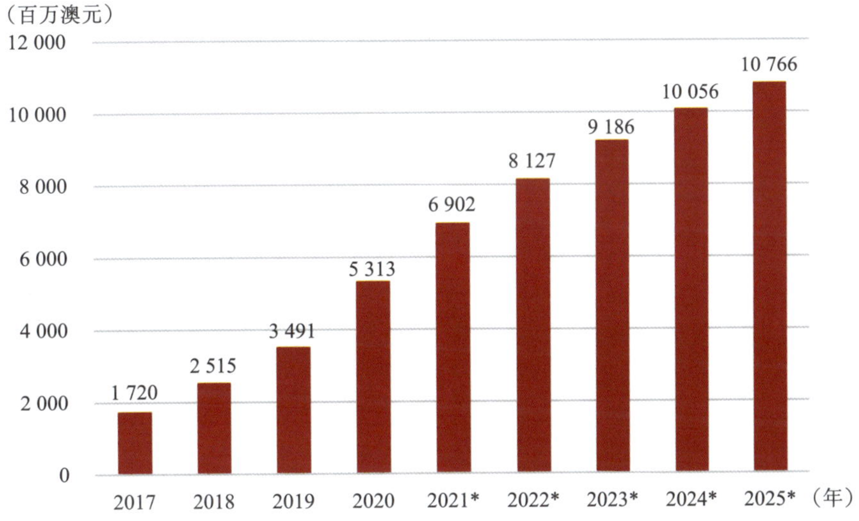

数据来源：Statista

图 8.2.15　尼日利亚电子商务收入变化情况

8.2.3　数字银行市场

（1）发展背景

①发展历程。

在自动取款机（ATM）和移动钱包（Mobile Money）出现之前，如果无法在周末之前在银行网点完成取现交易，尼日利亚人将面临手头拮据的局面。银行大厅排起的长队以及复杂的文件和流程使人们感到厌恶，有限的融资和增值服务的获取渠道使中小企业感到焦虑，银行增值服务则被视为有影响力和有关系的人以及大型企业的专属服务。有限的服务范围和糟糕的用户体验使得大部分尼日利亚人感到沮丧，倒逼 ATM 的采用以及更具创造性解决方案的出现，如 USSD、在线支付、移动钱包以及最具颠覆性的银行业务形式——数字银行。人们从长时间的队列等待中解放出来，逐步转向与机器实时交互，极大地提升了金融服务的易得性以及体验感。

与此同时，年轻的人口结构、不断提升的智能手机普及率以及监管部门持续推动金融普惠性和无现金支付的行动，为尼日利亚金融科技行业的蓬勃发展提供了肥沃的土壤，自助银行服务选项、全流程自动化和基于网站的服务已经融入人们的生活。

尽管尼日利亚消费者对传统银行服务不满意，且金融科技产品的兴起旨在解决这些痛点，但对许多人来说，转向金融科技并不是一个自动步骤。根据麦肯锡 2020 年 2 月的调查数据，大多数消费者（67%）仍表示他们更信任传统银行而不是金融科技，但对金融科技的信任度正在增长，尤其是对低收入群体而言，51% 的青年和大众市场客户表示他们对金融科技的信任与对传统银行大致相同。①

代理服务使用增长（与金融机构或移动网络运营商签约的个人或小企业，能够在当地社区提供基本金融服务）、客户教育、价格透明以及取款的便利性等因素使得人们对金融科技的信任度日渐增长，而易于访问和使用便利是促进金融科技采用的核心驱动力，这一优势在 COVID－19 的来袭中被无限放大。2020 年新冠肺炎疫情暴发导致的强制封锁、社交疏离和健康问题，促使越来越多的尼日利亚人采用数字银行。近年来，尼日利亚消费者越来越偏爱可集聚所有财务于一体、解决他们的问题并帮助他们实现必要目标的可信平台，数字和移动银行服务逐渐成为必需品，消费者更喜欢使用符合这种偏好的金融产品以享受无缝数字交易服务，数字银行迎来黄

① 麦肯锡：Harnessing Nigeria's Fintech Potential。

金发展时期。

②发展现状。

与全球金融科技生态系统相比，尼日利亚金融科技行业尚处于起步阶段，但其成熟速度正以指数级增长，表现在公司的基本情况、覆盖面的广度、全球联系的日渐紧密和盈利水平的提升上。2020 年，尼日利亚金融科技公司筹集了 1.34 亿美元，相当于非洲科技初创公司筹集总额的 38%。[①]融资阶段方面，10% 的尼日利亚金融科技企业获得了天使投资；24% 的初创公司已经培育了一批稳定的客户群体并完成了 A 轮融资；14%、3% 和 3% 的企业融资轮数进入到了 B 轮、C 轮和 D 轮（见图 8.2.16）。

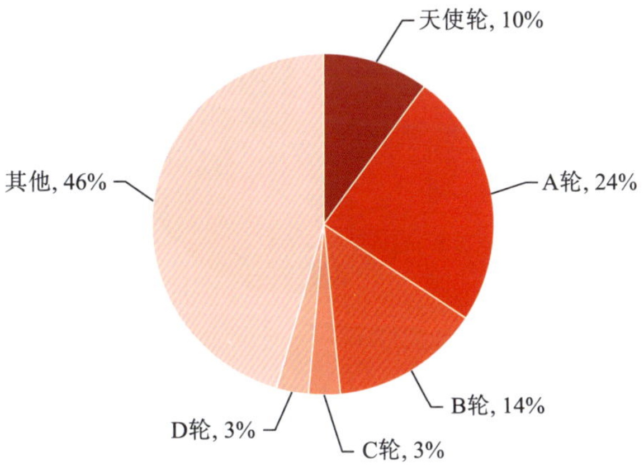

数据来源：安永

图 8.2.16　尼日利亚金融科技企业融资阶段分布

与其他国家的金融科技演进路径一样，尼日利亚金融科技活动也始于支付，并逐步扩展到信贷、资产管理和其他领域。受益于 CBN 的普惠金融政策和有利监管政策的驱动，如：修订较低级别账户的 KYC 要求、加速全国代理网络的发展等，以支付为中心的解决方案在过去两年激增，截至 2020 年占金融科技企业总量的比重接近 40%。信贷金融科技公司占比约为 23%，由于金融科技公司能够利用智能手机作为分销渠道并通过对支付数据的评估更加轻松地确定贷款风险，如：Carbon 和 Renmoney 已成功利用替

① 数据来源：《2020 年非洲科技风险投资报告》，partech。

代信用评分算法向个人提供实时、无担保的短期贷款，Migo 也通过较少文件向中小企业提供无担保的营运资金贷款，贷款活动已经成为尼日利亚金融科技活动的焦点。随着消费者寻求便捷的投资方式以在本地市场获得更好的回报以及介入离岸市场的投资机会，CowryWise、PiggyVest 等金融科技公司通过提供具有利率优势的灵活产品来帮助投资者实现选择的民主化，截至 2020 年资产管理类金融科技公司占比为 15%（见图 8.2.17 和图 8.2.18）。

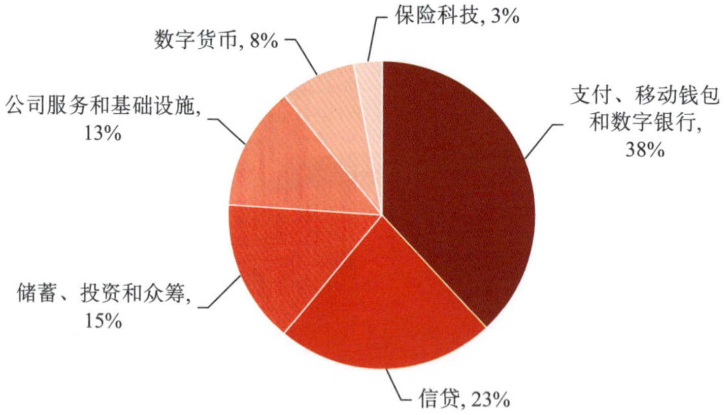

数据来源：安永

图8.2.17　2020 年尼日利亚金融科技企业分布情况（六大领域划分）

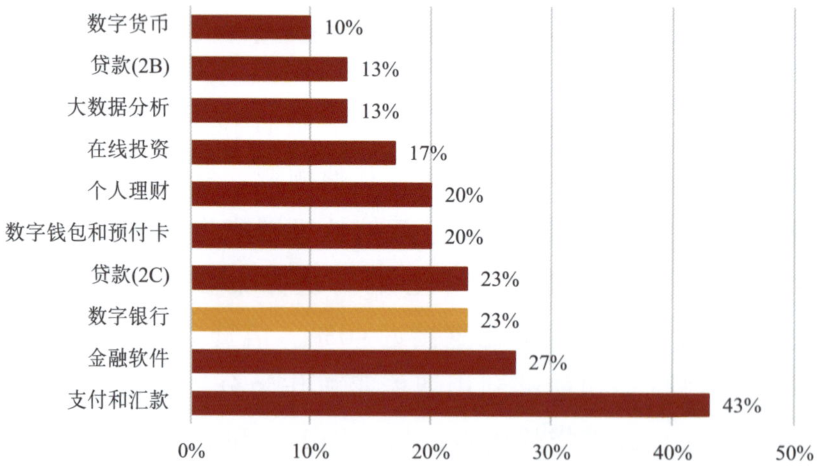

数据来源：安永

图 8.2.18　2020 年尼日利亚金融科技企业分布情况（子行业前十位）

尼日利亚人对数字银行日益增长的偏好推动了数字银行在尼日利亚的业务发展，也驱动一些原本专注于信贷、移动钱包等领域的初创公司向数字银行转型（见图 8.2.19）。2018 年，在线储蓄和借贷平台 Kudimoney 转型为 Kuda，并成长成为非洲最大的数字银行之一。2019 年，已提供两年移动钱包服务的 Eyowo 作为数字银行被重新推出；金融科技和咨询公司 QuCoon 则推出了具有独特功能的 Rubies，该功能可使每个人成为“独立的银行家”，赚取其介绍客户使用 Rubies 服务产生收入的一部分。2020 年，纯数字银行 Sparkle 在获得 CBN 的运营许可证后在该国开展业务，提供多种功能包括储蓄账户和借记卡。同年，专注于中小企业的数字银行 Brass 从 Ventures Platform 筹集了种子资金，帮助其在尼日利亚正式启动。

图 8.2.19　尼日利亚数字银行主要玩家

③发展前景。

对于数字银行而言，想要在与传统银行的比拼中胜出，需要有效洞察客户的需求和痛点，如：消费者偏爱无缝数字交易和一站式服务、个人理财和微型投资机会关注度上升、银行代理使用频率上升等，并制定具有针对性且能与消费者产生共鸣的创新解决方案，从而更有效地服务于细分市场。敏捷且以客户为中心的价值主张是毋庸置疑的制胜法宝。

同时，随着尼日利亚金融科技市场的日趋成熟，数据驱动将成为价值链不可或缺的一部分。在信用记录和其他传统数据源有限的尼日利亚，汇集和挖掘非常规数据以创建新的评分和评估算法的能力将是开启下一波创新浪潮的核心。

（2）政策及牌照

①政策环境。

早在2005年，尼日利亚就发布了小额信贷政策和监管框架，引入小额信贷银行牌照（Microfinance Bank，MFB）作为规范小额贷款机构同时吸引新资金进入的一种手段，提升金融纪律、可持续性以及普惠性。历经2012年修订后，随着尼日利亚的金融科技革命浪潮的掀起，CBN将注意力重新转向MFB，于2020年3月再度修订其许可指南，但仍处于修改过程中，暂未定稿。2020年3月，CBN发布征求意见稿，对MFB最低资本要求进行了调整，并将许可证类别重新划分为四类。其中，单位MFB进一步细分为农村和城市两级，同时细化了相应的位置限制和细节描述。随后鉴于新冠肺炎疫情给经济活动带来的负面冲击，CBN将最后期限延长1年，所有类别MFB最迟须在2021年4月达到更新后的最低资本要求。CBN于2021年8月又进一步加强了对MFB的经营活动管控，强调MFB的主要服务主体为零售客户和小微客户，小额信贷占总体贷款的比例不应低于80%，明确各类MFB的单笔交易限额，重申MFB严格禁止外汇交易。

2020年11月，布哈里政府通过了《2020年银行和其他金融机构法》（the BOFIA 2020），在此之前《1991年银行和其他金融机构法（修订）》（the BOFIA 1991）已经存在超过29年且没有经过审查或修正。考虑到现代银行业的新趋势，新法案强化了监管银行的法律框架，为仅以数字方式、虚拟或电子方式进行的金融服务业务提供监管指导，以防止系统性危机。

2021年1月，CBN推出了首个监管沙箱，允许金融科技公司在受控环境中对创新产品、服务、交付渠道或商业模式进行实时测试，以确保在不损害消费者安全和整体支付系统的情况下为创新营造有利环境。CBN的监管沙箱每年仅开放一批，最长测试期为6个月。此外，尼日利亚金融服务创新协会（FSI）也推出了金融行业创新沙箱，旨在降低金融科技领域的进入壁垒，尤其是与监管和许可相关的壁垒。该沙箱同时也受到CBN和尼日利亚银行间结算系统（NIBSS）的监管。

2021 年 2 月，CBN 还发布了开放银行监管框架，确立了跨银行和金融服务生态系统数据共享的原则，规定了数据和应用程序编程接口（API）访问要求、API 原则、数据、技术设计和信息安全规范，成为非洲大陆第一个在其监管框架中解决开放银行问题的国家。在促进本地银行、金融机构、金融科技公司构建以客户为中心的金融服务的同时，也将引导非洲未来开放银行业务的发展。

②牌照申请。

目前，尼日利亚尚未设立特定的数字银行牌照，也没有计划在短期内推出数字银行牌照。小额信贷银行（MFB）许可因此成为一些希望提供基本银行服务但无法满足商业银行资质要求的金融科技公司的低成本、快速替代方案。

Ⅰ. MFB 由 CBN 发牌并受其监管，按资本要求和地域范围可划分为国家、州和单位三大类：

- 国家 MFB 可在全国任何地方运营，注册费为 100 万奈拉（约合2 436 美元），最低资本要求为 50 亿奈拉（约合 1 218 万美元）。
- 州 MFB，允许在某一州运营，注册费为 50 万奈拉（约合 1 218 美元），最低资本要求为 10 亿奈拉（约合 244 万美元）。
- 单位 MFB 注册费为 25 万奈拉（约合 609 美元），进一步细分为两层：第一层是在城市经营的 MFB（Tier 1 Unit MFB），活动范围为城市和银行服务高度覆盖地区，在 6 个地方政府辖区内最多只能运作 5 个网点，最低资本要求为 20 000 万奈拉（约合 48.71 万美元）。第二层是在农村经营的 MFB（Tier 2 Unit MFB），活动范围为农村、无银行服务或银行服务不足的地区，最多只能开设 2 个网点且须在同一个地方政府辖区内，最低资本要求为 5 000 万奈拉（约合 12.18 万美元）。

Ⅱ. MFB 的申请流程可分为以下三个阶段：

- 发牌前演示（Pre - licensing Presentation）：在正式申请 MFB 之前，申请人和投资者须就其申请的牌照类型和商业模式向 CBN 进行讲演。该条款同样也适用于收购现有 MFB 牌照的投资者。

• 原则上批准（Approval－in－Principle，AIP）：申请人向 CBN 提交正式申请以及商业计划书、出资证明、股东协议、公司章程等文件。CBN 受理并对申请进行审查，在 90 天内予以答复，符合要求的发放 AIP。随后，申请人需将 AIP 复印件提交给企业事务委员会（CAC）进行登记。

• 最终许可（Final License）：申请人在获得 AIP 后的 6 个月内需向 CBN 提交发放最终许可证的申请以及银行注册证书副本、公司注册副本（Form CAC 1.1）、公司章程副本、管理团队的聘用书、银行业务开展计划书（含里程碑和时间表）等文件。CBN 进行文件核查以及实地检查，通过后发放最终许可证。

截至 2021 年 6 月 30 日，尼日利亚共有 876 家机构获得 MFB 牌照。其中，国家 MFB 有 9 家；州 MFB 有 134 家；单位 MFB 注册数量最多，共有 733 家，占整体的比重超过 80%。进一步细分，城市 MFB 有 307 家，农村 MFB 有 426 家（见图 8.2.20）。

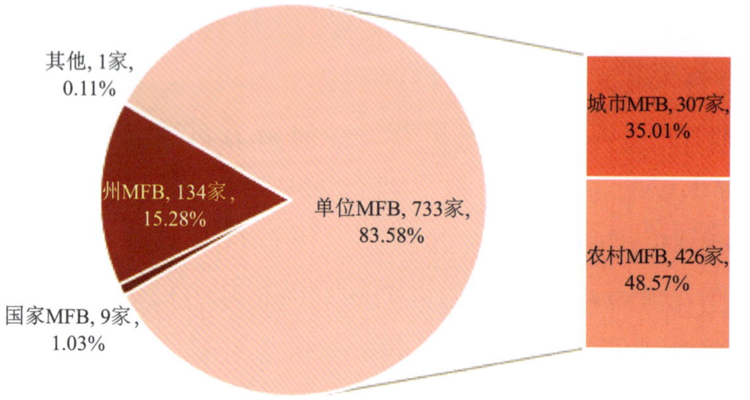

数据来源：尼日利亚央行

图 8.2.20　尼日利亚 MFB 牌照发放类型分布

（3）主要玩家及竞争环境

在过去 5 年间，数字银行在尼日利亚如雨后春笋般涌现，承诺提供比传统银行更好、更便利的银行服务体验，不但形成了对传统实体银行体系的有益补充，而且对整个行业的结构和产品进行了颠覆，Kuda、Rubies、

Eyowo、Sparkle 均是尼日利亚数字银行业的佼佼者（见表 8.2.1）。

表 8.2.1　　　　尼日利亚数字银行对比

功能	Kuda	Rubies	Eyowo	Sparkle	VBank	ALAT
下载量	1 000 000 +	100 000 +	50 000 +	100 000 +	500 000 +	500 000 +
存款利率	10%—15%	2%—5%	5%—13%	3.75%	8%—14%	10%
银行转账	每月 25 次免费转账	₦ 10	₦ 10.50—₦ 52.50	免费	免费	₦ 50
贷款	√	×	√	×	√	√
借记卡	√	√	×	×	√	√
虚拟美元卡	×	√	√	×	×	√
账单管理和预算	√	×	×	√	√	×
账单支付	√	√	√	√	√	√
二维码支付	×	×	√	×	√	×
保险	×	√	×	×	×	√
自定义账户编号	×	√	×	×	×	×
ATM 取款	√	√	×	√	√	√
无卡取款	√	√	√	×	√	√
付款请求/付款链接	√	√	×	√	×	×
定期支付	×	√	√	√	×	√

资料来源：海投全球整理

对数字产品和服务的需求增加也促使许多传统银行加大对技术的投资，以加强其数字服务来改善客户体验。如：尼日利亚最大的银行之一 First-Bank 于 2018 年 7 月在亚巴肯谷启动了创新实验室，这是尼日利亚首个银行数字实验室。其他传统银行甚至开发并推出了自己的数字银行平台，如：ALAT、Vbank、VULTe、gomoney。

尼日利亚数字银行均同时对个人和中小企业开展业务，且提供的金融产品和服务同质化程度较高。除了储蓄和交易账户、实体和虚拟借记卡、小额短期贷款以外，Rubies、Eyowo 和 ALAT 提供虚拟美元借记卡，为寻求将本币转换为美元进行投资储蓄、抵抗通胀的客户提供便利，其余一些银行还推出了定期支付功能以帮助客户管理简化其经常性付款行为。

8.2.4 案例分析

（1） Kuda Bank

①银行简介。

Kuda 由 Babs Ogundeyi 和 Mustapha Musty 于 2016 年创立，前身为 Kudimoney，最初仅作为在线贷款平台推出。2019 年 6 月，Kudimoney 获得了尼日利亚央行（CBN）颁发的银行牌照，更名为“Kuda”，转型成为尼日利亚第一家拥有独立许可证的移动优先的纯数字银行，目前已发展为非洲领先的数字银行之一，也是非洲大陆发展最快的金融科技公司之一。其联合创始人兼首席执行官 Babs Ogundeyi 表示，该银行的创建旨在解决以移动消费为主的消费者痛点，建立一个完全不同类型的银行，让消费者重新掌控自己的财务状况。Kuda 希望为地球上的每个非洲人提供负担得起的银行服务，无论他们身在何处。

②主要产品和服务。

Kuda 从头开始构建了自己的全栈式和基于 API 驱动的银行服务平台，并利用自己的小额信贷银行（MFB）牌照来构建服务，提供无月费的支票账户、免维护费的借记卡（与 Visa 和万事达卡合作）、账单支付和分类、每月 25 次的免费转账、储蓄和消费（如手机充值）、透支（主要是个人循环信贷）等功能，通过为用户生成建议的预算和储蓄计划来提供个性化的客户服务，而不是打造一个仅用于存储资金的“傻瓜盒子”。Kuda 还与现有银行 Zenith Bank、Guaranty Trust Bank（GTB）和 Access Bank 建立了合作关系，以供人们可以在需要时进行现金存款和取款。

Kuda 最初的商业模式仍围绕在为现有银行开立账户的人提供银行服务：人们将工资存入他们的旧账户，然后通过其 Kuda 账户转出用于其他用途。但随着越来越多的客户使用支付和其他工具，每个支付期内转移的金额更多，存款在账户中停留的时间更长，最终从支出账户发展为受信任的支付和工资账户。2021 年 2 月，Kuda 处理交易额达到 22 亿美元，拥有注册用户 65 万。最新一轮融资的支持将使 Kuda 不仅专注于巩固尼日利亚市场的统治力，也将支撑其向非洲其他国家进发，离其发展目标更进一步。目前，Kuda 拥有 140 万注册用户，较 2 月份增长了 2 倍有余。

③融资情况。

在获得央行颁发的牌照并更名 Kuda 后，2019 年 9 月筹集了 160 万美元的种子前资金以推出其服务的测试版，刷新了尼日利亚最高种子前融资纪录。一年后，Kuda 宣布筹集 1 000 万美元，为非洲有史以来最大的种子轮融资，由 Target Global 领投，Entrée Capital、SBI Investment 以及投资过其他挑战者银行如巴西 Nubank、英国 Revolut 和美国 Chime 的著名天使投资人 Oliver Jung、Lish Jung 也参与其中。随后 Kuda 又进行了两轮融资，2021 年 8 月 2 日宣布完成了 5 500 万美元 B 轮融资，为其在尼日利亚推出新服务种类以及向非洲更多国家扩张提供资金支持，推动其估值达到 5 亿美元（见表 8.2.2）。

表 8.2.2　Kuda 融资情况

时间	交易类型	交易金额	主要投资者
2021-08-02	B 轮	5 500 万美元	Target Global and Valar Ventures
2021-03-22	A 轮	2 500 万美元	Target Global, Entrée Capital and Valar Ventures
2020-11-10	种子轮	1 000 万美元	Target Global
2019-09-11	种子前轮	160 万美元	Startupbootcamp, Ragnar Meitern, Haresh Aswani, and Entrée Capital
2018-08-13	孵化器	15 000 欧元（约合 2 万美元）	Startupbootcamp

资料来源：PitchBook

（2） Rubies

①银行简介。

Rubies 由金融科技和咨询公司 Qucoon 于 2019 年 6 月推出，主要面向千禧一代、年轻的专业人士、中小企业、准金融机构和金融科技公司，为其提供包括现金存款、无卡取款、银行转账、账单支付、小额贷款、投资管理在内的100%数字化、零费用银行业务。此外，Rubies还提供银行即服务（BasS），其开放的银行架构能够与中小企业、准金融机构和金融科技公司顺利整合，使得他们可以使用Rubies技术基础设施。

Rubies通过人工智能、数据分析和推荐系统为每个个人客户提供了无障碍且高度个性化的银行服务体验，云计算则为扩张、无缝客户增长以及确保数据安全提供了有力支撑，同时还采用了独立银行家、自由品牌大使和直接数据驱动营销等颠覆性和非正统的营销方法，为银行技术、营销和客户参与带来全新的概念。

②主要产品和服务。

Ⅰ. 高度个性化体验。Rubies确保每个产品都能为其用户带来独特的体验，包括但不限于：

定制化账户：允许用户自己选择一个10位数字作为其账户编号，如果用户认为合适完全可以使用手机号码作为其账户编号。

付款请求：允许用户向其朋友和家人提出付款请求，并在他们批准后自动记入贷方。同时，用户可在Rubies上监控其请求，批准、拒绝或将发送给他的请求列入黑名单。

定期支付：允许用户通过Rubies Rule Book管理经常性账单支付行为。

近距离转账：允许用户通过蓝牙轻松地将钱转给周围的朋友。

社交吸引力：用户可以在Rubies上与其他用户互动，并在好友加入时收到提醒。附近功能可让用户看到周围的人。

信用评估：Rubies提供信用评分，帮助客户对其财务状况进行现实评估，该评价体系越来越受欢迎。

货币市场：用户可以通过投资或向有需要的人出借资金赚钱。

Ⅱ. 独立银行家（iBanker）。Rubies允许每个人成为独立的银行家，并为其提供自由经营的平台，组建其个人的迷你银行。用户可通过其唯一的邀请链接介绍朋友加入平台，成为他自己的银行客户。每当他们进行交易时，用户就会获得他们每笔交易支付费用的50%作为报酬。

Ⅲ. 红宝石少年（Rubies Junior）。红宝石少年是一款面向11—17岁儿童的银行应用程序，旨在提高儿童的金融知识，并在父母的帮助下通过正确的工具帮助他们获得宝贵的资金管理技能。父母可以授权他们的孩子下载“红宝石少年”App，在父母账户下开设一个独立的子账户以及获得一张红宝石少年卡。父母可以监督“红宝石少年”App并控制孩子的支出水平，孩子则能够直接管理其账户，包括查看账户余额和历史账单、支付父母许可的账单、银行转账、储蓄管理和目标设置等，帮助孩子形成良好的存储和消费习惯。